[監修] 伊藤塾　伊藤塾講師　**坂本龍治** 著
Ryuji Sakamoto

要件事実ドリル

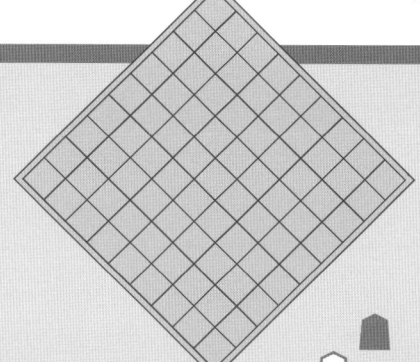

弘文堂

はしがき

「知識の運動」，という言葉があります。私が尊敬してやまない蛭町浩先生に教えていただいた言葉です。

　知識の運動というのは，ある世界における知識や考え方を，別の世界にもち込み重ね合わせること，あるいは結びつけることだと私は理解していますが，知識の運動には，掴みどころのなかったものにイメージを与え，親しみやすいものへと変える力があります。たとえば，司法書士試験の受験指導で私が伝える「試験勉強は刀作り」という話もそのひとつです。刀作りは100キログラムの砂鉄から始まります。これに熱を加えることで膨大な量の砂鉄は10キログラムの鋼に生まれ変わり，更にこれに熱を加え，叩き上げることで1キログラムの刀の形ができあがります。しかし切れなければ役に立ちませんから，最後は研ぎます。ひたすらに。そうして磨き上げられた刀だけが，真剣勝負で役に立つ切れ味鋭い刀へと変わるのです。司法書士試験の勉強は，はじめはとてつもない情報量に圧倒されますが，"情熱"を注ぎ，飽きずに反復学習していけば，知識が身につくと同時に情報量はだんだんと小さなものに思えてきます。それこそ100分の1くらいに。ただし，最後はこれを研ぎ澄まさなければ，本試験では役に立ちません。だから最後は研ぎ澄まします。これが，「刀作り」のイメージを試験勉強に運動させた話です。

　本書においては，法律の分野のなかでも特にわかりづらく，イメージを掴みづらい要件事実論に，「将棋」の世界の知識や考え方を運動させ，親しみやすいものへと変える試みをしました。

　2人の棋士が向き合って，20ある持ち駒を打ち合い駆け引きする姿は，原告と被告が「請求」，「抗弁」，「再抗弁」と駆け引きする姿にぴたりとハマります。それ以外にも，複雑な要件事実の世界を，将棋の世界と重ねることで，ぐっとイメージのわく局面がかなりあります。これまでに類を見ないまったく新しい発想法ですが，一度本書を通読していただければ，要件事実論のイメージを掴めると同時に，要件事実論の勉強が苦痛なものではなく，面白いものであることがおわかりいただけるはずです。それほどこの発想法は，要

はしがき　*i*

件事実をこれから学ぶ方にとって、あるいは、すでに学習を始めているが難解な要件事実論に苦しんでいる方にとって、きわめて画期的なものであると自負しています。

　本書の最大の目的は、毎年11月に発表される司法書士試験の最終合格発表から、翌年の6月に行われる認定考査試験までの6か月間の間に、要件事実の基本的な考え方を身につけ、そしてこれを表現できるようにすることにあります。
　つまり本書は、①（将棋の世界を運動させて）要件事実の考え方を身につけること、②実践の場で表現できる力を身につけること、③これらを6か月という短期の間に実現すること、に主眼がおかれています。
　本書同様、認定考査試験の突破を主眼におく名著に「認定司法書士への道　要件事実最速攻略法」（蛭町浩著：通称「道」とよばれています）がありますが、これと本書とはいわば姉妹本の位置づけです。あわせて使用することで互いの不足を補う関係にあります。

　将棋の世界でただひとりタイトル七冠を達成し、"人類史上、最も深く考える人"と謳われる羽生善治棋士が「棋譜を理解していても、実際にできるかどうかは別問題である。……インプットと同様に、アウトプットを意識的に増やすことが必要だろう」（羽生善治「直感力」116頁"インプット以上にアウトプットを"PHP新書）と言うように、アウトプットが重要であることは法律の世界においても同じです。とりわけ書かせる試験である認定考査試験においてはより重要な意味をもちます。つまり、理屈を頭に入れる、ということだけでなく、自分で汗をかき表現の訓練をする、というアウトプットなくして実践において役には立たないのです。刀作りの話でいえば、どんなに研ぎ澄まされた刀を作り上げても、これを上手く振る技術が身についていなければ、真剣勝負で勝つことはできないのです。
　そこで本書は、とりわけ試験現場で表現できる力を身につけさせる点に重きをおきプログラムされています。本書の構成は、次の3部から成ります。
第1部「考え方」　　ここでは要件事実の基本的な考え方と、要件事実論における基本概念を学習します。「道」でも学習しますが、本書において

重要なことは，将棋の知識，思考法を運動させることで，楽しみながらイメージをつかむと同時に，思考フレームを構築することにあります。

第2部「書き方」　ここでは「訴訟物」「請求の趣旨」「主要事実」「認否」等の書き方の基本ルールを確認します。書き方に関しては，実務と試験とで異なるルールもあるため注意が必要です。

第3部「問題と解説」　ここでは問題と解説を通じて，実際の現場（実務，試験）において，「訴訟物」「請求の趣旨」「主要事実」を表現できるよう，書く訓練をしていただきます。いわばドリルに該当する箇所であり，アウトプットの訓練の場です。第3部は，第1部・第2部と違って，たとえ理解し記憶できたとしても，自分自身の頭で考え，答えを正確に表現できるようになるまで，"反復して"取り組んでいただきたい箇所です。

以上のように，本書は，「道」で身につけた要件事実論における知識や考え方を，より実践的に（かつ楽しく！）使えるようにするための思考法と，反復練習の場（ドリル）を提供することで，「道」を補う関係にあります。逆に言えば，本書は思考法と「訴訟物」「請求の趣旨」「主要事実」の表現力を身につけることに重きがおかれているため，試験戦略的に重要である簡裁訴訟代理等関係業務の業務範囲と業務規制や，民事訴訟手続の基礎，立証の知識，保全手段等についての知識確認は「道」に譲っています。この関係を理解したうえで，この2冊を活用していただければ幸いです。

最後に，2012年の夏。小坂宜也プロデューサーの一声がきっかけで本書を制作する運びとなりました。処女作でありながら，こうして私のイメージを完璧に書籍化できたのは，法学館の阿部真由美さん，髙橋知規さん，石山広之さん，正橋史人さん，弘文堂編集部の皆さんのおかげです。また，アイデアを称賛してくださった蛭町浩先生の励ましが，原稿を書ききるまでの道程，どれほど励みになったことか。多くの方の協力なしには出版しえなかったこと改めて確認し，この場を借りて，心から感謝を申し上げます。

見守ってくれた妻にも，ありがとう。

　　2013年12月

珈琲の香る自宅にて
坂 本 龍 治

凡例

1　法令名の表記
　法令名の根拠条文や参照条文を示すカッコ内の法令名は，以下のとおり略記しました。

民法…民　　　　　　　　商法…商
民事訴訟法…民訴　　　　不動産登記法…不登
民事訴訟規則…民訴規　　不動産登記令…不登令
借地借家法…借地借家

2　条文の表記
　法令名に続くアラビア数字は，条文（番号）を表します。また，必要に応じ，各項に対応してローマ数字ⅠⅡⅢ……を，各号に対応して①②③……を付しました。したがって，「民訴161Ⅱ②」は「民事訴訟法第161条2項2号」を意味することになります。

3　参考文献
　本書で使用した参考文献は，次のとおりです。文中では，矢印で示してあるとおり，記載を省略しています。

　　新井克美・判決による不動産登記の理論と実務（テイハン・2009）→新井・判決による不動産登記
　　大江忠・ゼミナール要件事実（第一法規・2003）→大江・ゼミナール
　　大江忠・要件事実民法2物権［第3版］（第一法規・2005）→大江・要件事実(2)
　　大島眞一・完全講義　民事裁判実務の基礎　上・下［第2版］（民事法研究会・2013）→大島・実務の基礎
　　岡口基一・要件事実マニュアル　第1巻［第4版］（ぎょうせい・2013）→マニュアル1巻
　　岡口基一・要件事実問題集［第3版］（商事法務・2012）→岡口・要件事実問題集
　　加藤新太郎＝細野敦・要件事実の考え方と実務［第2版］（民事法研究会・2006）→加藤・考え方と実務
　　川島武宜＝川井健編・新版　注釈民法(7)物権(2)（有斐閣・2007）→注釈民法(7)
　　幸良秋夫・改訂　設問解説　判決による登記（日本加除出版・2012）→幸良・改訂判決による登記

裁判所職員総合研修所監修・民事訴訟法概説［8訂補訂版］（司法協会・2007）
→民事訴訟法概説
司法研修所編・新問題研究　要件事実（法曹会・2011）→新問題研究
司法研修所編・改訂　紛争類型別の要件事実（法曹会・2006）→司研・類型別要件事実
司法研修所編・増補　民事訴訟における要件事実　第一巻（法曹会・1986）→要件事実第一巻
司法研修所編・民事判決起案の手引［10訂］（法曹会・2006）→起案の手引
司法研修所編・事実摘示記載例集［民事判決起案の手引［10訂］内に収録］（法曹会・2006）→司研・事実摘示
司法研修所編・民事弁護の手引［七訂］（日本弁護士連合会・2005）→民事弁護の手引
蛭町浩・認定司法書士への道［第3版］（弘文堂・2013）→道
藤田広美・講義　民事訴訟［第3版］（東京大学出版会・2013）→藤田・講義
村田渉゠山野目章夫編・要件事実論30講［第3版］（弘文堂・2012）→30講

4　判例の表記

　判例については，①最高裁を「最」，大審院を「大」，②判決を「判」，決定を「決」，③元号および年月日については，元号の明治・大正・昭和・平成をそれぞれ「明・大・昭・平」と略記しました。たとえば，最高裁昭和60年7月16日判決は「最判昭60.7.16」となります。

要件事実ドリル◆もくじ

はしがき　i
凡例　iv
Map　xiv

第1部　考え方　1

1 「法的判断」と「法律効果」……2
2 「要件事実」と「主要事実」……3
3 法的三段論法……7
4 「訴訟物」……11
5 「訴え」と「訴訟上の請求」……11
6 請求の趣旨および原因……12
7 答弁……13
8 認否……14
9 抗弁……17
10 再抗弁と再々抗弁……19
11 「事実抗弁」と「権利抗弁」……19
12 「立証活動」と「事実認定」……20
13 「立証責任」と「法律要件分類説」……20
14 「本証」と「反証」……24
15 その他……26
16 「せり上がり」……27
17 「権利抗弁の存在効果」……28
18 時的要素・時的因子……32

第2部 書き方　33

1　訴訟物の書き方……34
2　請求の趣旨の書き方……37
3　請求原因事実・要件事実の書き方……41
4　認否……48

第3部 問題と解説　51

第❶章　金銭請求
売買契約に基づく代金支払請求訴訟 ── 52

1-1-1 同時履行
Step 1【攻防の棋譜1】「同時履行」による攻防……52
Step 2《事例問題1-1》主たる請求……53
　　　　《事例問題1-1-1》同時履行……55

1-1-2 弁済
Step 1【攻防の棋譜2】弁済による攻防……57
Step 2《事例問題1-1-2-1》弁済……58
Step 1【攻防の棋譜3】代物弁済による攻防……61
Step 2《事例問題1-1-2-2》代物弁済……62

1-1-3 錯誤無効
Step 1【攻防の棋譜4】錯誤による攻防……65
Step 2《事例問題1-1-3》錯誤……66

1-1-4 詐欺取消
Step 1【攻防の棋譜5】詐欺による攻防……71
Step 2《事例問題1-1-4》詐欺……72

1-1-5 解除　遅滞解除・不能解除・瑕疵担保

Step 1【攻防の棋譜6】履行遅滞解除による攻防……76
Step 2《事例問題 1-1-5-1》履行遅滞……77
Step 1【攻防の棋譜7】履行不能解除による攻防……82
Step 2《事例問題 1-1-5-2》履行不能……83
Step 1【攻防の棋譜8】瑕疵担保責任による解除の攻防……86
Step 2《事例問題 1-1-5-3》瑕疵担保責任……87

1-1-6 時効消滅

Step 1【攻防の棋譜9】時効による攻防……91
Step 2《事例問題 1-1-6》時効……92

1-1-7 代理

Step 1【攻防の棋譜10】代理による攻防……99
Step 2《事例問題 1-1-7》代理……100
Step 1【攻防の棋譜11】表見代理（民法110条）による攻防……105
Step 2《事例問題 1-1-8》表見代理……106

1-2 附帯請求

Step 1【攻防の棋譜12】附帯請求を含む攻防……110
Step 2《事例問題 1-2》附帯請求……111

第2章　金銭請求
貸金返還請求訴訟 ———— 116

2-1-1 弁済

Step 1【攻防の棋譜13】弁済による攻防……116
Step 2《事例問題 2-1》主たる請求……117
　　　　《事例問題 2-1-1》弁済……119

2-1-2 相殺

Step 1【攻防の棋譜14】
　　　　相殺による攻防（自働債権が売買代金債権であるケース）……121
Step 2《事例問題 2-1-2-1》売買代金債権……122

Step 1 【攻防の棋譜 15】相殺による攻防（自働債権が貸金債権であるケース）……………125
Step 2 《事例問題 2-1-2-2》貸金債権……………126

2-1-3 時効
Step 1 【攻防の棋譜 16】時効による攻防……………129
Step 2 《事例問題 2-1-3》時効……………130

2-2 利息
Step 1 【攻防の棋譜 17】附帯請求（利息）……………134
Step 2 《事例問題 2-2》附帯請求（利息）……………135

2-3 利息・損害金
Step 1 【攻防の棋譜 18】附帯請求（利息＋損害金）……………139
Step 2 《事例問題 2-3》附帯請求（利息＋損害金）……………140

2-4 保証債務
Step 1 【攻防の棋譜 19】保証債務の攻防……………144
Step 2 《事例問題 2-4-1》保証債務履行請求……………145
《事例問題 2-4-2》本人構成および代理構成……………153

2-5 相続事例
Step 1 【攻防の棋譜 20】相続人に対する請求……………158
Step 2 《事例問題 2-5》相続人に対する請求……………158

第3章 金銭請求
譲受債権請求訴訟 ——————————162

2-1-1 弁済
Step 1 【攻防の棋譜 21】譲渡禁止特約による攻防……………162
Step 2 《事例問題 3-1》譲受債権請求・基本事例……………163
《事例問題 3-1-1》譲渡禁止特約……………165
Step 1 【攻防の棋譜 22】債務者対抗要件欠缺による攻防……………168
Step 2 《事例問題 3-1-2》債務者対抗要件欠缺……………169
Step 1 【攻防の棋譜 23】二重譲渡事案，第三者対抗要件欠缺による攻防……………172

Step 2　《事例問題 3-1-3》第三者対抗要件欠缺…………173
　　Step 1　【攻防の棋譜 24】譲受人に対して生じた事由による攻防…………177
　　Step 2　《事例問題 3-1-4》弁済…………178
　　Step 1　【攻防の棋譜 25】二重譲渡事案，二重譲受人に対する弁済の攻防
　　　　　　…………182
　　Step 2　《事例問題 3-1-5》二重譲受人に対する弁済…………183
　　Step 1　【攻防の棋譜 26】二重譲渡事案，第三者対抗要件具備による債権喪
　　　　　　失の抗弁…………185
　　Step 2　《事例問題 3-1-6》第三者対抗要件具備による債権喪失の抗弁
　　　　　　…………186

第❹章　金銭請求
請負契約に基づく報酬請求権──────189

　　Step 1　【攻防の棋譜 27】主たる請求と附帯請求…………189
　　Step 2　《事例問題 4-1》主たる請求・附帯請求…………190
　　Step 1①　【攻防の棋譜 28】瑕疵修補を求める場合の防御・攻撃…………196
　　Step 1②　【攻防の棋譜 29】損害賠償を求める場合の防御・攻撃…………197
　　Step 1③　【攻防の棋譜 30】解除を求める場合の防御・攻撃…………198
　　Step 2①　《事例問題 4-1-1》瑕疵修補請求・損害賠償請求・解除…………199

第❺章　金銭請求
不法行為関係訴訟──────────── 206

　　Step 1　【攻防の棋譜 31】不法行為に関する攻防…………206
　　Step 2　《事例問題 5-1》主たる請求…………207
　　　　　　《事例問題 5-1-1》時効…………211
　　　　　　《事例問題 5-1-2》過失相殺…………213
　　Step 1　【攻防の棋譜 32】使用者責任による攻撃…………215
　　Step 2　《事例問題 5-2》使用者責任…………216

第❻章　金銭請求
不当利得関係訴訟──────────── 220

Step 1 【攻防の棋譜 33】不当利得による攻撃……………220
Step 2 《事例問題 6-1》利得型・給付型ケース……………221
《事例問題 6-2》過払金ケース……………224

第7章 明渡請求
賃貸借契約の終了に基づく建物明渡請求——227

7-1 無催告解除
Step 1① 【攻防の棋譜 34】賃貸借契約終了に基づく攻撃……………227
Step 1② 【攻防の棋譜 35】賃料不払による無催告解除のケースでの攻防
………228
Step 2 《事例問題 7-1》賃料不払による無催告解除……………229
《事例問題 7-1-1》免除・相殺・信頼関係不破壊の抗弁……………239

7-2 催告解除
Step 1 【攻防の棋譜 36】賃料不払による催告解除のケースでの攻防
……………244
Step 2 《事例問題 7-2》賃料不払による催告解除……………245
《事例問題 7-2-1》弁済の提供……………250

7-3 無断転貸
Step 1 【攻防の棋譜 37】無断転貸解除のケースでの攻防……………253
Step 2 《事例問題 7-3》無断転貸解除……………254
《事例問題 7-3-1》承諾・信頼関係不破壊の抗弁……………259

7-4 用法違反
Step 1 【攻防の棋譜 38】用法遵守義務違反による解除に対する攻防
……………263
Step 2 《事例問題 7-4》用法遵守義務違反による解除……………264
《事例問題 7-4-1》明示の承諾・黙示の承諾……………270

7-5 解約申入れ
Step 1① 【攻防の棋譜 39】賃貸借契約更新拒絶のケースでの攻防
……………273

もくじ xi

Step 1②【攻防の棋譜 40】賃貸借契約解約申入れのケースでの攻防
............274

Step 2《事例問題 7-5》賃貸借契約更新拒絶（期間の定めのある場合）
............275

7-6 建物収去土地明渡請求

Step 1【攻防の棋譜 41】建物収去土地明渡請求の事案における攻防
............285

Step 2《事例問題 7-6》建物収去土地明渡請求の事案............286

《事例問題 7-6-1》建物所有目的の抗弁，一時使用の再抗弁
............290

第8章 明渡請求
所有権に基づく不動産明渡請求 ——— 294

Step 1【攻防の棋譜 42】所有権に基づく土地返還請求事案での攻防
............294

Step 2①《事例問題 8-1》主たる請求............295

《事例問題 8-1-1》占有権原の抗弁............300

《事例問題 8-1-2》所有権喪失の抗弁............301

Step 2②《事例問題 8-2》附帯請求............304

Step 1【攻防の棋譜 43】二重譲渡のケースにおける攻防............307

Step 2《事例問題 8-3》対抗要件の抗弁・対抗要件具備による所有権喪失の抗弁............308

Step 1【攻防の棋譜 44】建物収去土地明渡請求の事案における攻防
............312

Step 2《事例問題 8-4》建物収去土地明渡請求のケース............313

第9章 引渡請求
所有権に基づく動産引渡請求 ——— 318

Step 1【攻防の棋譜 45】動産引渡請求訴訟における攻防............318

Step 2《事例問題 9-1》主たる請求............320

Step 2《事例問題 9-1-1》所有権喪失の抗弁（即時取得）............323

《事例問題 9-1-2》所有権喪失の抗弁（売買）............328

《事例問題 9-1-3》対抗要件具備による所有権喪失の抗弁
…………329

第10章 移転登記請求
所有権移転登記手続請求 ─── 332

Step 1 【攻防の棋譜 46】売買契約に基づく所有権移転登記請求事案での攻防…………332
Step 2 《事例問題 10-1》売買・相続…………333
《事例問題 10-1-1》同時履行の抗弁…………337
Step 2 《事例問題 10-1-2》解除…………338
Step 1 【攻防の棋譜 47】時効取得による攻防…………340
Step 2 《事例問題 10-2》取得時効の事案…………341
《事例問題 10-2-1》時効完成後の第三者…………346

第11章 抹消登記請求
抹消登記手続請求 ─── 348

Step 1 【攻防の棋譜 48】所有権移転登記抹消請求事案における攻防…………348
Step 2 《事例問題 11-1》所有権移転登記の抹消…………349
Step 1 【攻防の棋譜 49】抵当権設定登記抹消請求事案における攻防…………355
Step 2 《事例問題 11-2》抵当権設定登記の抹消…………356

第12章 確認訴訟
債務不存在確認訴訟 ─── 363

Step 1 【攻防の棋譜 50】貸金返還債務不存在確認のケースでの攻防…………363
Step 2 《事例問題 12-1》貸金返還債務不存在確認事例…………364

事項索引…………370
判例索引…………372

Map

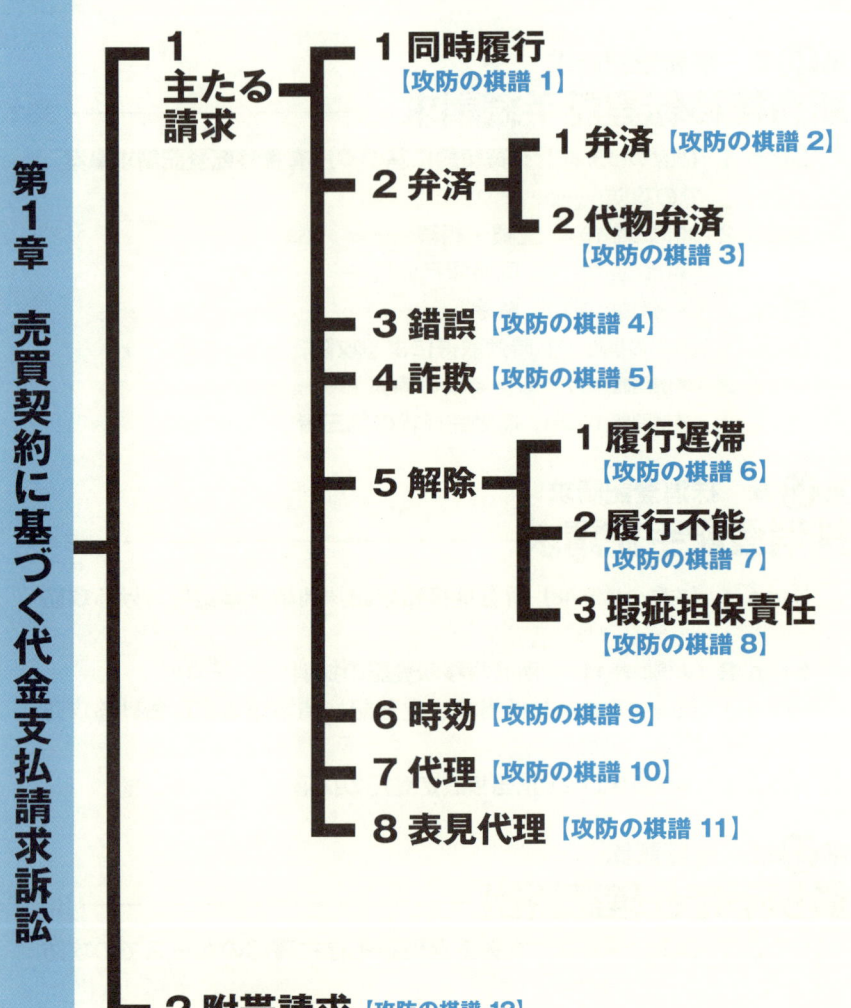

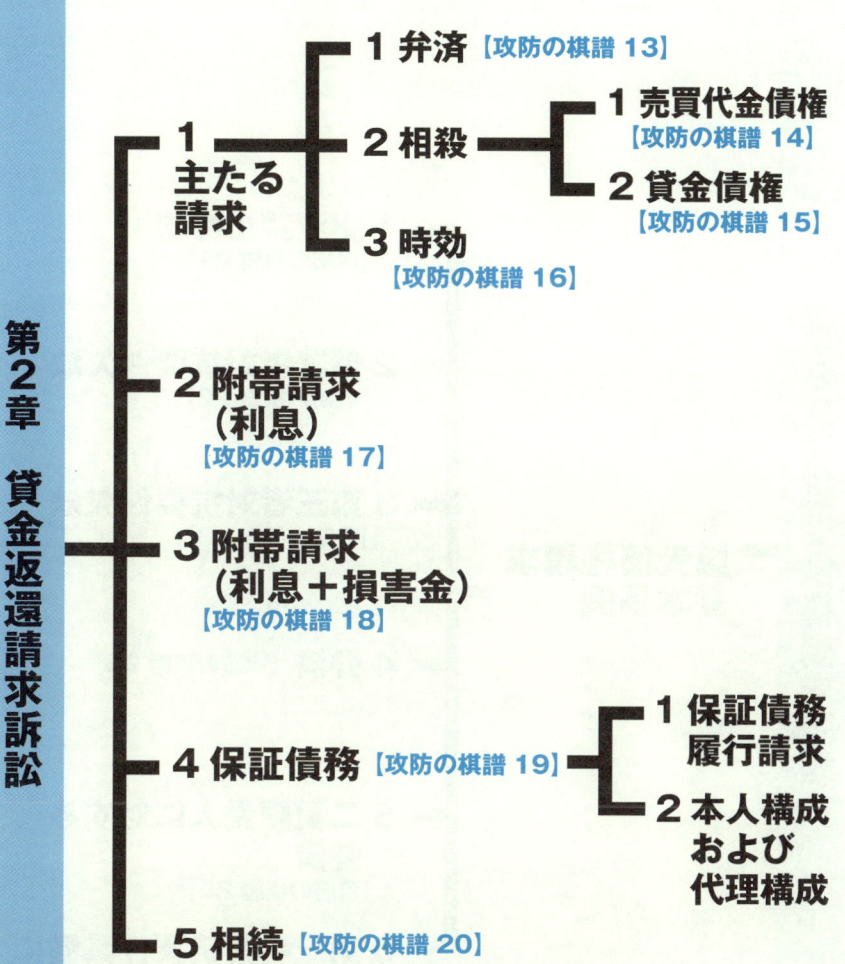

Map

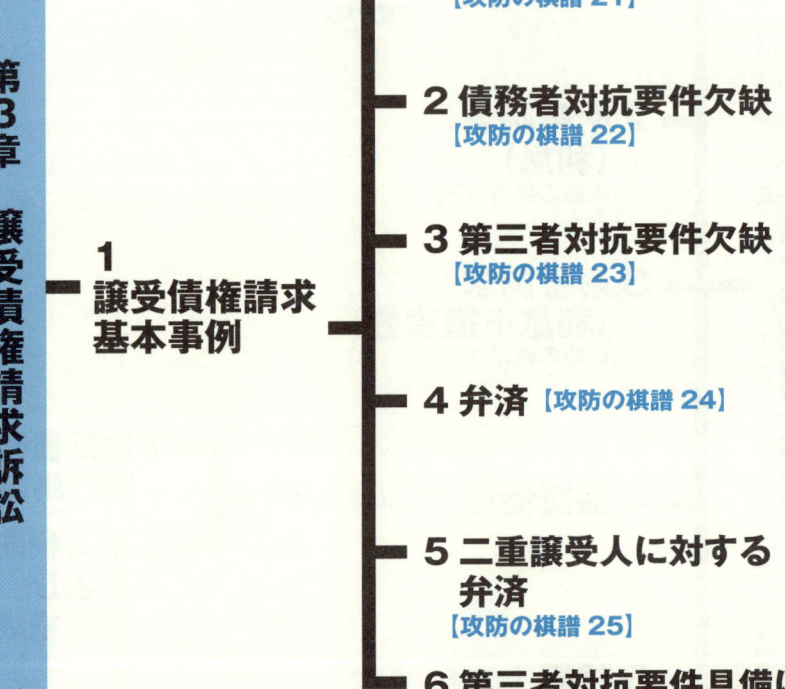

第3章 譲受債権請求訴訟

1 譲受債権請求基本事例

1 譲渡禁止特約
【攻防の棋譜 21】

2 債務者対抗要件欠缺
【攻防の棋譜 22】

3 第三者対抗要件欠缺
【攻防の棋譜 23】

4 弁済【攻防の棋譜 24】

5 二重譲受人に対する弁済
【攻防の棋譜 25】

6 第三者対抗要件具備による債権喪失の抗弁
【攻防の棋譜 26】

第4章 請負契約に基づく報酬請求権

- 1 主たる請求・附帯請求【攻防の棋譜27】
  - 1 ① 瑕疵修補請求【攻防の棋譜28】
  - ② 損害賠償請求【攻防の棋譜29】
  - ③ 解除【攻防の棋譜30】

第5章 不法行為関係訴訟

- 1 主たる請求【攻防の棋譜31】
  - 1 時効
  - 2 過失相殺
- 2 使用者責任【攻防の棋譜32】

第6章 不当利得関係訴訟

- 1 利得型・給付型ケース【攻防の棋譜33】
- 2 過払金ケース

Map

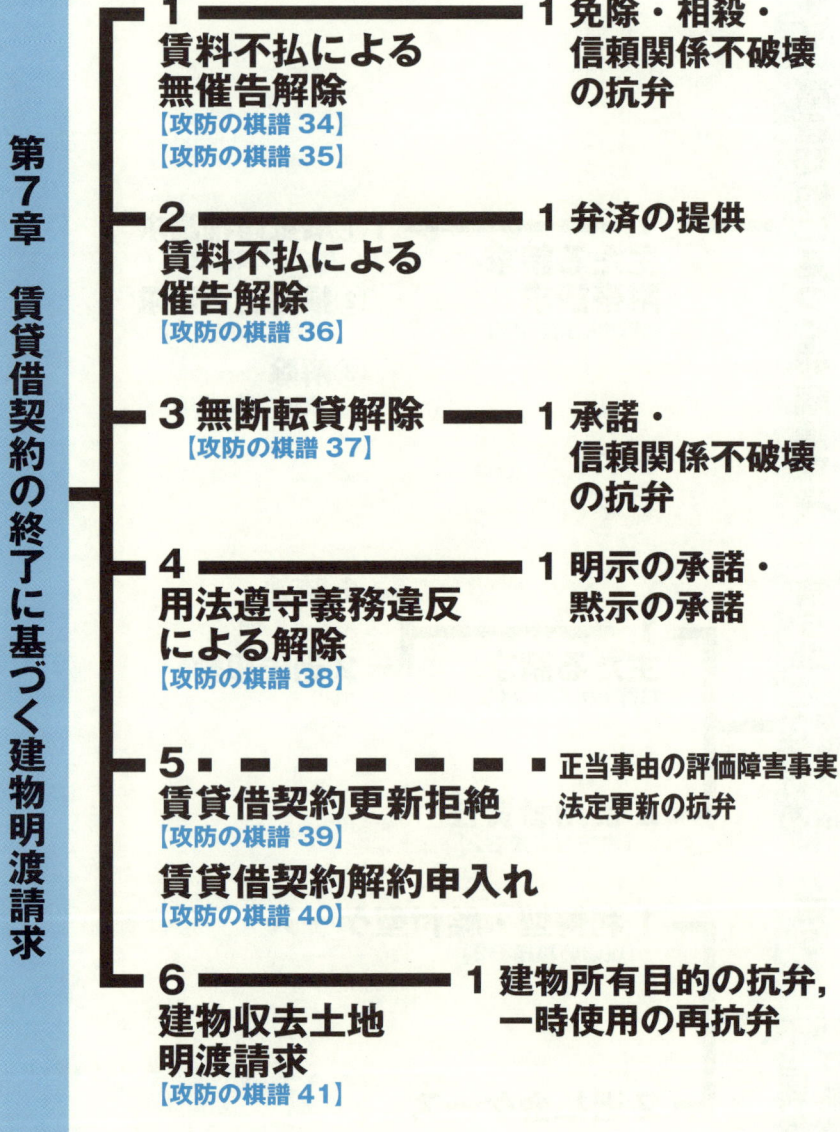

第7章　賃貸借契約の終了に基づく建物明渡請求

1　賃料不払による無催告解除
【攻防の棋譜 34】
【攻防の棋譜 35】
　　1　免除・相殺・信頼関係不破壊の抗弁

2　賃料不払による催告解除
【攻防の棋譜 36】
　　1　弁済の提供

3　無断転貸解除
【攻防の棋譜 37】
　　1　承諾・信頼関係不破壊の抗弁

4　用法遵守義務違反による解除
【攻防の棋譜 38】
　　1　明示の承諾・黙示の承諾

5　賃貸借契約更新拒絶
【攻防の棋譜 39】
　賃貸借契約解約申入れ
【攻防の棋譜 40】
　　　正当事由の評価障害事実
　　　法定更新の抗弁

6　建物収去土地明渡請求
【攻防の棋譜 41】
　　1　建物所有目的の抗弁，一時使用の再抗弁

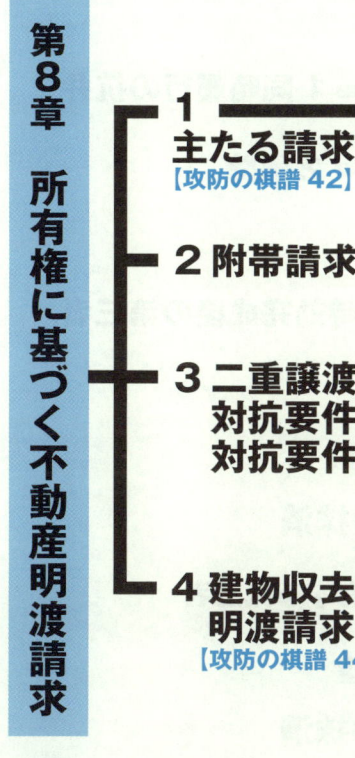

第8章 所有権に基づく不動産明渡請求

- 1 主たる請求【攻防の棋譜42】
  - 1 占有権原の抗弁
  - 2 所有権喪失の抗弁
- 2 附帯請求
- 3 二重譲渡のケース【攻防の棋譜43】
  対抗要件の抗弁・
  対抗要件具備による所有権喪失の抗弁
- 4 建物収去土地明渡請求【攻防の棋譜44】　・・・　占有権原の抗弁と対抗要件具備の事実

第9章 所有権に基づく動産引渡請求

- 1 主たる請求【攻防の棋譜45】
  - 1 所有権喪失の抗弁（即時取得）
  - 2 所有権喪失の抗弁（売買）
  - 3 対抗要件具備による所有権喪失の抗弁 対抗要件の抗弁

Map

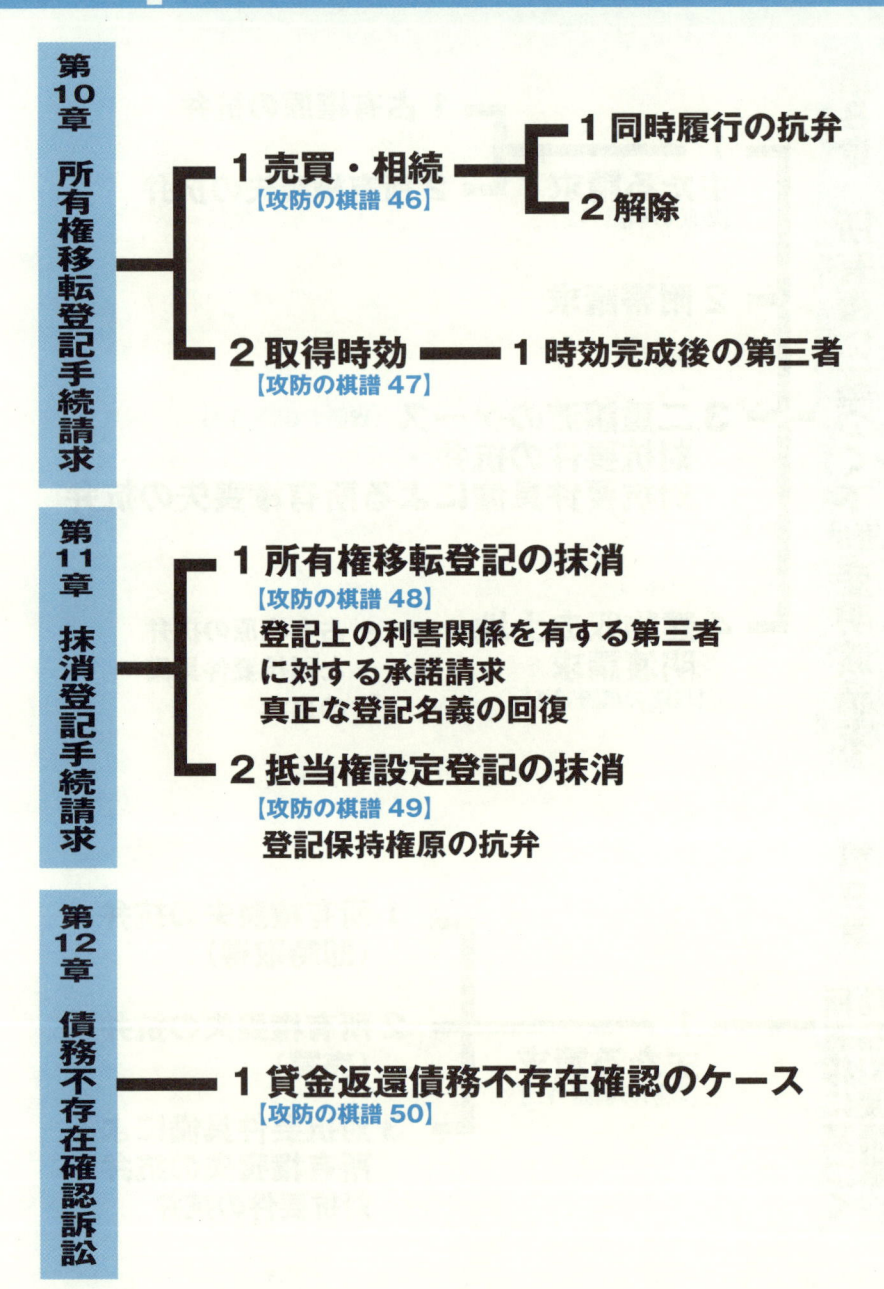

第10章 所有権移転登記手続請求

- 1 売買・相続【攻防の棋譜46】
  - 1 同時履行の抗弁
  - 2 解除
- 2 取得時効【攻防の棋譜47】
  - 1 時効完成後の第三者

第11章 抹消登記手続請求

- 1 所有権移転登記の抹消【攻防の棋譜48】
  登記上の利害関係を有する第三者に対する承諾請求
  真正な登記名義の回復
- 2 抵当権設定登記の抹消【攻防の棋譜49】
  登記保持権原の抗弁

第12章 債務不存在確認訴訟

- 1 貸金返還債務不存在確認のケース【攻防の棋譜50】

第 1 部

考え方

第1部では，要件事実の基本的な考え方と，
要件事実論における基本概念を学習します。
特に，本書では将棋と訴訟を重ね合わせる思考法を
取り入れていますが，
第3部にある「攻防の棋譜」を使いこなすためには，
第1部に示した私の視点や思考法を
しっかりと理解していただく必要があります。
要件事実の攻略には，知識の記憶よりも，
考え方（思考フレーム）を身につけることのほうが
より重要であるため，まずは知識に飛びつかずに，
考え方をしっかりと身につけてください。

1 「法的判断」と「法律効果」

　私人間で，権利関係の存否をめぐって争いが起きた場合，その紛争解決は裁判所に委ねることができます。

　紛争解決を委ねられた裁判所は，当事者の主張が法律上是認されるかどうかを決し，判決を言い渡すことで紛争の解決を図ります。このとき，裁判所は，両当事者の言い分を聞いたうえで，法的判断を行い，一定の結論を導いています。

　「法的判断」というのは，権利または法律関係の有無を、当事者の主張する法律要件から発生する法律効果の組合せにより判断することをいいます。

　実体法は「ある要件が満たされれば，ある効果が発生する」ということを基本構造としていますが，裁判所は，当事者の主張に含まれる法律要件から，求める法律効果が発生するか否かを判断し，また，両当事者の主張から明らかになる法律効果を組み合わせることで，権利の有無を確定するのです。

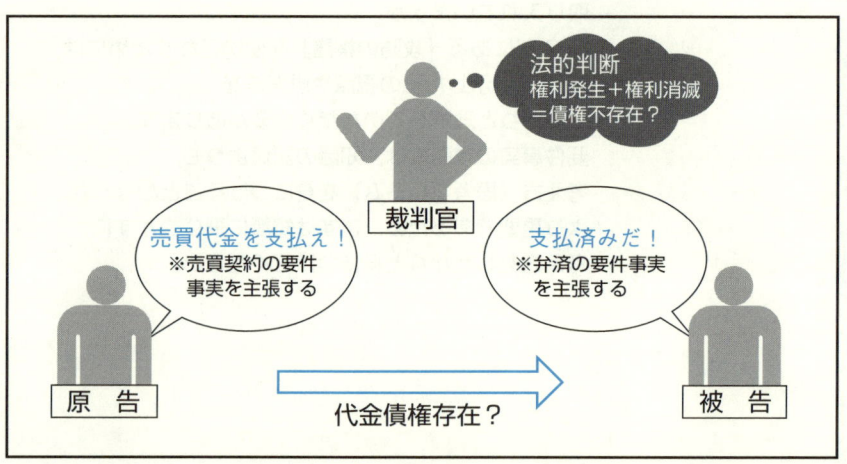

　「法的効果」は，権利変動の結果をさす概念のことをいいますが，これには権利発生，権利消滅，権利障害，権利阻止の4種が存在します。

　権利発生は，まさに権利が生まれることです。たとえば，売買契約が成立すれば，売主の買主に対する代金支払請求権が「発生」し，また買主の売主に対する目的物引渡請求権が「発生」します。権利の発生要件にあたる事実と権利の発生効果に関して規定する法規を，「権利根拠規定（＝権利発生規

定）」といいます。

権利消滅は，まさに権利が消えてしまうことです。たとえば，売買契約の成立により発生した代金支払請求権は，弁済により「消滅」します。権利を消滅させる事実と権利の消滅効果に関して規定する法規を，「権利消滅規定」といいます。

「権利が障害される」とは，本来発生するはずの法律効果の発生が妨げられることをいいます。たとえば，売買契約が成立すれば，通常，代金支払請求権が発生しますが，この契約につき当事者の錯誤（民95）があれば，売買契約の成立は「障害」され，代金支払請求権は発生しません。権利の発生を障害する事実と，障害効果に関して規定する法規を，「権利障害規定」といいます。

「権利が阻止される」とは，権利の行使が一時的に妨げられることをいいます。たとえば，売買契約が成立すれば売主は代金支払請求権を取得しますが，相手が同時履行の抗弁（民533）を主張すれば売主は目的物を引き渡すまで代金支払請求権を行使することができません。ここでは，相手方の同時履行の抗弁により，代金支払請求権の行使が「阻止」されているのです。権利の行使を阻止する事実と，阻止効果に関して規定する法規を，「権利阻止規定」といいます。

2 「要件事実」と「主要事実」

権利の発生・消滅・障害・阻止といった法律効果は，いずれも法律要件が満たされることによって生じますが，法律要件の多くは，事実と結びつけて法律上規定されています。争われている権利関係や法律関係は観念的な存在であり，五感をもって直接認識することができないため，法律要件は，我々が認識可能な事実と結びつけて規定されているのです。

条文に記載されている，一定の法律効果（権利の発生，消滅，障害，阻止）を発生させる要件に該当する事実のことを，「要件事実」といいます。たとえば，民法555条により，①財産権移転約束，②代金支払約束の2つが代金支払請求権の発生を基礎づける要件事実となります。

そして，このような要件事実に直接該当する具体的な事実のことを，「主要事実」といいます。たとえば，「XはYに対し，平成15年5月4日，

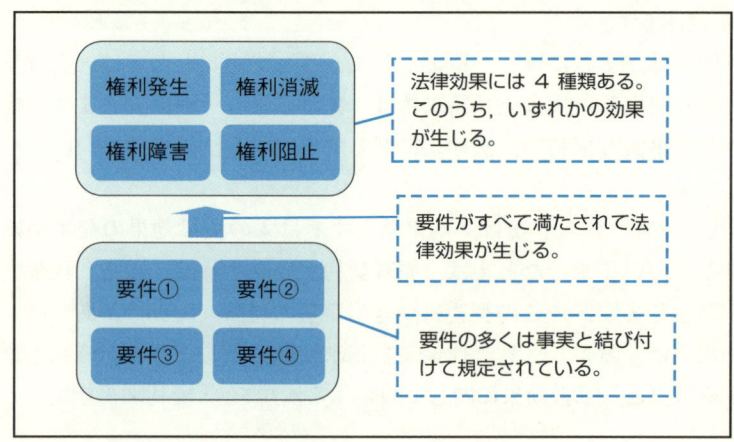

SX100の腕時計を代金60万円で売った」といった具体的な事実が主要事実となります。

このように，要件事実は抽象的事実を，主要事実は具体的事実をさすのが本来ですが，実務においては，要件事実と主要事実は同義で用いられることも少なくありません。

なお，主要事実のうち，原告の被告に対する権利主張を理由づけるために原告が主張すべき事実のことを「請求原因事実」とよびます。

Sakamoto's Eye

　　要件事実の勉強は，最初のうちは難解に感じるかもしれません。しかし，イメージさえもててしまえば，要件事実の勉強はとても面白いものです。本書では，要件事実の勉強がスムーズに進むよう，また面白いものになるように考案した，訴訟と要件事実を将棋のイメージと重ねる思考法をお伝えします。

　　まず，対局者は「原告」と「被告」です。原告と被告とが「訴訟」という盤上で攻防を繰り広げます。

　　もちろん将棋ですから，両者は守り抜くべき王様を持っています。原告にとっての王様は「勝訴」（＝「請求認容」）です。最後まで勝訴の駒

を相手に取られることなく守りきれば，原告の勝ちです。勝訴は，原告の求める請求の趣旨どおりの判決が言い渡されることを意味しますから，「請求の趣旨」が原告の守り抜くべき王様とイメージしてもよいかもしれません。

　これに対し，被告にとっての王様は「請求棄却」です。原告の持つ王様（勝訴）を取り，請求棄却を訴訟という盤上に残すことができれば原告の負け，つまりは被告の勝利となるのです。

　原告と被告の持っている駒は，法律効果に該当する，権利の「発生」，「消滅」，「障害」，「阻止」です。原告と被告は，これら4つの駒を進めることで，訴訟の盤上における攻撃防御を繰り広げます。

　先手は常に原告です。①原告はまず，自己の請求を基礎づける権利の「発生」の駒を被告側へ進め，被告の持つ「請求棄却」の王様を取りにいきます。

　これに対して②被告は，「消滅」や「障害」の駒を進めることで，原告の「発生」の駒を取りにいったり，あるいは「阻止」の駒を進めることで防御します。訴訟上は，この被告の一手を抗弁とよびます。

　この被告の動きに対して，③原告は，更なる手を打ちます。すなわち，

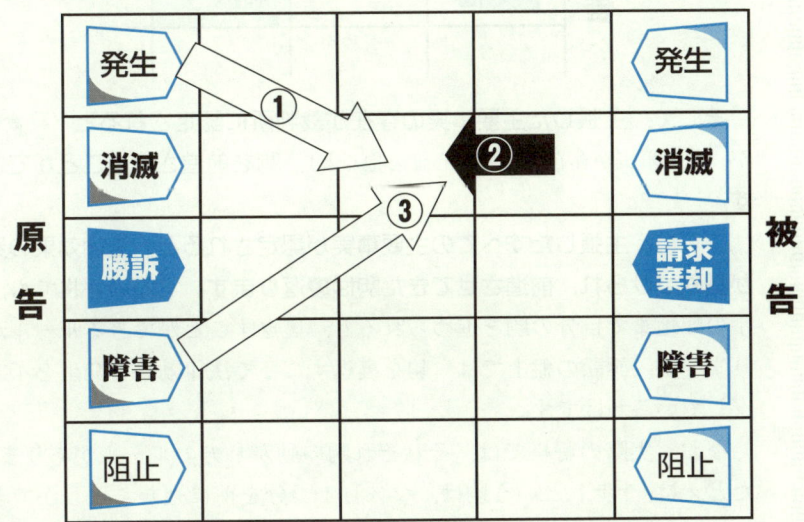

被告が進めてきた,「消滅」「障害」「阻止」といった駒を,さらに,「消滅」する駒を進めたり,「障害」する駒を進めたりするのです。これを訴訟上,「再抗弁」とよびます。

しかし,法律効果に該当するそれぞれの**駒を前に進めるためには,その法律効果の発生を導く要件に該当する具体的事実(主要事実)を主張しなければなりません。**

たとえば,代金支払請求訴訟において,代金支払請求権の発生を主張し,「発生」の駒を前に進めたいのであれば,代金支払請求権の発生を基礎づける①財産権移転約束の事実,②代金支払約束の事実,を主張する必要があります。

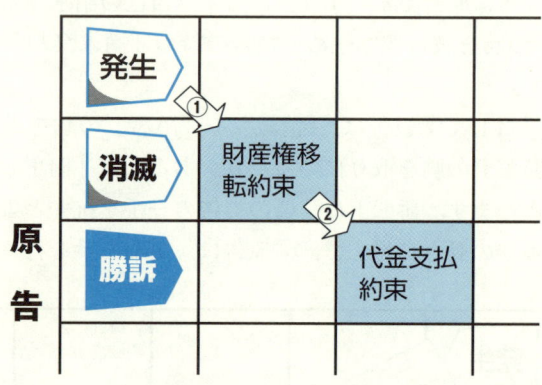

そして,**主張した主要事実の存在が裁判所に認定されると**(=裁判官が,主要事実が存在するとの心証を抱くと),**駒を前進させることができます。**

さらに,**主張したすべての主要事実が認定されると,法律効果の発生が基礎づけられ,前進させてきた駒は裏返ります。**実際の将棋でも,相手の陣地まで自分の駒を進められると,裏返すことができるルールがありますが,訴訟の盤上では,駒を裏返すことで法律効果の発生をイメージしているわけです。

なお,実際の将棋では,それぞれ駒の動かし方のルールがあります。たとえば,「歩」という駒は,マス目1つ分を前に進むことしかできません。「飛車」という駒は,タテ,ヨコの方向であればどこまでも進む

ことができます。しかし，訴訟の盤上における駒の進み方は自由自在です。前後左右，斜めにも動かせます。これは，要件事実の数の都合で駒を動かす必要があるからです。主張すべき要件事実の数に応じて駒を動かせるというイメージをもってください。

　以上，訴訟と要件事実を，将棋のイメージと重ねる思考法の基本となります。いかがでしょうか。要件事実の勉強って，面白そうではありませんか？

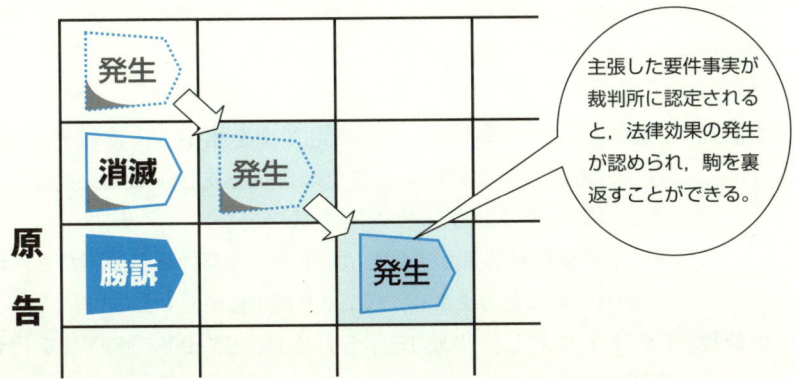

主張した要件事実が裁判所に認定されると，法律効果の発生が認められ，駒を裏返すことができる。

3　法的三段論法

　裁判所は，原告と被告の双方が，自己の主張を基礎づけるために提出した主要事実をもとに，法律効果の有無を検討し，これを組み合わせることで判決を言い渡します。このとき，裁判所は法的三段論法を用いて法律効果の有無を検討しています。

　そもそも三段論法とは，大前提である命題に，小前提となる具体的な事実をあてはめ，結論を導くという論理操作の手法をいいます。たとえば以下のような例があげられます。

大前提　「生き物は，いつか死ぬ。」
小前提　「人間は，生き物である。」
結　論　「よって，人間はいつか死ぬ。」

法的三段論法では，法規範が大前提となり，小前提には法規範に関わる具体的事実がおかれます。

　そして，実体法は，ある要件が満たされれば，ある効果が発生する，ということを基本構造として規定されているため，法的三段論法における大前提は，法規上の抽象的な要件（要件事実）とその効果となります。これに小前提たる具体的事実（主要事実）をあてはめることで，結論にあたる具体的な法律効果の有無を導くことになります。

　たとえば，代金支払請求訴訟における原告の主張の当否について，法的三段論法を用いて思考すると以下のようになります。

大前提　「売買は，当事者の一方がある財産権を相手方に移転することを約し，相手方がこれに対してその代金を支払うことを約することによって，その効力を生ずる。」（民555）
　　　＝「財産権移転約束，代金支払約束という要件事実が満たされれば，売買契約の効力を生じ，代金支払請求権が発生する。」

小前提　「XはYに対し，平成15年5月4日，SX100の腕時計を代金60万円で売った。」

結　論　「よって，売買契約の効力が生じ，XはYに対し代金支払請求権を有する。」

　また，これに対して被告が同時履行の抗弁をもって対抗した場合，その当否について法的三段論法を用いて思考すると以下のようになります。

大前提　「双務契約の当事者の一方は，相手方がその債務の履行を提供するまでは，自己の債務の履行を拒むことができる。」（民533）
　　　＝「相手方が債務を履行するまでは自己の債務を履行しない旨の主張がなされた場合，相手方の権利行使は阻止される。」

小前提　「Yは，原告がSX100の腕時計を引き渡すまで，代金の支払を拒絶する旨の意思表示をした。」

結　論　「よって，XのYに対する代金支払請求権の権利行使は阻止される。」

Sakamoto's Eye

　法的三段論法は，裁判所が用いる思考法であると同時に，私たちが用いるべき思考法でもあります。**求める法律効果の発生を基礎づける抽象的な法律上のルール（大前提）を頭のなかで思い浮かべたうえで，これに該当する具体的な事実（小前提）の主張の仕方を考える**，ということを癖にする必要があります。

　この思考プロセスを省略して，具体的な事実の主張の仕方にばかり気を取られてしまうと，思わぬ過剰主張をしてしまう恐れがあります。試験問題では，いかにも重要そうな事実だけれど，法律効果の発生には直接関係しない事実が文中に散りばめられているからです。この罠に引っかかり要件事実以外の事実を主張してしまうと，試験では減点を免れません。要件事実以外の事実を過剰主張してしまうと，要件事実の正確な理解が身についていないと判断されてしまうからです。

　そのため，具体的な事実の主張を考える前に，必ず抽象的な法律上のルールを頭のなかで思い浮かべ，これに当てはめるようにして，当事者の言い分から主張すべき具体的な事実について考えるようにするべきなのです。

　なお，一般的に，法的三段論法は小前提たる具体的事実"を"，大前提たる法規範に当てはめる作業と説明されます。しかし，実際の現場においては，小前提たる具体的事実"に"，大前提たる法規範を当てはめるという，一般的な説明とは逆の論理過程を辿ることが多くあります。

　当事者が何に基づくどのような主張をしたいのかが明らかな場合には，主張を根拠づける法規の要件事実に，当事者のもってきた具体的事実を当てはめればよいのですが，問題はそうでない場合です。当事者が最終的に何を求めているのかがはっきりしていたとしても（たとえば金銭の支払），何に基づいてこれを主張するのかがはっきりとしない場合には，当事者の主張する事実のなかから法律的に意味のありそうな事実をピックアップして，求める結論を導けそうな法規を探しだし，具体的な事実"に"探しだした法規の要件事実を当てはめるという作業を繰り返すことになります。

また，法的三段論法では，法規範が大前提となりますが，これは通常，法律の条文を出発点に，解釈を通して確定されます。

　たとえば，代金支払請求権の発生を基礎づける際の大前提は，条文どおりに①財産権移転約束，②代金支払約束ですが，これに対して動機の錯誤を主張することにより対抗しようとした場合，❶錯誤がなかったら，表意者ばかりでなく，通常人であっても意思表示しないであろうとの評価を成立させる事実に加え，❷動機を相手方に表示していたこと（または，相手方が錯誤を知っていた事実）が三段論法をする際の大前提となります。

　しかし，錯誤の根拠条文である民法95条には，「意思表示は，法律行為の要素に錯誤があったときは，無効とする。」とあるだけで，どこにも上記❶，❷に該当する文言がありません。❶は，条文上の「要素の錯誤」という要件を具体的に意味したものになりますが，「要素の錯誤」という言葉を素直に読んだときに，誰も❶を要素の錯誤の具体的意味内容として発想することはできないはずです。❷においては，そもそも条文上のどこにも書かれていません。大前提となる，錯誤無効を導く要件事実については，条文上のどこにも，要素の錯誤の具体的意味内容，動機の錯誤の判断基準が示されていないわけです。

　これらは，裁判所が民法95条という条文を解釈して導き出した要件事実なのです（大判大3.12.15）。

　条文は，さまざまな具体的事案に適用できるよう，抽象的な文言で規定されていますから，言葉の意味を幾通りにも解釈できてしまうような場面が生じます。あるいは，条文上の言葉どおりに解釈しては，時代にそぐわないような場面も生じえます。更には，法律を制定した当初には想定していなかった類型の紛争が生じて，そもそも適用すべき条文がないような場合すらあります。こうしたとき，解釈を通じて具体的な紛争解決基準が導き出されるのです。

　ですから，これから本格的に学習を進める要件事実については，条文を大切にすることはもちろんのこと，解釈によって導き出された要件事実もある，ということを意識したうえで学習することがポイントになってきます。

4 「訴訟物」

　そもそも訴訟による紛争解決を望む場合，原告はその旨を裁判所に申し出なければなりません。つまり，訴えの提起として，訴状を裁判所に提出する必要があります（民訴133Ⅰ）。

　このとき，原告は，裁判所において審理判断すべき被告に対する請求（訴訟物）を特定する必要があります。審理の対象が明らかにならなければ，裁判所としては何について審判をすべきかがわからず，また被告にしても，何について防御を講じるべきかがわからないため，期日が空転するおそれがあるためです。裁判所において審判の対象となる権利または法律関係のことを，訴訟物といいます。

　訴訟物については，新訴訟物理論と旧訴訟物理論とが対立しており，実務上は旧訴訟物理論がとられています。

5 「訴え」と「訴訟上の請求」

　処分権主義により，民事訴訟手続を利用して法的紛争の解決を図るか否かは当事者の自由に委ねられているため，「訴えなければ，訴訟なし」となります。

　ここで，「訴え」とは，原告が，被告との間の特定の権利または法律関係の主張の当否について，特定の裁判所へ審判を求める申立てをいいます。

　訴えは，裁判所へ向けられた要求であり，被告に向けられた行為ではありません。また，裁判所へ向けられた要求の内容は，被告に対する一定の権利主張の当否について，審理および判断（合わせて「審判」といいます）をすることです。

　したがって，訴えには，裁判所に対する審判要求と，被告に対する権利主張とが含まれており，これらを一括して「広義の訴訟上の請求」といいます。

　さらに，原告の被告に対する一定の権利主張のみを取りだして，「狭義の訴訟上の請求」（単に「請求」とよぶこともあります）といいます。

　そして，狭義の訴訟上の請求（請求）の中身となっている，権利または法律関係のことを訴訟物といいます。

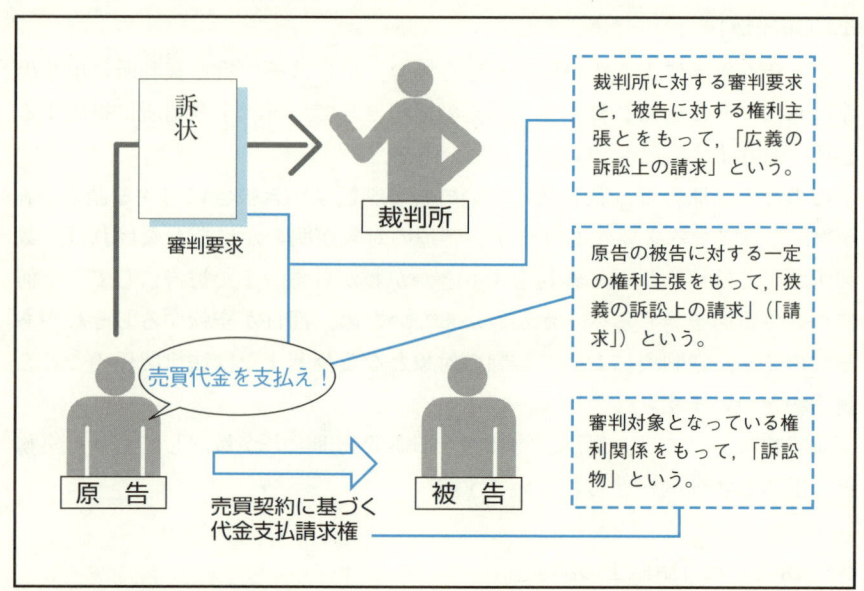

6 請求の趣旨および原因

　原告は，訴えの提起において訴訟物を特定する必要があるため，訴状には必要的記載事項として請求の趣旨および原因を記載しなければならないとされています（民訴133Ⅱ）。請求の趣旨および原因が審理判断の対象である請求（訴訟物）を特定するための記載となります。

　このうち「請求の趣旨」は，訴訟の目的となる権利または法律関係について，原告がいかなる裁判を求めるかを簡潔かつ正確に記載したものをいいます。言い方を換えれば，訴えによって求める判決内容の結論的・確定的な表示が請求の趣旨といえます。

　たとえば，代金支払請求訴訟における請求の趣旨は，「被告は原告に対して60万円を支払え。との判決を求める。」となります。

　請求の趣旨は，次に説明する請求の原因と相まって，審理判断の対象となる請求を特定し，裁判所の審判の範囲を限定する役割をもちます。

　次に，「請求の原因」（「請求原因」という表現もあります）は多義的に用いられますが，次の2つの意味を理解しておく必要があります（民事訴訟法概説30〜31頁）。

12　第1部　考え方

① まず，請求の趣旨と相まって，訴訟物を特定するのに足りる事項を意味します。この，訴訟物の特定としての請求の原因を，「特定請求原因」といいます。規則53条1項では，「請求を特定するのに必要な事実」と表現されています。
② 次に，原告の被告に対する関係での権利または法律関係を理由づける事実主張のうち，原告が主張立証責任を負うものを意味します。

この意味での請求の原因を，「攻撃防御方法としての請求原因」，「理由付け請求原因」，または「請求原因事実」とよびます（Klagegrund：略称はKg）。民事訴訟規則53条1項では，「請求を理由づける事実」と表現されています。

なお，実務において，単に請求原因というときは，理由付け請求原因をさすことが多いことに注意が必要です。

7 答 弁

当事者の弁論は，原告の訴状に基づく請求の趣旨および請求の原因を陳述することから始まります。これに対して被告は，原告の申立てを認めるか否かの態度決定を迫られます。

被告が原告の申立てを全面的に認める場合は，請求の認諾として，原告の全面勝訴と同様の結果で訴訟は終了します（民訴266, 267）。

これに対し，被告が原告の申立てを認めずに争う場合には，訴えの却下，または請求棄却の反対申立てを行うことになります。この被告の反対申立てを「答弁」といいます。

訴え却下の申立てとは，訴訟要件が欠けていることを理由に訴えを却下する旨の判決を求める申立てをいいます。

請求棄却の申立てとは，請求を理由なしとして，これを棄却する旨の判決を求める申立てをいいます。たとえば，原告の請求を理由なしとして反対申立てをする場合，「原告の請求を棄却する。との判決を求める。」として陳述することになります。

なお，答弁は，原告の主張する請求の趣旨に対して向けられたものになります。

8 認否

原告の主張する請求の趣旨に対して，答弁として請求棄却の申立てをした被告は，これと同時に，請求の原因に対して認否を行うことになります。認否とは，相手方の主張する事実（主要事実や重要な間接事実）について，当事者がどの点を認め，どの点を争うのかを明らかにすることをいいます。

認否には以下の5つの態様があります。

① 否認

否認とは，相手方の主張事実が真実でない，または存在しないという陳述をいいます。否認の際には，否認の理由となる事実を合わせて陳述しなければならず（民訴規79Ⅲ），単純に相手方の主張する事実が真実でないと陳述するだけでは足りません。理由を合わせて陳述する否認を「積極否認」あるいは「理由付否認」とよびますが，被告が相手方の主張事実を否認するにはなんらかの理由があるのが通常であり，その理由を明らかにさせることで争点をより明確にすることが可能となるため要求されています。否認された事実については，当該事実を主張する者による立証が必要となり，もし立証に失敗した場合には，証明責任によってその事実はないものとして扱われることになります。

② 不知

不知とは，相手方の主張を知らない旨の陳述をいいます。不知の陳述により，相手方の主張事実を争ったものと推定され（民訴159Ⅱ）否認と同様の取扱いを受けます。

③ 沈黙

沈黙とは，相手方の主張に対して明確な態度を示さないことをいいます。沈黙している場合，「相手方の主張した事実を争うことを明らかにしない場合」として，その事実について自白が擬制されることがあります（民訴159Ⅰ本文）。

④ 自白

自白とは，口頭弁論期日または弁論準備手続期日において，相手方が主張する，自己に不利益な事実を認めて争わない旨の陳述をいいます（民訴179）。

裁判所は，自白された事実につき，証拠によって認定する必要がないの

みならず，これに反する認定も許されず，そのまま判決の資料として採用しなければなりません（弁論主義の第2テーゼ）。ただし，自白の対象となるのは要件事実のみであり，間接事実や補助事実についての自白は裁判所を拘束しません。

⑤ 争　う

「争う」とは，相手方が法律上の主張をしている場合に，その主張を否定する旨の陳述をいいます。

そもそも認否をする理由は，不要証事実と要証事実とを分けておくことで争点を明確にし，審理を効率的に進めることにあります。裁判所は，当事者が自白した事実については証拠なしでそのまま判決の基礎としなければならないとの制約を受けることから（弁論主義の第2テーゼ），当事者による立証の前提として，自白が成立し，立証を要しない事実（不要証事実）と，争いがあり，立証を要する事実（要証事実）とを分けておくことが，無駄な証拠調べ手続を省き，審理の効率を図る手立てとなるのです。認否の結果，争いのあった事実については，これを「争点」とよびます。

なお，そもそも立証の対象とはならない顕著な事実については，認否の対象となりません。

Sakamoto's Eye

認否を訴訟の盤上でイメージしてみましょう。

訴訟の盤上では，先手である原告（X）が「発生」の駒を前に進めるべく，法律効果の発生を基礎づけるに足りる請求原因事実を主張することは前述のとおりです。

認否というのは，これに対する態度決定です。認否は，原告の主張に対する被告の態度決定というだけの話ですから，認否の場面で被告が自己の駒を前に進めることはしません。

たとえば，代金支払請求訴訟において，原告が①財産権移転約束，②代金支払約束に該当する具体的な事実を主張したとします。これに対して，被告（Y）がどの点を認め，どの点を争うのかの態度を明らかにす

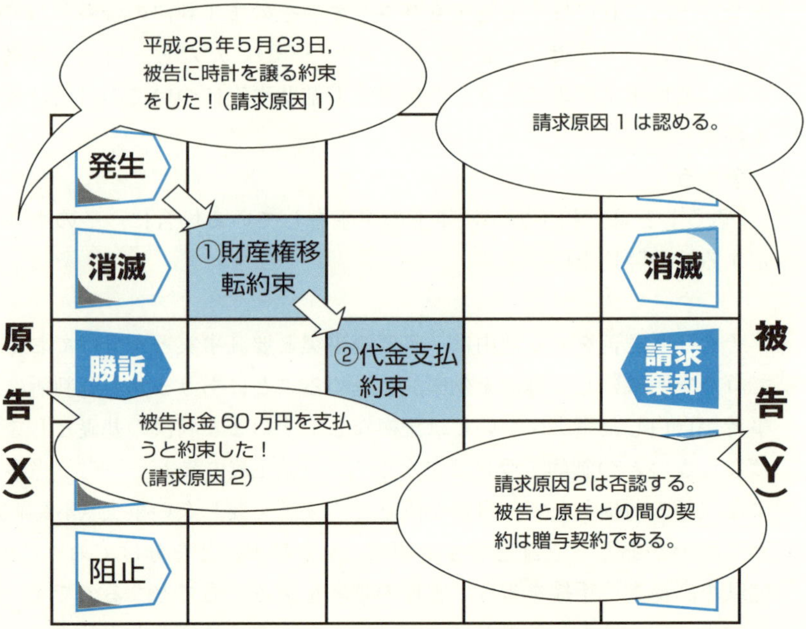
平成25年5月23日，
被告に時計を譲る約束
をした！（請求原因 1）
請求原因 1 は認める。
原
告
（X）
被
告
（Y）
発生
消滅
勝訴
阻止
①財産権移
転約束
②代金支払
約束
消滅
請求
棄却
被告は金 60 万円を支払
うと約束した！
（請求原因 2）
請求原因2は否認する。
被告と原告との間の契
約は贈与契約である。

ることが認否です。被告が，問題となっている売買の目的物を貰い受ける約束をしたことは認めるが，これに対して代金を支払う約束まではしていない，とするのであれば，「請求原因 1（財産権移転約束）は認める。請求原因 2（代金支払約束）は否認する。被告と原告との間の契約は贈与契約である。」といった認否をすることになります。

この場合，財産権移転約束の事実については被告も認めているので，自白が成立し，この事実の存在が確定します（弁論主義第 2 テーゼ）。主張した事実の存在が裁判所に認定されることで，原告は「発生」の駒を 1 つ前へ進めることができます。

しかし，代金支払約束については，被告が否認しているので，原告による証明がなされなければこの事実の存在は確定しません。この場合，原告は駒を前進させることができません。要件に該当する事実を主張しても，その主張する事実の存在が裁判所に認定されなければ駒を前に進めることはできないのです。

この場合，求めている法律効果（代金支払請求権の発生）は生じず，

「発生」の駒を裏返すこともできません。
　なお、否認は後で説明する抗弁と違って、原告の主張と事実のレベルで言い分が両立しないという点にポイントがあります。

9 抗　弁

　被告が否認によって原告の主張を争うことができるのは、前述のとおりですが、このほかに抗弁を主張することで争うこともできます。
　抗弁とは、相手方の主張する要件事実と両立しながら、当該要件事実から生ずる法律効果を否定する法律効果を発生させる要件事実で、被告が主張立証責任を負うものをいいます。抗弁には、権利発生の「障害」、「消滅」、「阻止」の機能があります。
　たとえば、代金支払請求訴訟において、被告が売買契約の錯誤無効を主張すれば、その主張は代金支払請求権の発生を「障害」する抗弁になり、被告が弁済の主張をすれば、その主張は代金支払請求権の発生を「消滅」させる抗弁になり、被告が同時履行の主張をすれば、その主張は代金支払請求権の行使を「阻止」する抗弁となります。
　否認と抗弁との違いのポイントは、当該事実が原告主張の請求原因と両立するか否かという点にあります。すなわち、否認は相手方の主張する請求原因そのものの存在を否定することであるため、双方の言い分に矛盾が生ずることになりますが、抗弁は原告の主張する請求原因そのものの存在は否定せず、むしろそれを前提としながら、これにより生ずる法律効果を否定する別の事実を主張するため、双方の言い分に事実レベルでの矛盾は生じず両立します。
　なお、ここでの**両立・非両立の判断は必ず事実レベルで行う必要**があります。なぜなら、法的効果のレベルで考えたのでは、抗弁は請求原因から生じる法律効果を消滅・障害・阻止するものであるため、双方の言い分は当然に食い違い、両立しないという話になってしまうからです。

Sakamoto's Eye

盤上における抗弁のイメージを捉えてみましょう。

まず，先ほど説明した認否の場合，被告は自分の駒を前に進めることはしなかった，ということを思いだしてください。

これに対して，**抗弁というのは，被告が自分の駒を前に進め，原告の進めている駒とぶつけることで自己の身を守る防御方法**です。

たとえば，代金支払請求訴訟において，原告が①財産権移転約束，②代金支払約束という２つの主要事実を主張したとします。これに対して，被告が①②の事実はすべて認めるけれど，すでに代金の支払は済んでいる，ということで原告の主張を争うケースで考えてみましょう。

まず，被告は，原告の主張する事実をすべて認めていますから，自白が成立するため，原告は「発生」の駒を前に進めることができます。

さらには，すべての要件が満たされることで法律効果が発生するため，原告は「発生」の駒を裏返すことができます。これにより，原告側から見たときの王手に入ります。

次に，被告は代金の支払が済んでいるものとして争っていますから，

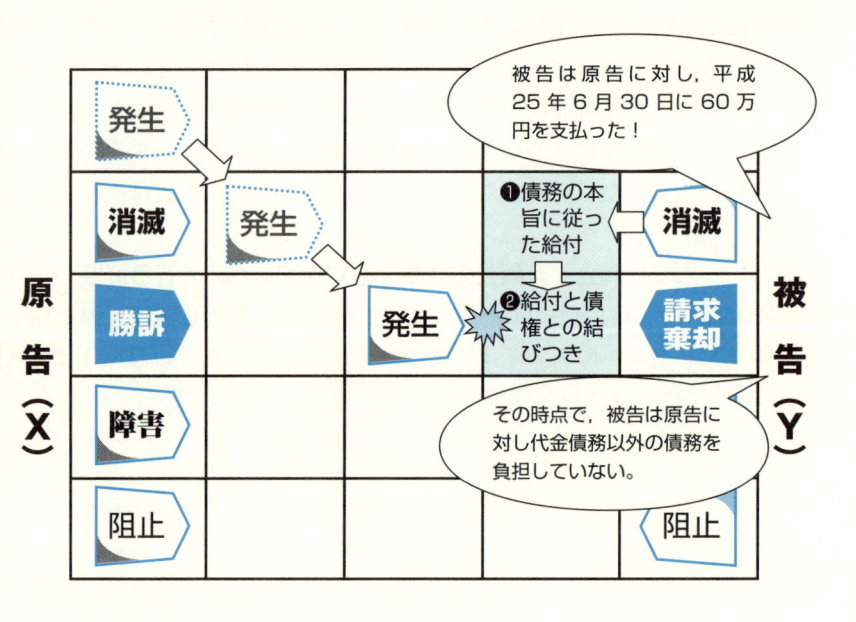

弁済の要件事実にあたる❶債務の本旨に従った給付，❷給付と債権との結びつき，の2つを主張します。

これにつき，原告が被告の主張する弁済の事実を認め，自白が成立したり，被告が弁済の事実の立証に成功した場合，被告は主張事実が確定したものとして「消滅」の駒を前に進め，駒を裏返すことができます。

そして，原告が，被告の進めた「消滅」の駒を更に否定する別の駒を進めることができなければ，被告は「消滅」の駒で，原告の「発生」の駒を取ることができます。更には，「消滅」の駒が決め手となって，被告は原告の王様「勝訴」を取ることができます。

これにより訴訟は終了します。もちろん結論は，請求棄却です。

10　再抗弁と再々抗弁

原告が，被告の抗弁に対して，抗弁の法律効果を更に消滅・障害・阻止する手立てを講じる場合，これを「再抗弁」（Ruqlik：略称R）とよびます。

さらに，被告が，原告の再抗弁に対して，再抗弁の法律効果を消滅・障害・阻止する手立てを講じる場合，これを「再々抗弁」（Duplik：略称D）とよびます。

裁判所は，原告が主張する請求原因事実（Kg），被告が主張する抗弁事実（E），更に原告が主張する再抗弁事実（R），更に被告が主張する再々抗弁事実（D），について事実認定をしたうえで法的判断を行い，権利または法律関係の有無を確定していくことになります。

11　「事実抗弁」と「権利抗弁」

抗弁には，抗弁事実が弁論に現れればその効果が認められる「事実抗弁」と，抗弁事実が弁論に現れていても，訴訟上その権利を行使するとの主張がなされなければ斟酌できない「権利抗弁」とがあります。

たとえば，代金支払請求訴訟において，被告が弁済の事実を主張立証すれば，この主張は代金支払請求権の発生を「消滅」させる抗弁として機能します。弁済は事実抗弁であるため，弁済の事実を主張立証すればそれで足ります。

これに対して，代金支払請求訴訟において，被告が同時履行の抗弁により

代金支払請求権の行使を「阻止」するためには，契約が双務契約であることを示す売買契約の事実を主張立証するだけでは足りず，「原告が○○を引き渡さなければ代金を支払わない」旨を権利主張しなければなりません。同時履行の抗弁権は権利抗弁であるため，裁判所は，同時履行の抗弁権を基礎づける双務契約の事実が明らかになるだけでは，同時履行の抗弁を斟酌できないのです。

権利抗弁には，同時履行の抗弁権のほか，留置権，対抗要件の抗弁（権利抗弁説：司研・類型別要件事実57頁，128頁）などがあります。

12 「立証活動」と「事実認定」

認否の結果，争いのある事実（争点）についてはその存否を判断する必要が生じます。このとき，事実の存否に関する判断が裁判官の偶然的・主観的な判断によるのでは，裁判の公正を担保し，国民の裁判に対する信頼を維持できないため，事実の存否の判断は，当事者の立証活動を通じて提出された資料（証拠）に基づくものであることが求められます（弁論主義の第3テーゼ）。そのため，裁判所は当事者の主張から明らかになった争点につき，当事者に証拠の申出をさせ，証拠調べを実施して争点となっている事実の存否を確定します。

当事者の立証活動を通じて，裁判所が争点となっている事実の存否を確定する作業を「事実認定」とよびます。

事実認定にあたっては，自由心証主義が採用されているため，裁判官は，審理に現れたすべての資料・状況に基づき，事実の存否を自由に判断することができます。そのため，当事者や代理人の弁論の内容や，態度から受けた印象をもって，事実の存否の判断をすることも可能となります。

13 「立証責任」と「法律要件分類説」

争いのある事実の存否を判断するにあたっては，証拠に基づく必要があることは先に説明したとおりですが，事実認定に必要となる証拠は自由心証主義（民訴247）から導き出される証拠共通の原則により，いずれの当事者から提出されてもよいとされます。すなわち，当事者の一方が提出した証拠は，その者に有利な事実認定に用いることができることはもちろんのこと，相手

方が証拠調べの結果を援用しなくても，当然に相手方にとって有利な事実の認定に用いることができるのです。

　しかし，争いとなっている事実の存否が明らかにならない場合，その事実は存在しないものとして扱われるため，通常は，当該事実が自己にとって有利な法律効果の発生を導くのに必要となる当事者がその証明に努力します。もし，ある事実が真偽不明となれば，その事実は存在しないものとして扱われ，要件の一部が欠落する以上は求める法律効果が発生しないこととなり不利益を受けることになります。

　このように，ある事実が真偽不明である場合に，その事実を要件とする自己に有利な法律効果の発生が認められないことになる一方当事者の不利益の事を「立証責任（証明責任）」とよびます。

　この立証責任の分配は，主張責任の分配の問題と重なるものですが，実務上は法律要件分類説を基本としてなされます。

　「法律要件分類説」とは，各個の法規における構成要件の定め方（本文とただし書，1項と2項，各則と総則といった規定の位置づけ）を前提として，その要件の一般性・特別性，原則性・例外性，その要件によって要証事実となるべきものの事実的態様とその立証の難易等を考慮して，主張責任立証責任の分配を考える立場のことをいいます（要件事実一巻10頁）。

　これによれば，**各当事者は自己に有利な法律効果を導くのに必要な要件事実につき立証責任を負う**ことになります。

　すなわち，権利の「発生」を根拠づける要件事実の立証責任はこれを主張しようとする者（＝通常は原告）が負担し，当該権利の存在を否定または阻止する発生「障害」，「消滅」，「阻止」といった効果を根拠づける要件事実の立証責任は権利の存在を否定または阻止しようとする者（＝通常は被告）が負担します。

　したがって，原告の陳述した請求原因事実の中で，被告が否認または不知の陳述をした事実があるのであれば，これにつき立証責任を負う原告が，その事実の存在を証明すべく立証活動をすることになります。

　また，被告の抗弁につき，原告が否認または不知の陳述をした事実があるのであれば，これにつき立証責任を負う被告が，その事実の存在を証明すべく立証活動をすることになります。

さらに，原告の再抗弁につき，被告が否認または不知の陳述をしたのであれば，これにつき立証責任を負う原告が，その事実の存在を証明すべく立証活動をすることになるのです。

Sakamoto's Eye

訴訟という盤上において，原告は「発生」の駒を前進させるため，法律効果の発生を基礎づける請求原因事実（主要事実）を主張します。

しかし，駒を前進させるためには，主張した事実の存在が裁判所に認定されることを要します。

つまり，主張した事実に対して，被告が否認または不知の陳述をした場合，その事実は争点として，証拠に基づく事実認定を待つことになるため，証拠調べを経て主張した事実が裁判所に認定されるまでは，駒を前進させることができないのです。

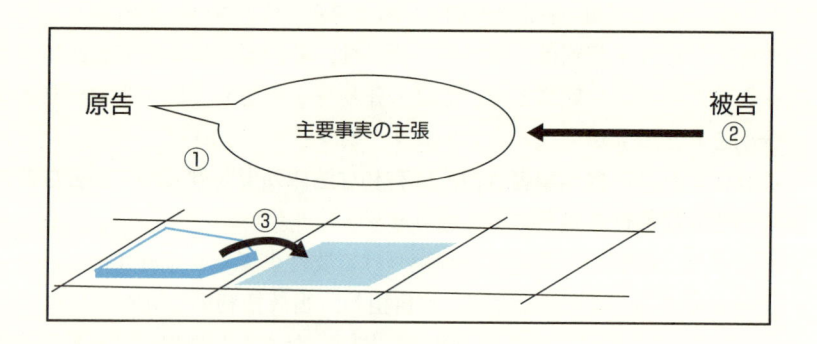

① 駒を前進させるべく請求原因事実（主要事実）を主張する。
② 原告の主張する請求原因事実（主要事実）に対して，被告が答弁をする。
③ 被告が，②において原告の主張する事実を認めた場合，その事実は自白により確定するので，原告は駒を進めることができる。
　しかし，②において被告が原告の主張する事実を否認した場合や不知の陳述をした場合，証拠に基づく事実認定がなされるまで，原告は駒を進めることができず，求める法律効果の発生が基礎づけられない

ことになる（＝駒を裏返すことができない）。

もう少し具体的な例を用いて説明しましょう。

たとえば，代金支払請求訴訟において，原告が①財産権移転約束，②代金支払約束という2つの主要事実を主張したとします。

これに対して，被告が「請求原因1（財産権移転約束に該当する具体的事実）は認める。請求原因2（代金支払約束に該当する具体的事実）は否認する。被告と原告との間の契約は贈与契約である。」という認否をしたとします。

この場合，財産権移転約束の点は自白しているため，その事実は確定し，原告は「発生」の駒を前進させることができます。

しかし，代金支払約束の点は否認しているため，その事実は争点となり，駒を進めるためには証拠調べによる事実認定を要します。

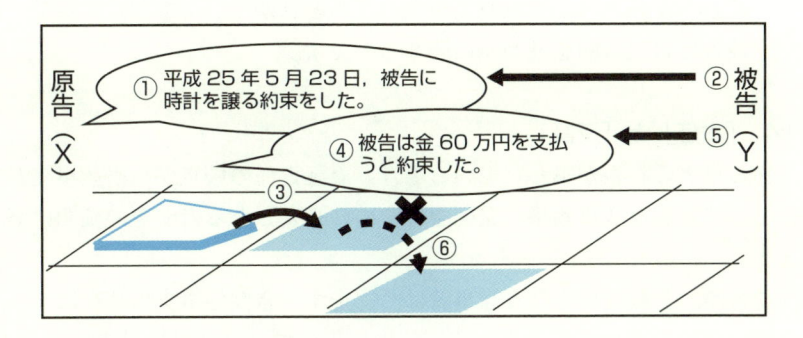

原告(X) ① 平成25年5月23日，被告に時計を譲る約束をした。 ② 被告(Y)
④ 被告は金60万円を支払うと約束した。 ⑤
③
⑥

① 原告が，代金支払請求権の発生を基礎づける財産権移転約束の事実を主張。
② 被告が，財産権移転約束の事実を認容（＝自白成立）。
③ 自白が成立したため，原告は駒を1マス前進させることができる。
④ 原告が，代金支払請求権の発生を基礎づける代金支払約束の事実を主張。
⑤ 被告が，代金支払約束の事実を否認。
⑥ 否認により，原告は駒を前進させることができず，すべての要件が認定されない以上，権利発生の効果は生じない（＝駒を裏返すことが

できない)。駒を前進させるためには，立証活動を通じてこの事実の存在を認定してもらう必要がある。

　原告が立証に成功し，争点となった代金支払約束の存在が認定されれば，原告は駒を前進させることができます。更には，すべての要件が満たされることで法律効果が発生するため，原告は「発生」の駒を裏返すことができます。
　もし，原告が立証に失敗し，代金支払約束の存在が否定されるか，真偽不明の状態に陥り，代金支払約束はなかったものとして扱われた場合，要件の一部を欠落する以上は権利発生の法律効果は生じず，原告勝訴の可能性は断たれます。
　面白いのは，被告は自己の駒を1つも進めることなく勝つこともできるということです。つまり，原告の主張する請求原因事実を徹底的に否認し，主張された請求原因事実のうちどれか1つでも認定されなければ，被告は自己の駒を使わずに勝てるのです。

14 「本証」と「反証」

　ある事実の存否が争われている場合，立証責任の観点から当該事実が自己にとって有利な法律効果の発生を導くのに必要となる者がその証明に努力します。
　この際，立証責任を負う当事者は，認定すべき要件事実の存在につき，裁判官に確信を抱いてもらうべく，証拠を用いて立証活動に励みます。この，立証責任を負う当事者の立証活動を「本証」といいます。本証はその事実の存在につき，裁判官に確信を抱かせる程度のものであることが必要です。
　これに対して，立証責任を負わない当事者のする，争いのある事実の不存在を基礎づけるための立証活動を「反証」といいます。反証は本証とは違って，その事実の不存在につき裁判官に確信を抱かせる程度のものである必要はなく，本証によって形成される心証を動揺させて，真偽不明の心証を抱かせさえすれば，その目的を達します。

Sakamoto's Eye

　盤上における「本証」と「反証」のイメージを捉えましょう。

　代金支払請求訴訟において原告が陳述した①財産権移転約束，②代金支払約束に該当する請求原因事実に対して，被告が「請求原因1（財産権移転約束に該当する具体的事実）は認める。請求原因2（代金支払約束に該当する具体的事実）は否認する。被告と原告との間の契約は贈与契約である。」という認否をしたケースで考えてみます。

　まず，財産権移転約束の点については争いがありませんから，原告は「発生」の駒を1マス進めることができます。しかし，代金支払約束の点は争われているため，原告は「発生」の駒をそれ以上進めることができません。

　そこで原告は，代金支払約束の事実を認定してもらうべく，本証に励みます。

　たとえば，売買契約書を提出することが考えられます。更にこれとあわせて，売買契約書上の印影に対応する被告の印鑑証明書を提出することができれば，民事訴訟法228条4項の推定により売買契約書の成立の真正が推定され，裁判官は売買契約締結の事実につき確信しえます。この時，被告が何らの反証も講じなければ，裁判官が売買契約締結の事実を確信する結果，原告は駒を前進させることができ，更にはこれを裏返すことができます（＝法律効果発生）。

　そのため，売買契約締結の事実を争う被告としては反証を講じる必要があります。

　たとえば，実印は，予備にとっておいた印鑑証明書とともに盗まれてしまい，自分以外の何者かが売買契約書に押印したこと，サインの筆跡も別人のものであること，といった主張が考えられます。このとき被告は，盗まれた事実や，筆跡が別人のものであることを証明する必要はありません。あくまでも原告の証明活動によって形成された「売買契約を締結したのであろう」という裁判官の心証を動揺させて，どちらの言っていることが本当かわからない，という状況に持ち込めばよいのです。

　同じ理由から，積極否認のなかで述べている「贈与だった」という事実も証明する必要はありません。裁判官の心証を動揺させれば足ります。

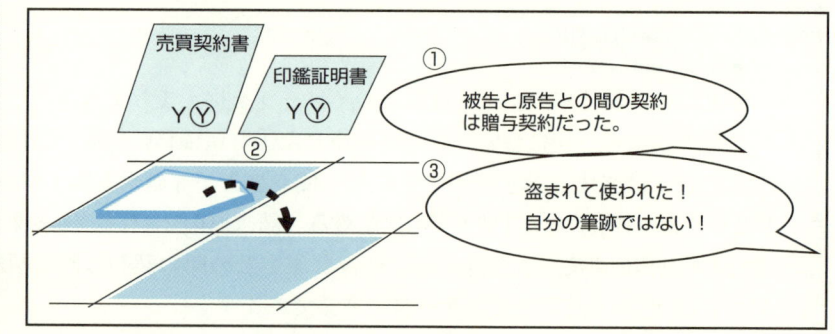

① 被告の否認により，原告は駒を前進させることができない。
② 原告は，駒を前進させるために，証拠となる売買契約書や印鑑証明書を提出し，本証に励む。
③ 被告は，裁判官の心証を動揺させるべく反証に励む。被告としては，裁判官の心証を動揺させればそれで目的を達するため，反証として主張する「贈与だった」「実印と印鑑証明書は盗まれて使用された」「自分の筆跡ではない」という各事実につき，裁判官に確信を抱いてもらう必要はない。

15 その他
主要事実以外の事実（「間接事実」・「補助事実」・「事情」）

訴状には通常，要件事実に該当する具体的事実（主要事実）以外にも，間接事実・補助事実・事情といった事実が記載されます。これらのうち，とりわけ重要なのが間接事実です。「間接事実」とは，主要事実の存否を推認するのに役立つ事実をいいます。

実際の訴訟において，究極の立証課題が主要事実であることは言うまでもありませんが，実際には主要事実を直接証拠によって証明できることは少なく，だからこそ訴訟に発展しているケースが多くあります。この場合，原告は主要事実を推認させる間接事実の証明により，主要事実を認定してもらえるよう努めることになるのです。

たとえば，金銭消費貸借契約に基づく貸金返還請求訴訟において，要件事実である金銭授受が争われている場合，これを基礎づける直接証拠として金

銭消費貸借契約書や，金銭を受け取った際に借主が交付した借入金受取書などがあれば，これらの直接証拠により金銭授受の事実を直接立証することができるでしょう。しかし，これらの直接証拠がない場合，原告としては，ⅰ被告が金銭授受のあったとされる時点以降に借金の返済をしている，ⅱ原告は，金銭授受のあったとされる時点の直前に自己の銀行口座から貸し付けた額と同額の預金を下ろしている，ⅲ被告は，原告に融資の依頼をする前に，別の友人に同様の融資依頼をして断られている，など，金銭授受を推認させる間接事実を積み上げて，金銭授受の立証に励むことになるのです。

主要事実以外の事実のうち「補助事実」とは，証拠の信用性に影響を与える事実をいいます。たとえば，「証人は，以前にも偽証したことがある」「文書はXにより偽造されたものである」といった事実がこれにあたります。

「事情」とは，要件事実，間接事実，補助事実のいずれにも属さない事件の由来，来歴などの事件の背景に関する事実をいいます。法に基づく裁判をする法廷の場においては，社会に生起したあらゆる事象のなかから，法的に意味のある事実を取捨選択して主張することが重要となりますが，紛争の全体像を的確に把握するためには，紛争の背景にある個別的な諸事実が重要な意味をもつこともあります。そこで，的確に紛争の全体像および争点を把握するために，事情を主張すべき時があります。しかし，経験則に照らして意味のない事実や，関連性の低い事実を羅列することは，かえって争点をあいまいにし，立証の対象を不明確にし，ひいては迅速・適正な権利の実現を阻害するため，重要な事実か否かの選別をしたうえでの主張が望まれます。

16 「せり上がり」

弁論主義の第1テーゼから導かれる主張共通の原則により，裁判所は，ある主要事実が主張責任を負わない当事者から進んで陳述された場合，たとえ主張責任を負う当事者がこれを援用しなくても，当然に当該事実を判決の基礎とすることができます。そうすると，原告が主張した事実のなかに，被告の抗弁を基礎づける事実が含まれている場合，裁判所は抗弁を考慮して判決を言い渡すことが可能となります。

そのため，原告は被告にとって有利となる事実を進んで陳述してしまうことがないよう，注意を払わなければなりません。

しかし，原告が主張する権利の発生を基礎づける請求原因事実のなかに，本来被告が主張すべき抗弁を基礎づける事実が当然に含まれていることがあります。このような場合，請求原因事実と同時に，抗弁も基礎づけられる結果，原告は請求原因事実を主張する段階において，あわせて再抗弁を基礎づける事実を主張しなければならないことになります。このように，本来であれば相手方の抗弁主張の後に提出すれば足りるはずの再抗弁事実を，相手方の抗弁主張をまたずに提出しなければならない場合を「せり上がり」とよびます。

本書においては，「せり上がり」が具体的に問題となる事例として，売買の目的物引渡債務の履行遅滞に基づく契約解除を主張するケース（1-1-5-1 77頁），売買代金債務の履行遅滞に基づく損害賠償を請求するケース（1-2 111頁），売買代金債権を自働債権とする相殺による債権の消滅を主張するケース（2-1-2-1 122頁），請負契約に基づく報酬請求をする際に附帯請求として履行遅滞に基づく損害賠償請求をするケース（4-1 190頁），を学習します。

17 「権利抗弁の存在効果」

同時履行の抗弁等の権利抗弁は，抗弁事実が弁論に現れていても，訴訟上その権利を行使するとの主張がなされなければ斟酌できません。しかし，権利抗弁には，権利者の主張を待たずに，権利抗弁の存在自体によって抗弁としての機能を発揮する場面があります。これを「権利抗弁の存在効果」とよびます。

たとえば，売買契約に基づく代金支払請求訴訟において，これとあわせて，原告が履行遅滞に基づく損害賠償請求をする場面で，権利抗弁の存在効果が問題となります。

当該場面で，被告は，履行期を経過してしまったことにつき違法性がないことを，履行遅滞に基づく損害賠償請求権の発生を「障害」する抗弁として主張することができます。具体的には，留置権（民295）や同時履行の抗弁権（民533）を，履行の遅滞を正当化し，その違法性を阻却する事由として主張しえます。これらはいずれも権利抗弁ですから，本来であれば訴訟上の権利行使がなければ抗弁として斟酌できません。しかし，原告の主張する売買契約の締結の事実により，代金債務と目的物引渡債務とが同時履行の関係

にあることが当然に基礎づけられ，履行遅滞の違法性阻却事由があることが明らかになることで，被告の同時履行の主張を待たずに，履行遅滞に基づく損害賠償請求権の発生は「障害」されます。これが，権利抗弁の存在効果です。

なお，権利抗弁の存在効果が問題となる場面では，あわせてせり上がりが問題となりえます。

Sakamoto's Eye

「権利抗弁の存在効果」と「せり上がり」が問題となる，売買契約に基づく代金支払請求訴訟において，履行遅滞に基づく損害賠償請求をする場面を盤上でイメージし，理解を深めましょう。

このケースでは，まず，原告が財産権移転約束（Kg①），代金支払約束（Kg②），の事実を主張します。このとき，被告が自白をするか，立証に成功すれば，原告は「発生」の駒を前進させ，駒を裏返すことができます。すなわち，売買契約に基づく代金支払請求権の発生です。

この時，主張共通の原則がはたらく結果，被告の原告に対する売買契約に基づく目的物引渡請求権の発生も基礎づけられ，被告の「発生」の駒も裏返ります。目的物引渡請求権の発生を基礎づける要件事実は，

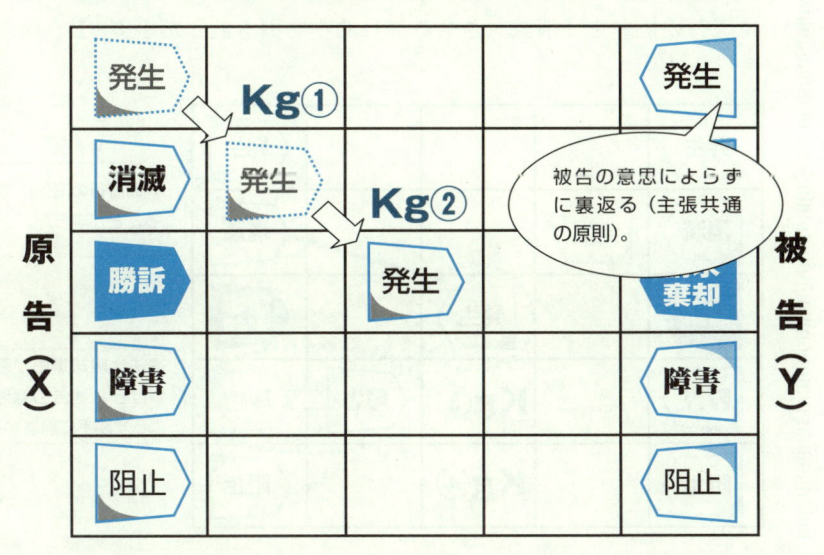

Kg①, ②と同じだからです。

　さらに原告は，履行遅滞に基づく損害賠償請求権の「発生」を基礎づけるべく，代金支払債務の履行期の経過（Kg③）を主張します（なお，損害賠償請求権の「発生」が基礎づけられれば，代金支払請求権の「発生」の駒とは別の「発生」の駒が裏返ります。つまり，訴訟の盤上においては，主張の分だけ駒があり，「発生」の駒は1つしかないというわけではありません）。

　しかし，代金支払債務の履行期の経過を主張立証しただけでは，損害賠償請求権の「発生」の駒は裏返りません。なぜならば，原告の主張した売買契約の締結の事実により，代金債務と目的物引渡債務とが同時履行の関係にあることが当然に基礎づけられる結果，履行の遅滞は正当化され，被告の意思によらずして，被告の「障害」の駒が前進してしまうからです。つまり，同時履行の関係が明るみにでる結果，履行遅滞の違法性阻却事由が基礎づけられ，履行遅滞に基づく損害賠償請求権の発生は「障害」されてしまうのです。これが「権利抗弁の存在効果」です。

　この「権利抗弁の存在効果」により，原告の主張が代金支払債務の履行期の経過で終わってしまうと，原告の主張は主張自体失当となってしまいます。そこで，本来であれば，被告の抗弁を待って主張すべき，同時履行の抗弁を「消滅」させる，目的物を引き渡した事実（Kg④）を，

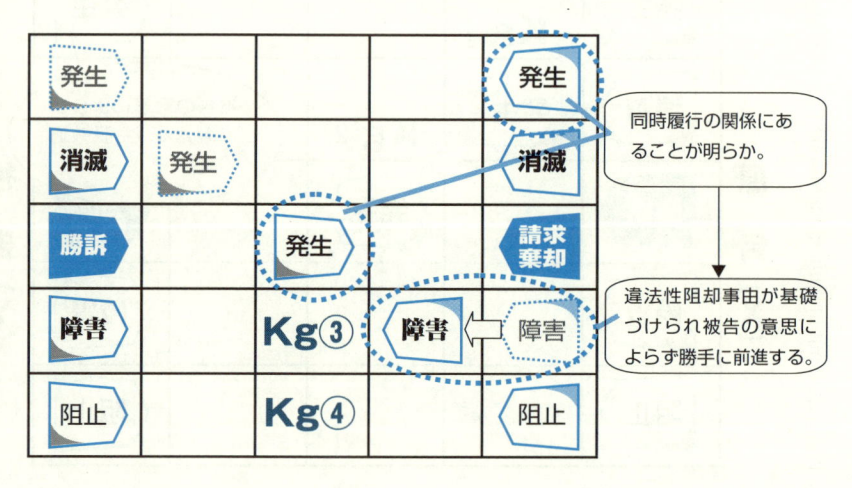

再抗弁ではなく請求原因事実の段階で主張立証する必要がでてきます。これが「せり上がり」の典型例です。

まとめ
① 財産権移転約束（Kg①），代金支払約束（Kg②）の事実が確定することで，代金支払請求権は「発生」し，駒は裏返っている。
② ①と同時に，目的物引渡請求権の「発生」も基礎づけられ，被告側の「発生」の駒も裏返っている。
③ 原告は，履行遅滞に基づく損害賠償請求を基礎づけるべく，代金支払債務の履行期の経過（Kg③）を主張し，損害賠償請求権にかかる「発生」の駒を訴訟の盤上に乗せる。
④ 同時履行の関係が明るみにでることで，履行遅滞の違法性阻却事由が基礎づけられ，被告の意思によらずに「障害」の駒が前進している。
⑤ ④から，原告としては，同時履行の抗弁を「消滅」させる，目的物を引き渡した事実（Kg④）を，再抗弁ではなく請求原因事実の段階で主張立証しなければならない。なお，目的物を引き渡した事実が確定すれば，原告は，損害賠償請求権にかかる「発生」の駒を裏返せると同時に，被告の「障害」の駒を取ることができる。

原告(X)						被告(Y)
	発生				② 発生	
	消滅	発生	①		消滅	
	勝訴		発生	④	請求棄却	
	障害		③ 発生	障害	障害	
	阻止		⑤ Kg④		阻止	

18 時的要素・時的因子

　事実相互の時間的な先後関係が，要件事実の一部となっているものを「時的要素」といいます。たとえば，代理による契約が問題となっている場合，代理権の授与が，代理行為に先立ってなされていることを要件事実の要素として主張立証しなければなりません。なぜなら，代理権の授与が代理行為に遅れる場合，代理人がした意思表示ということはできないため，代理権の授与が代理行為に先だつことは時的要素となるからです。

　これに対して，問題となっている事実を特定するために日時を摘示する場合，これを「時的因子」といいます。たとえば，売買契約の締結を主張する場合，「XはYに対し，平成○年○月○日，甲を100万円で売った。」という要領で，日時の摘示をもって問題となっている売買契約を特定します。時的因子は時的要素とは異なり，要件事実の一部ではないため，他の手段をもって問題となっている事実を特定できるのであれば，日時の摘示を省略することもできます。

第 **2** 部

書き方

第2部では,「訴訟物」「請求の趣旨」「主要事実」「認否」等の
書き方の基本ルールを確認します。
書き方に関しては,試験特有の注意点もあるため,
実務と試験とでは必ずしも同じではないことを
意識する必要があります。
一番のポイントは,実際の実務においては
きわめて重要な役割を担う
間接事実・補助事実・事情といった主要事実以外の事実を,
試験においては記載してはならないことです。
必要な事実のみを抽出し表現する訓練は
第3部において行いますが,
前提となる基本ルールをまずは身につけてください。

1 訴訟物の書き方

訴訟物とは、審判対象となる権利または法律関係のことをいいます。

訴訟物は、請求権の法的性質を明らかにすることによって特定します。そのため、原告の求める判決が「金を支払え」である場合、その根拠が、売買契約に基づき発生する代金支払請求権なのか、消費貸借契約に基づき発生する貸金返還請求権なのかといった、法的性質を明らかにして表現しなければなりません。

また、附帯請求がある場合、附帯請求も主たる請求と並んで独立の訴訟物となるため、これについても法的性質を明らかにしたうえで表現する必要があります。

なお、「附帯請求」とは、主たる請求と同じ事実関係から生じた「果実、損害賠償、違約金または費用」を主たる請求と同一の訴えで請求する場合の請求（民訴9Ⅱ参照）のことをいいます（30講176頁）。

原告の求める判決が「金を支払え」である場合の、代表的な訴訟物としては、以下のものがあげられます。

[売買の代金を相手が支払ってくれないケースの訴訟物]
　　→　売買契約に基づく代金支払渡請求権

[貸した金を相手が支払ってくれないケースの訴訟物]
　　→　消費貸借契約に基づく貸金返還請求権

[家の賃料を相手が支払ってくれないケースの訴訟物]
　　→　賃貸借契約に基づく賃料請求権

[不法行為による損害賠償を求めるケースの訴訟物]
　　→　不法行為に基づく損害賠償請求権

[主債務者が弁済してくれないため、保証人に保証債務の支払を求めるケースの訴訟物]
　　→　保証契約に基づく保証債務履行請求権

> [請け負った仕事を完成させたのにその報酬を相手が支払ってくれないケースの訴訟物]
> → 請負契約に基づく報酬（支払）請求権

> [利息の支払を約定しているケースでの利息支払の訴訟物]
> → 利息契約に基づく利息請求権

> [利息の約定がなく遅延損害金として求めるケースの訴訟物]
> → 履行遅滞に基づく損害賠償請求権

　原告の求める判決が，「物を引き渡せ」または「明け渡せ」である場合の訴訟物としては，以下のものがあげられます。

> [売買の目的物を相手が渡してくれないケースの訴訟物]
> → 売買契約に基づく目的物引渡請求権

> [賃貸借契約が終了したのに借主が家を明け渡さないケースの訴訟物]
> → 賃貸借契約の終了に基づく返還請求権としての建物明渡請求権

> [自己の所有する建物を不法に他人に占有されているときに，その明渡しを求めるケースの訴訟物]
> → 所有権に基づく返還請求権としての建物明渡請求権

> [自己の所有物を不法に他人に占有されているときに，その引渡しを求めるケースの訴訟物]
> → 所有権に基づく返還請求権としての動産引渡請求権

　「引渡し」と「明渡し」とは，その意味を別にするため，明確に使い分けて記載する必要がありますが，これについては第3部で詳しく述べます（7-1　233頁）。

　その他，不動産登記手続請求訴訟においては，以下の訴訟物があげられます。

[不動産の売主が所有権移転登記手続に協力してくれないケースの訴訟物]
→ 売買契約に基づく債権的登記請求権としての所有権移転登記請求権

[弁済が済んでいるにもかかわらず担保権者が担保の抹消登記手続に協力してくれないケースの訴訟物]
→ 所有権に基づく妨害排除請求権としての抵当権設定登記抹消登記請求権

Plus α

訴訟物の特定要素とその記載方法

　訴訟物を特定する事項は，権利等の種類に応じて異なります。
　物権が問題となる場合，物権は，❶権利者（e.g. 原告），❷権利客体（e.g. 特定の建物），❸権利の種類（e.g. 所有権）によって特定され，物権の取得原因や発生原因は特定要素となりません。
　これは，物に対する権利が実体上絶対的，排他的なものとされ，また，同一人に帰属する同一内容の物権は他に存在しない（一物一権主義）ことによります。つまり，特定の建物の原告の所有権といえば，それは1個だけであり，その取得原因が売買なのか，取得時効なのかによって異なるものではなく，審判対象の特定として十分なのです。
　これに対し，債権が問題となる場合，債権は，❶権利義務の主体（e.g. 原被告），❷権利の種類（e.g. 売買代金支払請求権），❸給付の内容（e.g. 100万円の支払），❹発生原因（e.g. 平成25年4月22日の売買契約）によって特定されます。
　これは，人に対する権利が実体上相対的，非排他的なものとされ，同一当事者間であっても，発生原因が異なれば同一内容の権利が別個に存在しうることによります。つまり，原告の被告に対する代金支払請求権というだけでは，どの代金支払請求権が審判対象となるのかが明らかとならないのです。
　したがって，たとえば売買契約に基づく代金支払請求権が問題となる場合であれば，通常，契約の当事者，契約の締結日，目的物，金額等によって特定されます。
　以上を前提にすれば，たとえば，X所有の甲建物がYにより不法に占拠されている場合において，Xが所有権に基づき甲建物の明渡しを求める事案（ケースA）では，訴訟物は「❶X（権利者）のYに対する甲建物（❷権利客体）の所有権（❸権利の種類）に基づく返還請求権としての建物明渡請求権」となるはずです。
　また，たとえば，XがYに対して自己の所有する乙腕時計を平成25年4月22

> 日，100万円で売却し，Xが売買契約に基づき代金の支払を求める事案（ケースB）では，訴訟物は「XY間（❶権利義務の主体）で平成25年4月22日締結された乙腕時計の代金100万円での売買契約（❹発生原因）に基づくXのYに対する代金100万円の支払請求権（❸給付の内容，❷権利の種類）」となるはずです。
> 　しかし，通常は，ケースAであれば，「所有権に基づく返還請求権としての建物明渡請求権」が訴訟物であるとされ，ケースBであれば「売買契約に基づく代金支払請求権」が訴訟物であるとされます。これは，訴訟物の特定要素をどこまで具体的に記載しなければならないかは，他の訴訟物と誤認混同を生じる可能性があるか否かという相対的な問題にすぎないため，簡略化が許されることによります（新問題研究4頁等）。
> 　本書においてもこれに倣い，簡略化された記載にとどめています。

2　請求の趣旨の書き方

　訴えによって求める判決内容の結論的・確定的な表示を請求の趣旨といいます。

　請求の趣旨では，原告の求める判決主文と同一の文言で表現する必要があるため，原告の請求内容（どのような権利または法律関係を訴訟物とするのか，どのような範囲で求めるのか）と，判決の形式（給付・確認・形成のいずれか）を明示します。

　請求の趣旨の記載は確定的でなければならず，条件付き，期限付きであることは原則として許されません。

①給付訴訟の場合

　原告の請求内容が金銭の支払を目的としている場合には，求める金額の支払だけを，以下の例のように単純に表示します。

> 被告は原告に対して，○○円を支払え。
> との判決を求める。

　つまり，一部請求の場合であっても，請求の趣旨においてこれを表現する必要はありません。

　附帯請求として，利息や遅延損害金の支払を求める場合には，以下の例の

ようになります。

> 被告は原告に対して，○○円および，これに対する平成○年○月○日から支払済みまで年○分の割合による金員を支払え。
> との判決を求める。

　金銭の支払がどのような法的性質の給付請求権に基づくかの特定は，請求原因の役割となります。そのため，請求の趣旨において法定性質を示すことはできず，「被告は原告に対して，"売買代金"○○円を支払え。」との表記や，「……年5分の割合による"損害金"を支払え。」といった表記は誤りとなるので注意が必要です。
　原告の請求内容が物の引渡しや，建物の明渡しを目的としている場合には，以下の例のように表示します。

> 被告は原告に対して，絵画・甲（A制作）を引き渡せ。
> との判決を求める。

> 被告は原告に対して，別紙物件目録記載の建物を明け渡せ。
> との判決を求める。

　なお，例中に「別紙物件目録記載の建物」として，目的物である建物の特定を別紙に委ねる記載がありますが，このような手法は，複雑または多数の目的物を表示する際に用いられます。目的物の特定が容易な場合には，「絵画・甲（A制作）」のように記載すれば足ります。
　この点，認定考査においては，目的物を特定するに足りる表現ができているかどうかは重要視されておらず，問題において「腕時計を特定することが必要である場合であっても，単に『腕時計』と記載すれば足りるものとする。」（認定考査第1回小問(2)）といった指示がなされており，簡略化した記載が許容されています。そのため，本書における目的物の特定も簡略化した表現にとどめています。

原告の請求内容が登記手続を目的としている場合には，以下の例のように表示します。

> 被告は原告に対し，別紙目録記載の土地について平成○○年○月○日売買を原因とする所有権移転登記手続をせよ。
> との判決を求める。

> 被告は原告に対し，別紙目録記載の土地について平成○○年○月○日時効取得を原因とする所有権移転登記手続をせよ。
> との判決を求める。

> 被告は，別紙物件目録記載の土地について，別紙登記目録記載のＹ名義の所有権移転登記の抹消登記手続をせよ。
> との判決を求める。

> 被告は，別紙物件目録記載の建物について，別紙登記目録記載の抵当権設定登記の抹消登記手続をせよ。
> との判決を求める。

登記手続請求訴訟においては，実際に登記を実行するのは被告ではなく登記官であることから，「被告は原告に対して……○○"登記をせよ"。」という表現は誤りとなるので注意が必要です。

登記手続が問題となる場合，主文には，対象となる物件を特定する必要がありますが，主文中に物件をそのまま表示すると，長文になって読みにくくなってしまいます。そのため，これを避けるため別紙として物件目録を添付し，前記記載例のように「別紙物件目録記載の土地（建物）について」として物件目録を指示し，物件の表示とするのが一般的です（起案の手引 18 頁）。

また，抹消登記が問題となる場合，主文には，抹消を求める登記を特定する必要があります。抹消を求める登記の特定は，物件と登記の名称，登記所の名称，受付年月日，受付番号による特定が可能ですが（e.g. 物件＋平成○年○月○日東京法務局受付第 12345 号の所有権移転登記），これについても登記目

録を利用した記載が望ましいとされているため（起案の手引22頁），請求の趣旨は，上記記載例のように「別紙登記目録記載のY名義の所有権移転登記」と表現します。

給付の訴えにおいては，訴訟費用についての記載と，仮執行宣言についての記載を以下の例のように記載することが慣習となっています。

> 1 （訴訟物についての請求が記載されている）
> 2 訴訟費用は被告の負担とする。
> 3 この判決は仮に執行することができる。
>   との判決を求める。

上記2，3のような申立ては，付随的申立てといわれ，原告がする訴訟物についての請求以外の申立てを意味します。

この点，認定考査においては，「（なお，付随的申立ては除く。）」の指示がなされるため（認定考査第7～11回小問(2)），これを記載する必要はありません。むしろ，これらの事項を記載した場合には，付随的申立ての意味を理解していないものとして減点対象となりえます。本書においても，認定考査対策を主眼におく観点から，特に指示をしない場合においても，付随的申立ての記載を省略しているため，学習の際には注意してください。

また，「との判決を求める。」の記載について，第3部の解答では便宜上省略しています。

②確認訴訟の場合

確認訴訟の場合には，給付訴訟の場合と違って，請求の趣旨に確認の対象となる権利義務の法的性質とその範囲が明示されます。たとえば，賃借権の存在の確認を目的としている場合には，以下の例のように表示します。

> 原告が別紙物件目録記載の建物につき，原被告間の平成〇〇年〇月〇日の賃貸借契約に基づく賃借権を有することを確認する。
>   との判決を求める。

確認訴訟においては，法律関係が確定されることが紛争の解決に役立つため，請求の趣旨に確認の対象となる権利義務の法的性質とその範囲が明示されるのです。そのため，確認訴訟では，請求の趣旨から訴訟物が明らかとなり，請求原因による訴訟物の特定を要しないことになります。

　なお，確認は被告ではなく，裁判所に向けられた要求であるため，請求の趣旨において，「被告は原告に対して○○であることを確認せよ。」と記載することは誤りとなるので注意してください。

③形成訴訟の場合

　形成訴訟の場合，認容判決により形成されるべき権利関係を，以下の例のように明確に表示します。

> 　原告と被告とを離婚する。
> 　との判決を求める。

> 　被告から原告に対する○○地方裁判所平成○○年（ワ）第○○号○○請求事件の判決に基づく強制執行はこれを許さない。
> 　との判決を求める。

3　請求原因事実・要件事実の書き方
①特定請求原因と理由付け請求原因

　本来，当事者の攻撃防御方法は，弁論の終結にいたるまでに提出すればよいという建前（適時提出主義：民訴156）を採用していることから，訴状における必要的記載事項としては特定請求原因のみが求められ，理由付け請求原因は除外されています。そのため，訴え提起の段階においては，訴訟物を特定するに足りる事実を訴状に記載すれば足りるはずです。

　しかし，期日における審理を充足させ，求めている判決を迅速に得るためには，当事者の主張立証関係を早期に明らかにすることが望まれます。このことから，訴状には特定請求原因のほか，理由付け請求原因を記載すべきことが要請されており（民訴規53Ⅰ），できるかぎり，訴状には請求を理由づける具体的事実の記載が求められています。

認定考査試験においても，請求原因事実（＝理由付け請求原因）の記載が求められているため，解答に特定請求原因のみを記載すると，減点を免れないので注意が必要です。

もっとも，理由付け請求原因は特定請求原因を包含する関係にあるため，結局のところ試験対策としては，特定請求原因を意識する必要はなく，請求原因事実を正確に押さえておけば足ります。

②**要件事実ごとの整理**

認定考査試験においては，「要件事実ごとに適宜番号を付して整理して解答せよ」という指示があります。そのため，「1 ……。2 ……。」というようにして，要件事実ごとの記載を心掛ける必要があります。

このとき，必要があれば項ごとの見出しを付けて整理しても構いません。たとえば，後述する評価根拠事実を摘示する際には，「要素の錯誤の評価根拠事実」というように見出しを付したうえで事実を摘示し，自己がいかなる趣旨でこのような事実を摘示するのかを，正確に相手に汲み取ってもらえるように工夫します。

また，必要があれば項のなかを細分化して記載することもできます。細分の符号の順番は「1, (1), ア, (ア), a, (a)」などの例によります（民事弁護の手引93頁）。

もっとも，実務では，常に要件事実ごとに項目を別にして記載しているわけではないことや，これを厳密に捉えると不自然な表現となる場合がでてくることから，"できるかぎりの整理"がなされていれば，認定考査試験において減点の対象とはならないものと考えられます。たとえば，売買契約に基づく権利の要件事実は，①財産権の移転約束と，②代金の支払約束ですが，通常はこれを分けずに「XはYに対して，平成〇年〇月〇日甲を100万円で売った。」という一文で表現しており，認定考査試験においてもこの表現で足ります。

そのため，要件事実ごとの整理を厳密に捉えすぎず，一般的な整理のもとで表現できればよいと考えてください。具体的な表現方法は，第3部において確認します。

なお，認定考査試験においては，おおよそ以下のような指示が付されてい

ます。

> また，記載にあたっては，次の【記載例】のように，主たる請求と附帯請求に分けたうえ，要件事実ごとに，適宜，番号を付して整理して記載するものとするが，附帯請求の要件事実のうち，主たる請求の要件事実と同一のものについては，適宜，主たる請求についての記載を引用しても差し支えない。
>
> 【記載例】
> （主たる請求）
> 1　Aは，平成○○年○月○日当時，本件土地を所有していた。
> 2　Bは，本件土地を占有している。
> 3　………
> （附帯請求）
> 1　主たる請求の1に同じ。
> 2　………
>
> ※　第11回認定考査　小問(3)

第3部における解答は，上記指示に従う趣旨で記載していますので，これをふまえて学習してください。

③認定考査における注意点

請求原因事実・要件事実の記載において最も注意しなければならないのは，法律効果を導くのに必要不可欠な要件事実以外の事実を記載しないことです。なぜなら，実務においてはきわめて重要な役割を担う間接事実や，補助事実，事情にあたる事実を，試験において解答用紙に記載すると，減点の対象となってしまうからです。

これは，主要事実以外の事実を解答用紙に記載してしまうと，一連の社会的事実のなかから，請求原因事実にあたる具体的事実を抽出する能力がないという評価がなされることによります。

認定考査においては，要件事実の正確な理解を試すため，わざと余計な事

実が問題文中に散りばめられています。この事を理解したうえで、要件事実に該当する事実のみを抽出する力を、本書を通して身につけてください。本書においても、わざと余計な事実を言い分のなかに示し、抽出の訓練ができるようにしてあります。

④よって書き

実務上は、理由付け請求原因の最後に「よって」として、請求原因事実から得られる法律上の主張を要約記載するのが通例となっています。これをいわゆる「よって書き」とよんでいますが、認定考査においては、設問中に「なお、いわゆる『よって書き』は記載する必要はない。」という指示があるため、答案用紙にはそのような記載をしません。本書においても、認定考査対策を主眼におく観点から、特に指示をしない場合においても「よって書き」の記載を省略するため、この点に注意をしてください。

⑤顕著な事実

顕著な事実は立証を要せず（民訴179）、すでに経過した日時においては実務上その主張すら省略するのが通常です。しかし、認定考査においては、みずからの理解を示すために、すでに経過した日時についてもこれを適示するのが無難です。

⑥「到来」と「経過」

期限の「到来」と「経過」とでは意味が異なります。たとえば、5月5日の「到来」といえば、5月5日0時になったことを意味し、5月5日の「経過」といえば、5月5日24時を過ぎることを意味します。そのため、ある期限の「到来」を法律効果の発生要件とする場面（e.g. 弁済期）と、ある期限の「経過」を法律効果の発生要件とする場面（e.g. 履行遅滞）とで、正確にこれを使い分ける必要があります。

⑦日付による具体的事実の特定（時的因子）

要件事実に該当する具体的事実は、相当程度において特定されることが必要となります。歴史的に1つしかない事実であれば特段の特定を要しませ

んが，通常は同種行為が他にも存在するため，どの事実が問題となっているのかを明らかにする必要があるのです。

具体的には行為の日を記載することで，問題となっている事実を特定します（民事弁護の手引89頁）。

たとえば，XがYに対して腕時計を売ったケースでは，「XはYに対して乙腕時計を，代金60万円で売った。」と記載するだけでなく，契約成立日を必ず記載するよう心掛けます。契約締結日は売買契約の成立要件ではありませんが，契約を特定するために記載するのです。

このように，問題となっている事実を特定するために含められる時間の摘示を「時的因子」といいます。

ただし，時的因子の記載は，問題となっている事実と同種の行為を区別することに意味があるため，他の手段によって問題となっている事実を特定できるのであれば，時的因子の記載をすることを要しません。

なお，問題となっている事実を特定するために摘示する時的因子は，特定の日であることが好ましいですが，事案によっては具体的な日を特定できない場合もあります（e.g. 当事者が失念し，物的記録がない）。その場合には，「平成〇年〇月ころ」程度の摘示でも許される場合があります。

⑧「規範的要件」と「評価根拠事実」

不法行為の成立を基礎づける「過失」（民709）や，表見代理の成立を基礎づける「正当な理由」（民110），建物賃貸借契約の解約申入れを基礎づける「正当の事由」（借地借家28）などは，単に「Yには過失があった」「代理人の権限を信じたことには正当な理由があった」などと主張するだけでは足りません。

これらは「規範的要件」とよばれ，規範的評価（法的評価）の成立が所定の法律効果の発生要件となるものだからです。

そのため，実際に規範的評価を成立させるべく，その成立を根拠づける具体的事実の主張立証が必要となります。

たとえば，交通事故での不法行為の成立を主張する者は，「Yは赤信号を無視して交差点内に侵入してきた」といった，過失の存在を基礎づける具体的事実を主張立証することで，裁判官に「Yには過失があった」と認定して

もらうことになります。

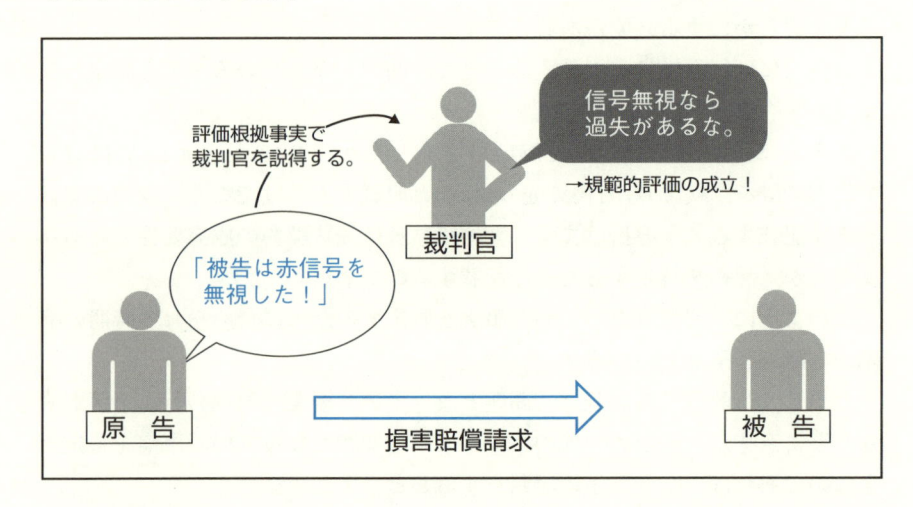

[図：原告「被告は赤信号を無視した！」→評価根拠事実で裁判官を説得する。→裁判官「信号無視なら過失があるな。」→規範的評価の成立！　原告→損害賠償請求→被告]

　ここに、規範的評価の成立を根拠づける具体的事実のことを「評価根拠事実」といいます。

　規範的要件であるのに評価根拠事実を示さず、単にその規範的要件の存在を主張した場合（e.g.「Yには過失があった」）、要件事実の主張とは認められず、主張自体失当として、主張の効果が認められないので注意が必要です。

　また、評価根拠事実は、具体的事実であることを要し、評価根拠事実を摘示するなかで、法的評価を記載してはなりません。たとえば、「Yは赤信号を無視するという過失があった」という記載は、「過失があった」という法的評価を含んでいる点で、不適切ということになります。

Plus α

間接事実説・主要事実説

　「過失」や「正当な理由」、「正当な事由」等の規範的要件については、①「過失」等の規範的評価それ自体を主要事実としたうえで、評価根拠事実を間接事実とみる見解（**間接事実説**）と、②規範的評価自体は法的判断であって、評価根拠事実こそが主要事実であるとする見解（**主要事実説**）とが対立しています。

　しかし、間接事実説によれば、裁判所は、たとえ当事者からの主張がない具体的

> 事実であっても，当該評価を根拠づけるために有用であれば，これを判断・評価の根拠とすることができ，当事者に不意打ちの危険が生じてしまいます。
> 　そこで，一般的には，主要事実説が妥当とされており，当事者は，規範的評価の成立を根拠づける具体的事実としての評価根拠事実の主張・立証責任を負うとされています。

⑨事実要件と記載上の注意点

　事実をもって記載される要件を，「**事実的要件（事実要件）**」といいます（30講88頁）。たとえば，売買契約の成立は，①財産権移転約束という事実，②代金支払約束という事実，によって基礎づけられますが，これら2つの要件は事実そのものであるため，事実要件に分類されます。

　しかし，「承諾」という事実要件につき，**黙示の承諾**を主張する場合には，黙示の承諾があったことを基礎づける具体的事実を主張立証しなければなりません。どのような具体的事実をもって黙示の意思表示があったと主張するのかを明確にしないかぎり，相手方には攻撃防御の対象が定まらないからです。

　黙示の承諾が問題となる事例として，賃借物件を貸主に無断で転貸したような場合があります。このような事例では，無断転貸を理由に契約の解除を主張する貸主（原告）に対して，借主（被告）が黙示の承諾があったことを抗弁として提出します。このとき，借主は単に「黙示の承諾があった」と主張するだけでは足りず，貸主は転貸の事実を知りながら相当期間異議を申し述べなかったこと等，黙示の承諾があったことを基礎づける具体的事実を主張しなければなりません。

　その他，「**占有**」という事実要件についても注意が必要です。なぜなら，占有の要素である「所持」が，物理的・直接的な支配に限定されておらず，社会通念上，物が人の事実的支配内にあると認められる客観的関係があればよいとして相当観念化されているうえに，民法が代理占有（民181）を認めていることから，占有の概念はきわめて抽象度が高いからです。そのため，単に「占有している」と主張するだけでは攻撃防御の目標たりえないため，「自主占有なのか，他主占有なのか」等を具体的に主張すべきこととなります。

ただし，占有は事実要件であるため，相手方がこれを争わず自白が成立する場合には，「占有している」の主張のみで要件は充足されます。

⑩主張共通の原則と事実摘示の省略

当事者と裁判所の役割分担の問題から，裁判所は，当事者のいずれが主張した事実かを問わず，当該事実を判決の基礎とすることができます（<u>主張共通の原則</u>）。そのため，たとえば被告が抗弁のなかで主張立証すべき要件事実につき，すでに原告の請求原因事実のなかで摘示されているものがあれば，被告は重ねてその事実を摘示する必要がなくなります。むしろ，試験との関係においては，主張共通の原則を理解したうえで答案を作成していることを示すため，自己が主張責任を負う事実が相手方からすでに主張されているのであれば，これを摘示しないほうがよいと考えられます。

4　認否
①総　論

認否は，事案に即してわかりやすく記載することが必要です。認定考査においても，認否の記載を求める小問中に「なお，記載にあたっては……番号を付して整理した要件事実ごとに認否を記載すること。」という注意書きがすべてにあります。そのため，試験においては，相手方の主張のうち一部を認め，その他を否認する場合でも，実務上見られる「請求原因1は認め，その余は否認する。」といった記載をするのではなく，「請求原因1は認める。請求原因2,3,および4は否認する。」といった記載をすべきことになります。

ちなみに，相手方の主張のうち一部を認め，その他を否認する場合には，「請求原因○○は認め，その余は否認する。」と記載すべきで，「請求原因○○は否認し，その余は認める。」とすべきではありません。なぜなら，後に記載した方法によると，認めるべきでなかった事実まで包含する可能性があるうえに，一度自白が成立してしまうとこれを後から撤回することは容易でないからです（最判昭34.9.17，大判大4.9.29）。

②具体的記載方法

認否の態様としては，<u>「否認」</u>，<u>「不知」</u>，<u>「沈黙」</u>，<u>「自白」</u>，<u>「争う」</u>の5つ

があります。

「否認」は,「請求原因○○は否認する。」として表現します。このとき,否認をする者には,争点を明確にするため,その理由を明らかにすることが要請されています（民訴規79Ⅲ）。すなわち,否認においては単純に相手方の主張する事実につき「否認する」と陳述するだけでなく,いかなる理由で否認するのかを明らかにすることが要請されているのです。これを「積極否認」または「理由付否認」といいます。なお,積極否認をする際,その分量が多くなるときは,実務上,認否とは別に「被告の主張」として別の項を設けて記載することがあります。

「不知」は,「請求原因○○は知らない。」または「請求原因○○は不知。」として表現します。

「沈黙」は相手方の主張に対して明確な態度を示さないことをいうので,「請求原因○○については沈黙する。」とはしません。

「自白」は,「請求原因○○は認める。」として表現します。

「争う」は,法律上の主張を否認する場合に用いる用語です。そもそも,法律上の主張は,事実の摘示ではないため,認否する必要のないものですが,実務上は,法律上の主張や「よって書き」に対して「争う」と記すことがあります。

③顕著な事実に対する認否の要否

そもそも認否は,要証事実と不要証事実とを分けることにその意味があります。そのため,顕著な事実（民訴179）に対する認否はする必要がありません。たとえば,「平成24年7月7日は経過した。」と相手方が主張したのに対して,これを認める（自白）旨の陳述をわざわざする必要はありません。

④先行自白の援用

相手方の主張のなかに先行自白があるのであれば,これを援用することで自白の拘束力が生じるため,認否のなかで援用する旨を明記します。

第 3 部

問題と解説

第3部では，問題と解説を通じて，
実際の現場（実務，試験）において，
「訴訟物」「請求の趣旨」「主要事実」を表現する力を身につけます。
知識は，記憶しただけ，
あるいは理解しただけでは役に立たず，
自分の頭で考え，表現できるようになることが重要です。
そのため，この第3部における問題をしつこく繰り返し，
記憶された知識を"知恵"に変えることをめざしてください。
また，攻防の棋譜を眺め，
訴訟の盤上における駒の攻防を
イメージする訓練をしてみてください。
基本的な攻撃防御のパターンを頭に入れ，
法的判断の感覚を磨くことが，
要件事実攻略の早道となります。

第1章 金銭請求
売買契約に基づく代金支払請求訴訟

Step 1　【攻防の棋譜1】　同時履行による攻防

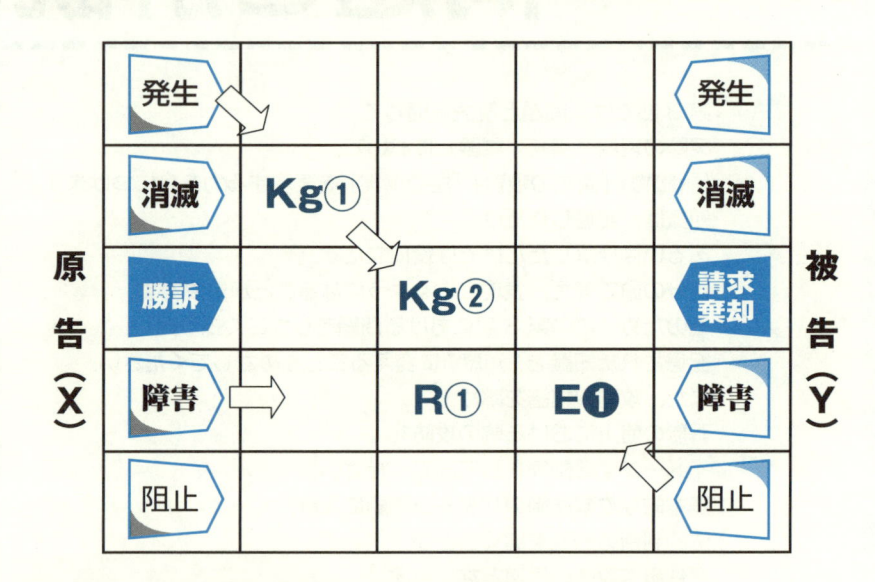

原告(X)						被告(Y)
発生					発生	
消滅	Kg①				消滅	
勝訴		Kg②			請求棄却	
障害		R①	E①		障害	
阻止					阻止	

請求原因　代金支払請求権の「発生」を基礎づける要件事実
　Kg①　財産権移転約束
　Kg②　代金支払約束

抗弁　代金支払請求権の権利行使を「阻止」する要件事実
　E①　同時履行の権利主張

再抗弁　同時履行の「障害」または「消滅」を基礎づける要件事実
　R①　先履行の合意（「障害」）
　　　　　　　or
　R①　引渡し（「消滅」）

Step 2　《事例問題 1-1》　主たる請求

【Xの言い分】
　平成 25 年 2 月 1 日，私は，自己が所有していた日本でのみ 100 本限定で販売されたプレミアムのついたギター（1947 年製 111-6 モデル：以下「本件ギター」という）を，Yに売りました。代金は 100 万円，代金の支払期日は同年 3 月 1 日という約束でした。
　ところが，Yは支払期日を過ぎても代金を支払ってくれません。そこで私は，Yに対して代金 100 万円の支払を求めます。

① 　Xの訴訟代理人としてYに訴えを提起する場合の訴訟物を答えなさい。

----

② 　請求の趣旨を答えなさい。

----

③ 　Xの訴訟代理人としてYに対して主張すべき請求原因事実を答えなさい。

◆解説

1 訴訟物

売買契約に基づく代金支払請求権

2 請求の趣旨

被告は，原告に対し，100万円を支払え。

3 請求原因事実

要件事実
①財産権移転約束
②代金支払約束

記載例

Xは，Yに対し，平成25年2月1日，本件ギターを代金100万円で売った。

売買契約に基づく代金支払請求権の「発生」を基礎づける要件事実（請求原因事実）は，①財産権移転約束，②代金支払約束です（民555）。

主要事実を主張する際には，目的物と代金額を具体的に示す必要があります。具体的には，「Xは，Yに対し，平成25年2月1日，本件ギターを代金100万円で売った。」というような記載になります。この表現には，要件事実となる①②が内包されています。

なお，主たる請求だけが問題となる場合には，代金支払期日や，目的物引渡しの事実は記載しません。なぜなら，認定考査においてはさまざまな事実のなかから，原告が主張すべき必要最小限の主要事実を取捨選択する能力があることを示す必要があるため，過剰主張は避けなければならないからです。したがって，少なくとも答案上は「売り渡した。」と記載すると，要件事実を正確に理解していないという評価がなされ，減点される恐れがあるため注意を要します。

《事例問題 1-1-1》 **同時履行**

【Yの言い分】
　私とXとの間で，本件ギターの売買契約を締結したことは間違いありませんが，私はまだ，本件ギターを引き渡してもらっていません。本件ギターと引換えでなければ，代金を支払うつもりはありません。

① Yの訴訟代理人として主張すべき抗弁の要件事実を答えなさい。

---

② Xの訴訟代理人として構成しうる再抗弁を答えなさい（個々の具体的な要件事実の記載は要しない）。

◆解説

1　抗弁

要件事実
　同時履行の権利主張

記載例
　Yは，Xが本件ギターを引き渡すまで，その代金の支払を拒絶する。

第1章　売買契約に基づく代金支払請求訴訟

<ins>同時履行の抗弁</ins>（民533）は権利抗弁であり，当事者がこれを<ins>行使</ins>することが要件となります。

　なお，代金支払請求に対する同時履行の抗弁が問題となる場合には，請求原因段階で当然に売買契約締結の事実が主張・立証されるため，主張共通の原則により，被告が重ねて目的物引渡債務と代金支払債務とが同時履行の関係にあることを基礎づける事実を適示する必要はありません。

2　再抗弁

> ①　XとYとの間で代金の支払を目的物引渡しの先履行とするとの合意をしたこと
> ②　XがYに対して目的物の引渡しを履行したこと

　Xが，Yの同時履行の抗弁に対し，代金の支払を目的物引渡しの先履行とするとの合意（上記①）を主張立証すれば，Yの同時履行の抗弁が「障害」されます。そのため，この事実はXが主張立証すべき再抗弁として構成することができます。

　また，Xは，Yに対して目的物の引渡しを履行したこと（上記②）を主張立証すれば，Yの同時履行の抗弁が「消滅」します。そのため，この事実はXが主張立証すべき再抗弁として構成することができます。

　なお，②を再抗弁として主張する場合には，その履行の"提供"をした事実を主張するだけでは足りず，本来の債務を"履行したこと"を主張する必要があります。なぜなら，履行の"提供"をしたにすぎない場合，その提供が継続されないかぎり同時履行の抗弁権は失われないため（最判昭34.5.14），訴えの提起前に履行の提供をしたことを再抗弁として主張しても，「主張自体失当」となるからです。

Step 1 【攻防の棋譜2】 弁済による攻防

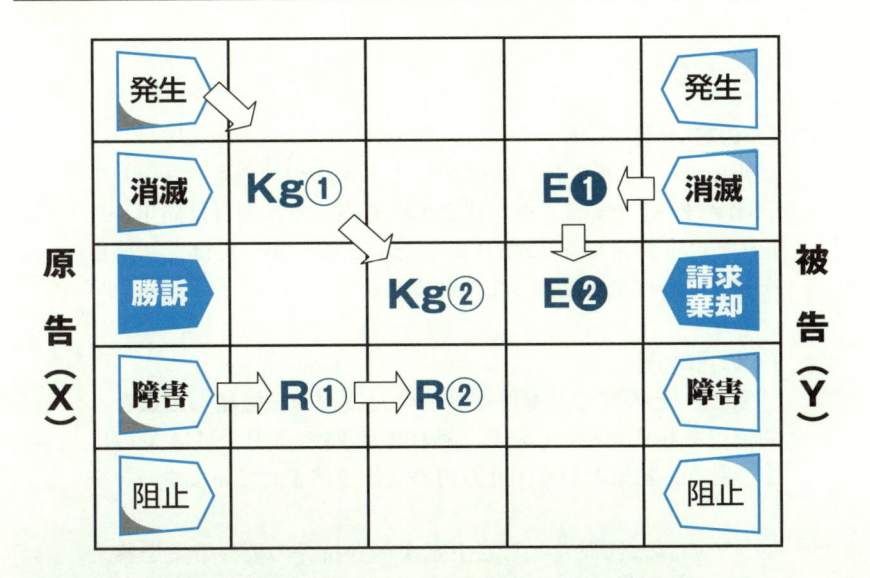

発生					発生
消滅	Kg①		E❶	消滅	
勝訴		Kg②	E❷	請求棄却	
障害	R①	R②		障害	
阻止					阻止

原告（X） 　　　　　　　　　　　　　　　被告（Y）

請求原因　代金支払請求権の「発生」を基礎づける要件事実
　Kg①　財産権移転約束
　Kg②　代金支払約束

抗弁　代金支払請求権の「消滅」を基礎づける弁済の要件事実
　E❶　債務の本旨に従った給付
　E❷　給付と債権との結びつき

再抗弁　弁済による権利消滅を「障害」する要件事実
　R①　第三者弁済
　R②　第三者弁済禁止の特約

Step 2 《事例問題 1-1-2-1》 弁済

【Xの言い分】
　平成25年2月1日，私はプレミアムのついたギター（以下「本件ギター」という）を，代金100万円，支払期日は同年3月1日という約定でYに売りました。ところが，Yは支払期日を過ぎても代金を支払ってくれません。

【Yの言い分】
　私とXとの間で，本件ギターの売買契約を締結したことは間違いありません。しかし，私は平成25年3月1日にXの自宅へ赴き，約束どおり100万円の支払を済ませています。

① Yの訴訟代理人として主張すべき抗弁の要件事実を答えなさい。

② 仮に，弁済をしたのがYではなくZであった場合，Xの訴訟代理人として構成しうる再抗弁を答えなさい（個々の具体的な要件事実の記載は要しない）。

◆解説

1 抗弁

要件事実
①債務の本旨に従った給付
②給付と債権との結びつき

記載例
YはXに対し，平成25年3月1日，本件債務の履行として，100万円を支払った。

　弁済は，これを直接規定した条文はありませんが，弁済によって債権が消滅するということは，民法上の最も基本的なルールのひとつとして確立しています。したがって，弁済は原告の主張する売買契約に基づく代金支払請求権の「消滅」を基礎づける，被告が主張立証すべき抗弁と位置づけられます。

　ただし，条文がないため，弁済を基礎づける要件事実は解釈によって導かれています。判例は，ⅰ債務の本旨に従った給付があること，ⅱかかる給付が本件の債務についてのものであること，を弁済の抗弁における要件事実としています（最判昭30.7.15）。

　要件事実としては，ⅰおよびⅱに分けて理解されていますが，通常は上記記載例のように一括して記載します。

　これに対して，弁済について争いがある場合には，以下のようにⅰ，およびⅱを分けて記載します。

要件事実
①債務の本旨に従った給付
②給付と債権との結びつき

記載例
1　YはXに対し，平成25年3月1日，100万円を支払った。
2　Yは，同日，Xに対して，本件売買代金債務以外の債務を有していなかった。

2 再抗弁

　Xへの弁済は，第三者Zによる弁済であり，XY間の契約では第三者

第1章　売買契約に基づく代金支払請求訴訟

> 弁済が禁じられていたこと

　第三者による弁済にも，弁済の効力が認められますが（民474Ⅰ本文），当事者がこれを禁止する合意をしていれば，第三者弁済は無効となります（同条Ⅰただし書）。

　そのため，原告は，弁済の抗弁に対し，①第三者弁済の事実，②当事者が第三者弁済禁止の特約を合意した事実を，再抗弁として主張立証することで，弁済による権利消滅の効果を「障害」することができます。

Sakamoto's Eye

　本事例において，原告（X）の主張する請求原因事実に対する被告（Y）の認否は「認める。」，すなわち自白となります。

　自白が成立すれば，弁論主義の第２テーゼより，裁判所は，原告が主張した事実をそのまま判決の基礎としなければならないため，当該事実は存在するものと認定されます。

　これにより，原告は「発生」の駒を２マス前進させることができます。

　更には，すべての要件が満たされることで法律効果が発生するため，原告は「発生」の駒を裏返すことができます。

　これにより，原告側から見たときの王手に入ります。

　こうなってしまうと，被告としては，何としても弁済の事実を証明し，代金支払請求権の「消滅」を基礎づける必要があります。

Step 1 【攻防の棋譜 3】 代物弁済による攻防

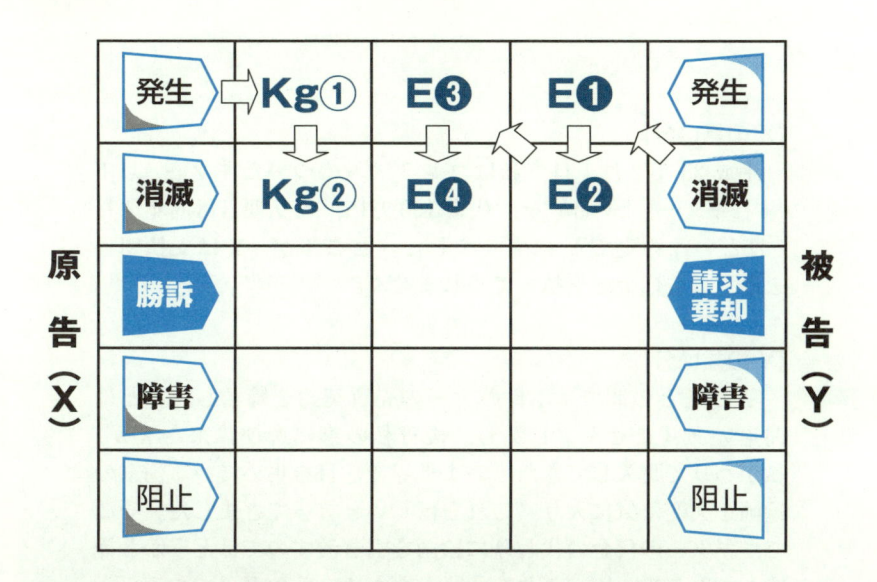

	発生 ⇒ Kg①	E❸	E❶	発生
	消滅　Kg②	E❹	E❷	消滅
原告（X）	勝訴			請求棄却	被告（Y）
	障害			障害
	阻止			阻止

請求原因　代金支払請求権の「発生」を基礎づける要件事実
  Kg①　財産権移転約束
  Kg②　代金支払約束

抗弁　代金支払請求権の「消滅」を基礎づける代物弁済の要件事実
  E❶　代物弁済により消滅する債務の発生原因事実
  E❷　❶の債務の弁済に代えて動産の所有権を移転する旨の合意をしたこと
  E❸　❷の合意に基づき動産を引き渡したこと
  E❹　債務者が上記❷の当時その動産を所有していたこと

Step 2　《事例問題 1-1-2-2》 代物弁済

【Xの言い分】
　平成 25 年 2 月 1 日，私はプレミアムのついたギター（以下「本件ギター」という）を，代金 100 万円，支払期日は同年 3 月 1 日という約定で Y に売りました。ところが，Y は支払期日を過ぎても代金を支払ってくれません。

【Yの言い分】
　私と X との間で，本件ギターの売買契約を締結したことは間違いありません。しかし，後日私の家に遊びに来た X が，私がパリで購入してきた，いま世界で注目を集めている画家の絵画を大変に気に入り，これをほしいと言ってきました。そこで，ギターの代金の代わりに絵画を引き渡すのではどうかと提案したところ，X がこれを承諾したため，その翌日である平成 25 年 2 月 14 日，梱包した絵画を X の自宅へ届けています。ですから，代金の支払を求められる理由はないはずです。

　Y の訴訟代理人として主張すべき抗弁の要件事実を答えなさい。

◆解説

1 抗弁

要件事実
❶代物弁済により消滅する債務の発生原因事実
❷❶の債務の弁済に代えて動産の所有権を移転する旨の合意をしたこと
❸❷の合意に基づき動産を引き渡したこと
❹債務者が上記❷の当時その動産を所有していたこと

記載例

1 YはXとの間において，平成25年2月13日，本件売買代金債務の支払に代えて，絵画の所有権を移転するとの合意をした。
2 平成25年2月14日，上記1の合意に基づきXにそれを引き渡した。
3 Yは，平成25年2月13日当時，絵画を所有していた。

　債務者が債権者の承諾をもって，その負担した給付に代えて他の給付をすること代物弁済といい，その給付は弁済と同一の効力を有するとされています（民482）。したがって，これが効力を生じれば，発生した代金支払請求権の「消滅」が基礎づけられるため，被告が主張立証すべき抗弁として位置づけられます。

　要件事実❶については，請求原因事実として原告がすでに陳述しているため，重ねて被告の側で主張する必要はありません（主張共通の原則）。

　代物弁済の法的性質については，要物契約か，諾成契約かという点について学説上争いがあり，この点について判例は，明示的な判断を示していません。しかし判例は，債務の消滅原因として代物弁済を主張する場合には，本

来の給付と異なる給付の完了として対抗要件（目的物が動産であれば引渡し，不動産であれば登記）の具備を要するとします（最判昭 39.11.26，最判昭 40.4.30）。そのため，いずれの説に立っても，代物弁済の目的とされたものが引き渡されなければ，弁済による債権の「消滅」効果は導かれないため，要件事実❸は必須の要件となります。

要件事実❹は，代物弁済による債務消滅の効果が生じるためには所有権が移転したことを要し，所有権移転のためには，前主が所有していたことが必要であるため要求される要件事実となります（30 講 210 頁）。

Step
1

【攻防の棋譜4】 錯誤による攻防

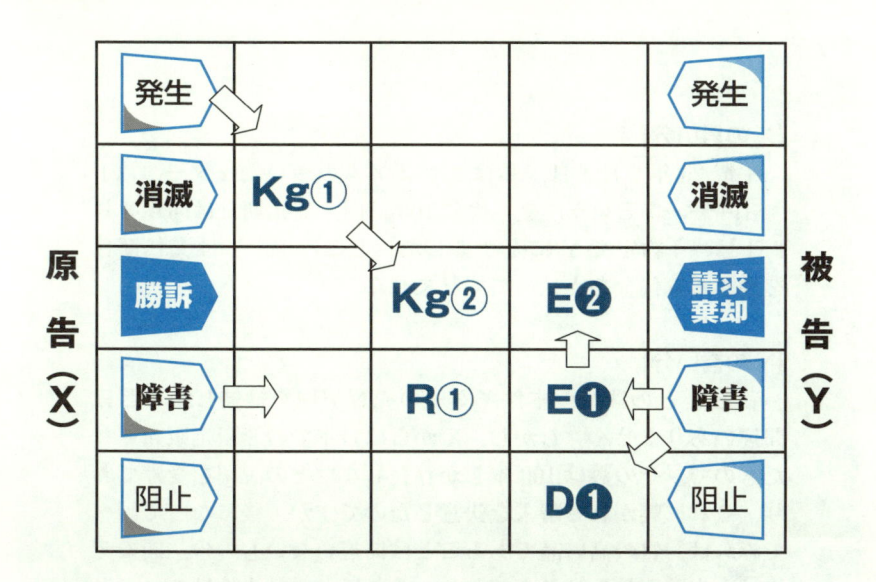

	発生				発生	
	消滅	Kg①			消滅	
原告（X）	勝訴		Kg②	E❷	請求棄却	被告（Y）
	障害		R①	E❶	障害	
	阻止			D❶	阻止	

請求原因 代金支払請求権の「発生」を基礎づける要件事実
  Kg① 財産権移転約束
  Kg② 代金支払約束

抗弁 代金支払請求権の発生を「障害」する動機の錯誤の要件事実
  E❶ 動機の表示 **or** 相手方が錯誤を知っていた事実
  E❷ 要素の錯誤の評価根拠事実

再抗弁 錯誤主張を「障害」する要件事実
  R① 表意者の重過失の評価根拠事実

再々抗弁 錯誤主張の障害を「障害」する要件事実
  D❶ 表意者の重過失の評価障害事実
        or
  D❷ 表意者が錯誤に陥っていたことを相手方が知っていたこと

Step 2 《事例問題 1-1-3》 錯誤

【Xの言い分】
　平成25年2月1日，私はプレミアムのついたギター（以下「本件ギター」という）を，代金100万円，支払期日は同年3月1日という約定でYに売りました。ところが，Yは支払期日を過ぎても代金を支払ってくれません。

【Yの言い分】
　私とXとの間で，本件ギターの売買契約を締結したことは間違いありません。しかし，Xからは日本でのみ限定販売されたもので，その数は100本しか存在しないとの説明を受けており，これに魅かれて購入を決意したのですが，後になって調べてみれば，質の高い品であることは間違いないものの，同モデルは，当時大量生産されており，それほどの希少性はないことがわかりました。ギターにそれほど詳しくないXは，今でもプレミアムの付いた限定品だと信じているようですが，希少性のないことがわかった今，私としてはこれを返却するつもりですし，もちろん代金を支払うつもりもありません。

① Yの訴訟代理人として主張すべき抗弁の要件事実を答えなさい。

② Xの訴訟代理人として構成しうる再抗弁を答えなさい（個々の具体的な要件事実の記載は要しない）。

◆解説

1　抗弁

要件事実
①動機の表示
②要素の錯誤の評価根拠事実

記載例

1　YはXに対し，本件売買契約の締結に際し，購入を決意するのは日本でのみ限定販売され，100本しか存在しない希少性の高いギターだからである旨を表示した。
2　要素の錯誤の評価根拠事実
　Yは，本件売買契約当時，Xの説明から，本件ギターは当時日本でのみ限定販売され，100本しか存在しない希少性の高いギターであると誤信して本件売買契約を締結した。

　本事例で被告が主張しうるのは，動機の錯誤による無効主張です。錯誤が認められれば，売買契約そのものの成立が否定されるため，売買契約に基づ

く代金支払請求権の発生も「障害」されます。そのため，錯誤による無効は被告が主張立証すべき抗弁と位置づけられます。

　動機の錯誤のケースでは，何が要件事実にあたるのかを以下検討していきます。

　そもそも，意思表示についての伝統的な考え方によると，錯誤とは，内心の効果意思（一定の法律効果を欲する意思）と表示の不一致を，表意者自身が知らないことをいうと説明されるため，内心とは違った表示をしてしまった場合（e.g. 言い間違い，書き間違い）や，表示行為の意義に関する錯誤があった場合（e.g. ポンドとドルは同じ価値の通貨だと誤解している）に，錯誤があるということになり，意思形成過程に錯誤があるにすぎない動機の錯誤は，内心的効果意思と表示との間に不一致がないため，錯誤にはあたらないという結論に達してしまいます。

　しかし，実際に錯誤が問題となる事例の多くは，意思の形成過程に錯誤があるケースであることからすると，動機の錯誤についても表意者保護の観点から錯誤主張として認めるべきということになります。

　そこで判例は，取引の安全にも配慮しつつ，表意者を保護するため，**動機の錯誤であっても，動機が明示あるいは黙示に表示されて法律行為の内容となり，それが法律行為の要素にあたれば民法95条の適用がある**としています（最判昭29.11.26）。

　したがって，動機の錯誤についても，解釈により示された要件事実を主張立証することで，権利発生を障害する抗弁事実となりえます。

　具体的には，①**動機が明示あるいは黙示に表示**されたこと（または，相手方が錯誤を知っていた事実でもよいと解されている），②**要素の錯誤を基礎づける評価根拠事実**がこれにあたります。

　ここで注意しなければならないのは，要件事実②につき，「要素に錯誤があった」と陳述するだけでは不十分であるということです。被告としては，「要素の錯誤があった」と評価してもらえるだけの根拠を具体的に示さなければなりません。「錯誤」というのは「規範的要件」（45頁）にあたるからです。

　また，どのような状態にいたれば民法95条中の「要素」にあたるといえるのかについても条文上明らかにされていないため，判例が解釈により導い

た「要素」の具体的内容も理解しておく必要があります。

判例は，意思表示の内容の主要な部分であり，この点についての錯誤がなかったなら，表意者は意思表示をしなかったであろうし，かつ，意思表示をしないことが一般取引の通念に照らして正当と認められれば，「要素」にあたるとしています（大判大3.12.15）。

本事例での記載例は，要素の錯誤の評価根拠事実として，「Yは，本件売買契約当時，Xの説明から，本件ギターは当時日本でのみ限定販売され，100本しか存在しない希少性の高いギターであると誤信して本件売買契約を締結した」という記載をしています。

このように陳述することで，実は大量生産された希少性の低いものであったということを知っていればYは意思表示をしなかったであろうし，かつ，意思表示をしないことが一般取引の通念に照らして正当であろう，と評価してもらえると考えられるからです。

なお，記載例では，具体的な事実を記載する前に，「要素の錯誤の評価根拠事実」という見出しを付しています。これは，法的な観点を示すために付しており，自己がいかなる趣旨で主張するのかを正確に相手に汲み取ってもらうために有益です。

2　再抗弁

| Yの重過失を基礎づける評価根拠事実 |

被告の錯誤無効の抗弁に対し，原告は民法95条ただし書による表意者の重過失を主張立証することで，錯誤無効の効果を「障害」することができます。したがって，表意者に重過失があることは，原告が主張立証すべき再抗弁と位置づけることができます。

ここで注意しなければならないのは，「表意者には重過失があった」と陳述するだけでは，再抗弁としては不十分であるということです。原告としては，「重過失があった」と評価してもらえるだけの根拠を具体的に示さなければなりません。「重過失」というのは「規範的要件」にあたるからです。

Plus α

再々抗弁

　Xによる，Yの錯誤無効の成立を障害する再抗弁に対して，Yは再抗弁である重過失の評価根拠事実を更に「障害」する，重過失の評価障害事実を再々抗弁として主張立証することができます。

　なお，**評価根拠事実と，評価障害事実とは両立する事実であることが必要である**点に注意が必要です（30講97頁）。

Step 1 【攻防の棋譜 5】 詐欺による攻防

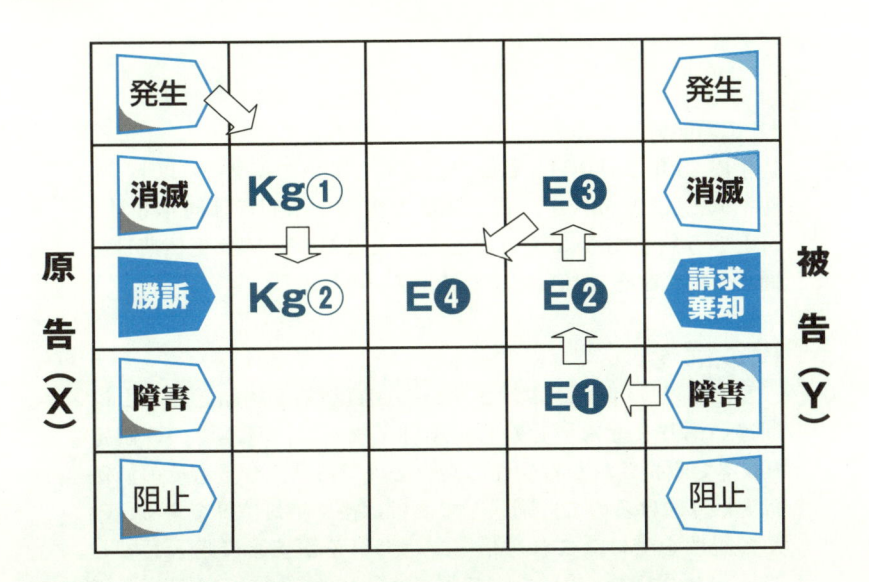

原告(X)					被告(Y)
発生↘					発生
消滅	Kg①		E❸	↗	消滅
勝訴	Kg②	E❹	E❷	↑	請求棄却
障害			E❶	←	障害
阻止					阻止

請求原因　代金支払請求権の「発生」を基礎づける要件事実
- **Kg①**　財産権移転約束
- **Kg②**　代金支払約束

抗弁　詐欺取消を基礎づける要件事実(「消滅」あるいは「障害」)
- **E❶**　相手方の欺罔(ぎもう)行為
- **E❷**　欺罔行為により錯誤に陥ったこと(要素の錯誤でなくてもよい)
- **E❸**　錯誤に基づく意思表示
- **E❹**　取消しの意思表示と到達

Step 2 《事例問題 1-1-4》 詐欺

【Xの言い分】
平成25年2月1日，私は自己が有していたギター（以下「本件ギター」という）を，代金100万円，支払期日は同年3月1日という約定でYに売りました。ところが，Yは支払期日を過ぎても代金を支払ってくれません。

【Yの言い分】
私とXとの間で，本件ギターの売買契約を締結したことは間違いありません。しかし，本件ギターは，日本でのみ限定100本で販売された希少性の高いものであり，今後もその価値は上がり続けるので，購入しておけば後々絶対に得をするとのXの説明を受け，これを信じ，言われるがままに購入してしまったものです。後になって調べてみれば，同モデルは実際には大量生産されており，それほどの希少性も価値もないことがわかりました。Xに騙されたことに気がついた私は，法律に詳しい友人にアドバイスをもらい，同年4月20日到達の内容証明郵便をもって，本件売買契約を取り消す意思表示をしています。

Yの訴訟代理人として主張すべき抗弁の要件事実を答えなさい（ただし，錯誤の主張は除く）。

◆解説

1 抗弁

要件事実
❶相手方の欺罔行為
❷欺罔行為による錯誤(要素の錯誤でなくてもよい)
❸錯誤に基づく意思表示
❹取消しの意思表示と到達

記載例

1 Xは本件ギターが日本でのみ限定100本で販売された希少性の高いギターで,今後もその価値は上がり続けるとの虚偽の事実を告げて,Yを欺いた。
2 Yは,1により本件ギターが,希少性の高い価値のあるものであるとの錯誤に陥り,その結果,本件売買契約を締結した。
3 YはXに対し,平成25年4月20日到達の内容証明郵便をもって,詐欺を理由に本件売買契約を取り消すとの意思表示をした。

詐欺による意思表示を表意者が取り消せば(民96 I),その意思表示ははじめから無効なものとみなされ(民121本文),発生した法律効果の「消滅」あるいは「障害」(法律効果の性質については2説あります)が基礎づけられます。

そのため，詐欺取消しは，被告が主張立証すべき抗弁と位置づけられます。注意すべき点は，詐欺による意思表示には，相手方の欺罔行為に起因する動機の錯誤が存在するため，場合によっては要素の錯誤となりうるということです。このため，事案によっては「a＋b」の関係となり，せっかく記載した事項が過剰主張となることがあるので，まずは錯誤に基づく無効主張ができないかどうかを検討することが望ましいといえます。

　ただし，認定考査においては「a＋b」の理論の理解を問う出題はなされておらず（認定考査第1回小問（4）参照），また，過剰主張になるからといって，主張する側に不利益になることはないので，試験で「a＋b」の理論に当てはまる問題が出題された場合は，特別な指示がないかぎり，主張しうるものをすべて主張するのが無難と考えられます。

Sakamoto's Eye

「a＋b」の理論

　詐欺による取消しが認めるためには，相手方の欺罔行為によって，表意者が錯誤に陥ったことを要します。ここでの錯誤は，要素の錯誤である必要はないのですが，事案によっては欺罔により引き起こされる錯誤が，要素の錯誤にあたります。その場合には，表意者が求める相手方の権利の否定効果は，詐欺取消しのすべての要件事実の主張を待つまでもなく，動機の錯誤により基礎づけられます。すなわち，詐欺取消しの要件事実である，取消しの意思表示（❹）の主張をしなくとも，それ以外の要件事実❶〜❸により，動機の錯誤の要件事実であるⅰ相手方が錯誤を知っていた事実，ⅱ要素の錯誤の評価根拠事実を満たすことになります。

　そうすると，取消しの意思表示を訴訟上主張してみても，それは無意味な主張と評価されてしまいます。

　実体法上の法律効果の面だけ考えると，錯誤による無効主張と，詐欺による取消しの主張とは両立するようにみえるのですが，詐欺取消し（「B」）の要件事実（「a＋b」）が，錯誤無効（「A」）の要件事実（「a」）を内包しているケースでは，詐欺取消しは訴訟上の攻撃防御方法として

無意味なのです。この関係を，ＢはＡと「a＋b」の関係にあるといい，Ｂに含まれるｂの要件事実を「過剰主張」といいます。

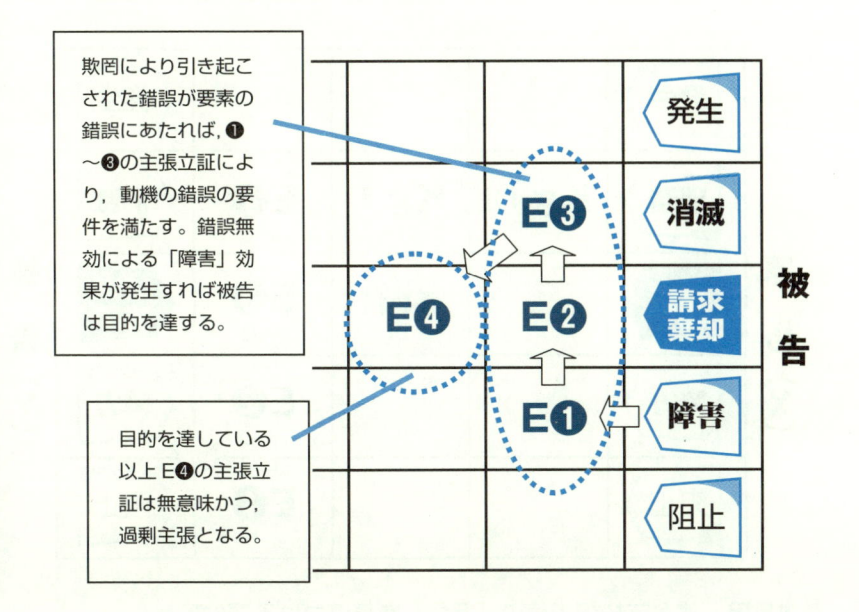

欺罔により引き起こされた錯誤が要素の錯誤にあたれば，❶〜❸の主張立証により，動機の錯誤の要件を満たす。錯誤無効による「障害」効果が発生すれば被告は目的を達する。

目的を達している以上Ｅ❹の主張立証は無意味かつ，過剰主張となる。

被告

発生
消滅
請求棄却
障害
阻止

第１章　売買契約に基づく代金支払請求訴訟

Step 1 【攻防の棋譜 6】 履行遅滞解除による攻防

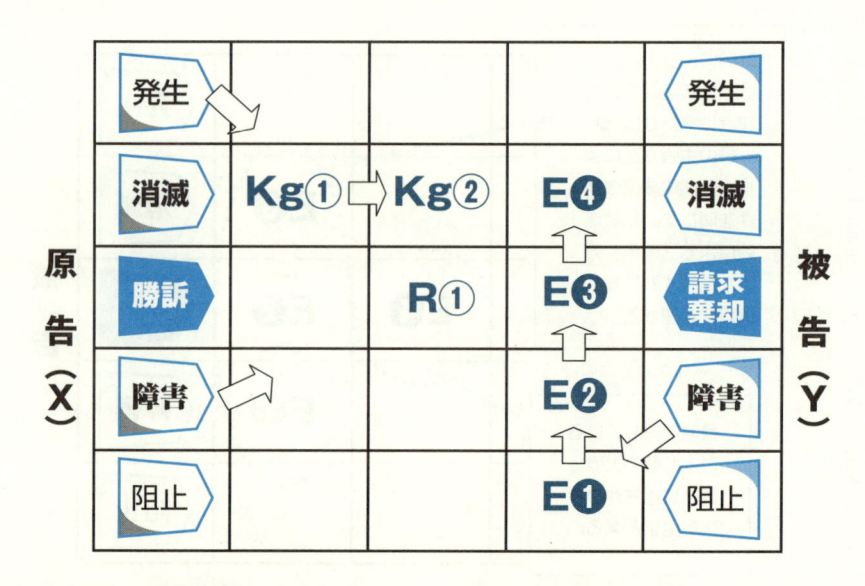

原告(X)					被告(Y)
発生 ⇨					⇦ 発生
消滅	Kg① ⇨ Kg②		E❹		消滅
勝訴		R①	E❸		請求棄却
障害 ⇨			E❷		障害 ⇦
阻止			E❶		阻止

請求原因 代金支払請求権の「発生」を基礎づける要件事実
 Kg① 財産権移転約束
 Kg② 代金支払約束

抗弁 履行遅滞解除を基礎づける要件事実（「障害」）
 E❶ YがXに対して目的物の引渡しを催告したこと
 E❷ ❶の催告後，相当期間が経過したこと
 E❸ YがXに対して❷の期間経過後，解除の意思表示をしたこと
 E❹ YがXに対して解除の効力発生前に反対給付の提供をしたこと

再抗弁 解除の効力を「障害」する要件事実
 R① 履行不能
   or
 R① 解除前の弁済の提供

Step 2 《事例問題 1-1-5-1》 履行遅滞

【Xの言い分】
　平成25年2月1日，私はプレミアムの付いたギター（以下「本件ギター」という）を，代金100万円，支払期日は同年3月1日という約定でYに売りました。ところが，Yは支払期日を過ぎても代金を支払ってくれません。

【Yの言い分】
　私とXとの間で，本件ギターの売買契約を締結したことは間違いありません。しかし，私は平成25年3月1日にXの自宅へ赴き，約束どおり100万円の支払を済ませようとしたにもかかわらず，その時Xは理由も告げずに代金の受領を拒絶し，ギターも引き渡してはくれなかったのです。不審に思った私は，Xの友人にあたって調べてみたところ，Xの知り合いのギタリストAが，コンサートに使用するために本件ギターをしばらく貸してほしいと頼み込み，Xがこれに応じていることがわかりました。私との契約を差し置いて勝手なことをしているXに腹が立った私は，平成25年3月3日，即時に私にギターを引き渡すよう催告しました。しかし，Xからは何の反応も返ってこなかったため，これ以上は付き合いきれないと思い，同月15日到達の書面をもって，本件売買契約を解除する意思表示をしました。

　Yの訴訟代理人として主張すべき抗弁の要件事実を答えなさい。

◆解説

1　抗弁

要件事実
❶ YがXに対して目的物の引渡しを催告したこと
❷ ❶の催告後，相当期間が経過したこと
❸ YがXに対して❷の期間経過後，解除の意思表示をしたこと
❹ YがXに対して解除の効力発生前に反対給付の提供をしたこと

記載例
1　YはXに対し，平成25年3月3日，本件ギターを引き渡すように催告した。
2　催告後，相当期間の末日である同年3月14日が経過した。
3　YはXに対し，同年3月15日到達の書面をもって，本件売買契約を解除するとの意思表示をした。
4　YはXに対し，同年3月1日，Xの自宅へ赴き，本件売買代金全額の提供をしている。

　履行遅滞により発生した解除権を行使して契約を解除すれば，契約関係が解消され，契約ははじめからなかったのと同様の効果が生じます（民545：直接効果説）。これにより，原告の主張する売買契約に基づく代金支払請求権の発生が「障害」されます。

　そのため，履行遅滞解除は，被告が主張立証すべき抗弁と位置づけられます。

　履行遅滞の前提として，遅滞に陥る目的物引渡債務の存在が基礎づけられる必要がありますが，これについては原告が主張する請求原因によって基礎

づけられることになるため，被告が重ねて主張する必要はありません（<u>主張共通の原則</u>）。

要件事実❶は，履行期限の定めのない場合においては，履行遅滞を基礎づけるために必要となります（民412Ⅲ）。

また，要件事実❶には，民法541条の規定による解除権の発生を基礎づけるための催告としての意味もあります。

この点判例は，履行遅滞を基礎づけるための催告と，解除権の発生を基礎づけるための催告は，その意味を別にするものの，無用な繰り返しを避けるため，両催告は兼ねることができるとしています（大判大6.6.27）。

要件事実❷については，条文上「相手方が相当の期間を定めてその履行を催告し，その期間内に履行がない」ことを要件としているため，相当の期間を設けずに催告した場合につき❷の要件を満たしうるのか問題となりますが，この点判例は，催告の時から相当期間を経過することで解除権の発生を認めています（最判昭31.12.6）。また，たとえ不相当な期間を催告の際に告げたとしても，客観的に相当と認められる期間を経過しさえすれば，解除権の発生が基礎づけられます（最判昭29.12.21）。

相当期間とは具体的にどれくらいのことをさすのかについては，事案によって一様ではありませんが，通常は1週間から10日ぐらいが目安とされています。解答の際には，解除の意思表示が到達した日の前日を相当期間の末日と捉え，その日の経過を主張すれば間違いありません。

なお，ここで問題となるのはあくまでも相当期間の「経過」であるため，「到来」の表現は誤りとなるので注意を要します。

要件事実❸については，解除の効力は相手方に到達することで生じるため（民97Ⅰ），到達の事実を含む表現が必要です。

なお，単純に解除の意思表示をしたことを示せば足り，解除原因の明示は不要です（最判昭48.7.19）。

要件事実❹は，せり上がりにより主張立証の必要が生じる事実で，履行遅滞の違法性を基礎づけるために主張します。すなわち，履行遅滞による解除権が発生するためには前提として履行遅滞の状態が違法性を有することを要しますが，請求原因の売買契約締結の事実より，同時履行の抗弁権の存在が基礎づけられてしまい，これが履行遅滞の違法性を阻却するため，解除を主

第1章 売買契約に基づく代金支払請求訴訟

張するYは，同時履行を否定する事実を合わせて陳述しなければ，解除の抗弁は主張自体失当となってしまうのです。そのため，解除権行使の前提となる履行遅滞状態の違法性を基礎づけるべく，反対給付の提供をしたことを陳述します。

なお，履行遅滞解除の要件事実につき，時的要素を整理すると以下のとおりとなります。

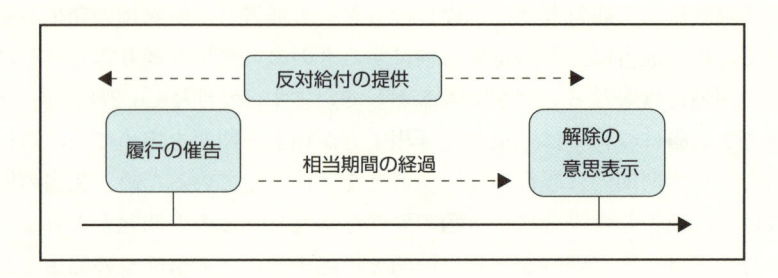

```
        ←------  反対給付の提供  ------→
    ┌────────┐                      ┌────────┐
    │履行の催告│  相当期間の経過  →  │ 解除の  │
    └────────┘                      │意思表示 │
                                    └────────┘
    ─────────────────────────────────────────→
```

要件事実❹の反対給付の提供は，解除の効力発生前に行われていればよく，必ずしも催告に先立つ必要はありません。

Plus α

催告の期間に定めがある場合

前記の事例では，Yの催告に期間の定めがありませんが，Yが期間を定めて催告をした場合には，❶❷の要件事実につき下記のとおり表現し記載することになります。

【Yの言い分（抜粋）】
……Xに腹が立った私は，平成25年3月3日，今月の14日までに私にギターを引き渡すよう催告しました。……

要件事実
❶ YがXに対して目的物の引渡しを催告したこと

記載例
1　YはXに対し，平成25年3月3日，同年3月14日までに本件ギターを引き渡すように催告した。

> ❷❶の催告後，相当期間が経過したこと
> ❸❹につき省略

> 2 同月14日は経過した。
> 　　　　　　以下省略

停止期限付解除の場合

　Yによる解除の催告が「催告期間が経過するまでにXが売買目的物の引渡しをしなければ，売買契約を解除する」という内容だった場合には，❶❷の要件事実を後記のとおり摘示することになります。
　なお，解除の意思表示は，催告と同時になされているため，催告期間経過後に改めて解除の意思表示をすることを要せず，この点で要件事実❸が変化します。

> 【Yの言い分（抜粋）】
> 　……Xに腹が立った私は，平成25年3月3日，今月の14日までに私にギターを引き渡すよう催告し，もし14日までに引渡しがなかった場合には売買契約を解除するとの意思表示をしました。……

> 要件事実
> ❶YがXに対して目的物の引渡しを催告したこと
> ❷❶の催告後，相当期間が経過したこと
> ❸❶の催告の際，催告期間が経過した時に契約を解除するとの意思表示をしたこと
> ❹につき省略

> 記載例
> 1 YはXに対し，平成25年3月3日，同年3月14日までに本件ギターを引き渡すように催告するとともに，同月14日が経過したときは本件売買契約を解除するとの意思表示をした。
> 2 同月14日は経過した。
> 　　　　　　以下省略

Step 1 【攻防の棋譜 7】 履行不能解除による攻防

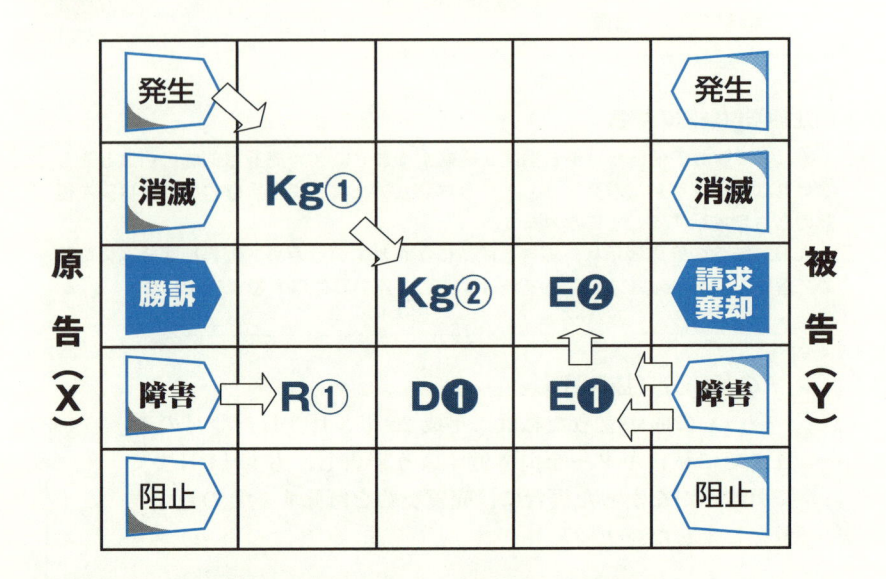

発生				発生	
消滅	Kg①			消滅	
勝訴		Kg②	E②	請求棄却	
障害	R①	D❶	E❶	障害	
阻止				阻止	

原告（X） 　　　　　　　　　　　　　　　被告（Y）

請求原因 代金支払請求権の「発生」を基礎づける要件事実
- **Kg①** 財産権移転約束
- **Kg②** 代金支払約束

抗弁 履行不能解除を基礎づける要件事実（「障害」）
- **E❶** 目的物の引渡しが解除の意思表示までに不能となったことの評価根拠事実
- **E❷** YがXに対して解除の意思表示をしたこと

再抗弁 履行不能による解除を「障害」する要件事実
- **R①** Xに帰責事由がないこと

再々抗弁 履行不能解除を障害する再抗弁を「障害」する要件事実
- **D❶** 履行遅滞中に履行不能となったこと

Step 2 《事例問題 1-1-5-2》 履行不能

【Xの言い分】
　平成25年2月1日，私はプレミアムのついたギター（以下「本件」ギターという）を，代金100万円，支払期日は同年3月1日という約定でYに売りました。ところが，Yは支払期日を過ぎても代金を支払ってくれません。

【Yの言い分】
　私とXとの間で，本件ギターの売買契約を締結したことは間違いありません。しかし，私は平成25年3月1日にXの自宅へ赴き，約束どおり100万円の支払を済ませようとしたところ，Xから「代金の受取りはさせてもらうが，ギターの引渡しは少し待ってほしい」と言われました。大金を支払うにもかかわらず引渡しの準備がされていないのでは納得がいかないため，その日は代金を支払わずに帰ったのですが，後日，実は本件ギターは，Xが出張で家を空けていた2月25日に空き巣に入られ盗まれてしまい，現在どこにあるのかまったく見当がつかない状態であることを，Xの知人から教えてもらいました。そのような事情があるのなら，契約を白紙に戻すべきだと考え，同年3月5日到達の書面をもって，本件売買契約を解除する意思表示をしました。

① Yの訴訟代理人として主張すべき抗弁の要件事実を答えなさい。

----

② Xの訴訟代理人として構成しうる再抗弁を答えなさい（個々の具体的な要件事実の記載は要しない）。

◆解説

1 抗弁

要件事実
❶目的物の引渡しが解除の意思表示までに不能となったことの評価根拠事実
❷YがXに対して解除の意思表示をしたこと

記載例

1 平成25年2月25日，X宅に空き巣が入り，本件ギターは盗まれた。現在の本件ギターの行方はわからない。
2 YはXに対し，平成25年3月5日到達の書面をもって，本件売買契約を解除する意思表示をした。

履行不能の場合，履行遅滞の場合とは異なって，解除権の発生に催告が不要であることはもとより，履行期が未到来であったとしても，履行不能により当然に解除権は発生します。そのため，要件事実としては❶履行不能の事実と，❷解除の意思表示が到達したことのみで足りることになります。

ただし，履行不能に起因する解除を主張する際には，「履行不能があった」という陳述だけでは不十分であることに注意しなければなりません。「履行

不能」は「規範的要件」にあたるため，被告としては「履行不能」と評価してもらえるだけの根拠を具体的に示さなければなりません。

2 再抗弁

> 履行不能が債務者の責めに帰することができない事由によるものであること

履行不能を基礎づける事実の存在が明らかになっても，これが債務者の責めに帰することができない事由によるものである場合，債務不履行の要件である債務者の帰責性が否定され，履行不能による解除権は「障害」されてしまいます。そのため，債務者に帰責性がないことは，解除の抗弁に対する再抗弁と位置づけられます（最判昭 34.9.17，最判昭 52.3.31）。

Plus α

再々抗弁

履行不能が債務者の責めに帰することができない事由によるものであると思えるときも，履行不能の原因が履行遅滞中に生じたときは，債務者の責めに帰すべき事由による履行不能と評価されます。そのため，履行遅滞中に履行不能となった事実は，債務者の帰責性の阻却を「障害」する再々抗弁となります。

Step 1 【攻防の棋譜 8】 瑕疵担保責任による解除の攻防

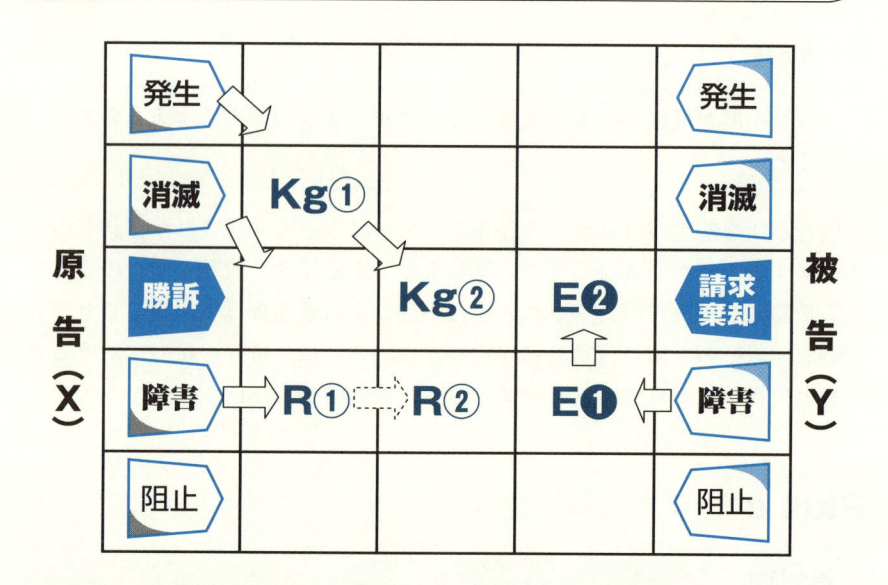

原告（X）／被告（Y）

```
発生  →                              発生
消滅   Kg①                           消滅
         ↓↘
勝訴       Kg②    E②      請求棄却
                    ↑
障害 ⇒ R① ⇢ R②   E①   ← 障害
阻止                              阻止
```

請求原因 代金支払請求権の「発生」を基礎づける要件事実
- **Kg①** 財産権移転約束
- **Kg②** 代金支払約束

抗弁 瑕疵担保責任による解除を基礎づける要件事実（「障害」）
- **E❶** 契約当時，通常人の注意では発見できない瑕疵についての評価根拠事実
- **E❷** YがXに対して解除の意思表示をしたこと

再抗弁 瑕疵担保責任による解除の障害効果を否定する要件事実（「障害」あるいは「消滅」）
- **R①** 買主の悪意（「障害」）
  　　　or
- **R①** 買主の過失の評価根拠事実（「障害」）
  　　　or
- **R①** 買主が瑕疵の事実を知ったその時期
- **R②** 瑕疵を知ったときから1年の経過（「消滅」）

Step 2 《事例問題 1-1-5-3》 瑕疵担保責任

【Xの言い分】
　平成25年2月1日，私はプレミアムのついたギター（以下「本件ギター」という）を，代金100万円，支払期日は同年3月1日という約定でYに売り，同日本件ギターを引き渡しました。ところが，Yは支払期日を過ぎても代金を支払ってくれません。Yは本来の音がでていないなどと理由をつけて，解除したいと言っていますが，年代物のギターの音が生産当時から変化していくことはいわば当然のことであり，Yの言っていることは到底受け入れられません。

【Yの言い分】
　私とXとの間で，本件ギターの売買契約を締結したことは間違いありません。しかし，契約にあたり試演奏はしたものの，年代物ということもありすぐには良し悪しが判断できなかったのですが，数日間触れているうちに，ギターの内部に無謀な改造が施された痕があるのを見つけ，これが原因で，音が劣化していることがわかりました。希少価値のあるギターであることに間違いはありませんが，本来の音色がでていない以上はその価値が半減しているため，契約を白紙に戻すべく平成25年2月28日到達の書面をもって，本件売買契約を解除する意思表示をしました。

① Yの訴訟代理人として主張すべき抗弁の要件事実を答えなさい。

② Xの訴訟代理人として構成しうる再抗弁を答えなさい（個々の具体的な要件事実の記載は要しない）。

◆解説

1 抗弁

要件事実
❶契約当時，通常人の注意では発見できない瑕疵についての評価根拠事実
❷YがXに対して解除の意思表示をしたこと

記載例

1　本件ギターには，本件売買契約の締結時から，ギター内部に誤った改造がなされており，これにより音が劣化しているという重大な欠陥がある。被告は本件売買契約の締結にあたり，本件ギターの試演奏をしたが，その際には誤った改造により音が劣化していることに気づくことができなかった。
2　YはXに対し，平成25年2月28日到達の書面をもって，本件売買契約を解除する意思表示をした。

売主の瑕疵担保責任に基づき発生した解除権を行使して契約を解除すれば，契約関係は解消され，原告の主張する売買契約に基づく代金支払請求権の発生の「障害」が基礎づけられます。

そのため，瑕疵担保責任に基づく解除は，被告が主張立証すべき抗弁と位置づけられます。

民法570条では，「隠れた瑕疵」の存在が要件のひとつとして規定されていますが，「隠れた」という文言につき，判例や学説の多くは，瑕疵についての買主の善意無過失を意味するものと解釈しています（大判昭5.4.16）。そうすると，瑕疵担保責任に基づく解除を主張するためには，買主たる被告側で自己の善意無過失を主張立証すべきとも思えます。

しかし，実際には，「隠れた瑕疵」という要件には，①「通常の買主が普通の注意を用いても発見することができない瑕疵があること」という一般的要件と，②「当該買主が瑕疵の存在を知らず，かつ，知らないことにつき過失がないこと」という個別的要件とが含まれていると解釈されており，②については，売主側が主張立証すべき再抗弁になると整理されています。

したがって，買主たる被告としては，上記①の一般的要件についてのみ主張立証すれば足りることになります。

ただし，一般的要件につき主張する際には，「通常の買主が普通の注意を用いても発見することができない瑕疵があった」という陳述だけでは不十分であることに注意しなければなりません。**一般的要件は「規範的要件」にあたるため**，被告としては，その種類の物として通常有すべき品質・性能に対して現品にはどのような不備があるのかを具体的に示す等，「通常の買主が普通の注意を用いても発見することができない瑕疵があった」と評価してもらえるだけの根拠を具体的に示す必要があります。

要件事実❷については，当該解除は無催告解除となるため，その前提として解除のための催告は不要となります。

2　再抗弁

> ①　買主が瑕疵の存在を知っていたこと
> ②　買主には過失があったこと
> ③　買主が瑕疵の事実を知ってから1年が経過したこと

先に説明したとおり，「隠れた瑕疵」に含まれる①②の要件のうち，「当該買主が瑕疵の存在を知らず，かつ，知らないことにつき過失がないこと」と

いう個別的要件は，売主側がこれを否定する事実を主張立証することで，瑕疵担保責任を「障害」する再抗弁と位置づけられています。

そのため，原告は再抗弁として，「買主は当該瑕疵の存在を知っていたこと（買主の悪意）」，または「買主の過失を基礎づける評価根拠事実」を主張することが可能です。

また，民法570条により準用される566条1項に，「そのため（隠れた瑕疵があるため）に契約をした目的を達することができない」ことが，解除のための要件として規定されていることから，瑕疵担保責任に基づく解除を主張するためには，買主たる被告側で契約の目的を達せられないことを主張立証すべきとも思えます。しかし，通常は，被告が「隠れた瑕疵」の存在を主張することをもって，売買契約の目的を達成できないことは基礎づけられるため，むしろ売主側がこれを否定する事実を主張立証することで，瑕疵担保責任を「障害」する再抗弁と位置づけられています。

そのため，原告は再抗弁として，「そのような瑕疵があっても売買契約の目的を達成しうることを基礎づける事実」を主張することが可能です。

さらに，民法566条3項により，契約の解除は「買主が事実を知った時から1年以内にしなければならない」とされているため，売主側でこれを主張立証することで，瑕疵担保責任に基づく解除権の「消滅」を導くことが可能となります。

そのため，原告は再抗弁として，①「買主が瑕疵の事実を知ったことおよびその時期」，②「再抗弁①の時から1年が経過したこと」を主張することが可能です。

Step
1

【攻防の棋譜 9】 時効による攻防

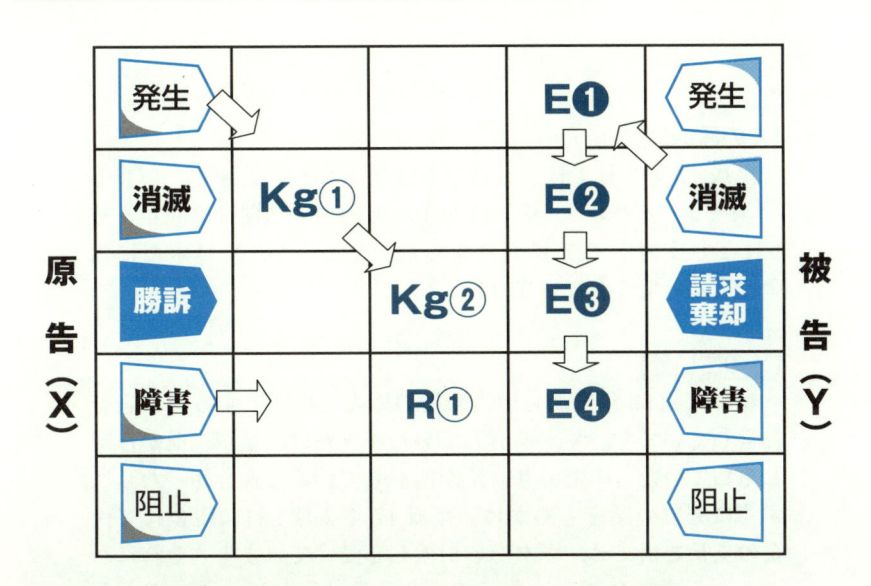

原告(X)						被告(Y)
発生				E❶	発生	
消滅	Kg①			E❷	消滅	
勝訴		Kg②	E❸	請求棄却		
障害		R①	E❹	障害		
阻止					阻止	

請求原因 代金支払請求権の「発生」を基礎づける要件事実
- **Kg①** 財産権移転約束
- **Kg②** 代金支払約束

抗弁 時効による代金支払請求権の「消滅」を基礎づける要件事実
- **E❶** 権利を行使できる状態になったこと
- **E❷** ❶の時から一定の期間が経過したこと
- **E❸** 時効援用の意思表示をなし，到達したこと
- **E❹** 債権が商行為によって生じたこと

再抗弁 時効消滅の「障害」を基礎づける要件事実
- **R①** 時効の中断
  - or
- **R①** 援用権の喪失
  - or
- **R①** 営業のためになされたものでないこと

《事例問題 1-1-6》 時効

【Xの言い分】
　平成17年2月1日，私はプレミアムのついたギター（以下「本件ギター」という）を，代金100万円，支払期日は同年5月1日という約定でYに売りました。ところが，Yは未だに代金を支払ってくれていません。

【Yの言い分】
　私は昭和59年頃から中古楽器の販売を専門とする楽器店を経営しています。Xが所有していたギターは，私が以前から探し求めていたものであり，Xが所有していることを知った私は，すぐに売買の話をもちかけ，平成17年2月1日に現金にて代金の支払を済ませ，ギターの引渡しを受けています。それにもかかわらず，今ごろになって代金は受け取っていないなどと言ってくるのはおかしな話です。しかし，当時Xから発行してもらった領収書はすでに破棄してしまったこともあり，念のため平成25年5月22日付けの内容証明郵便で，Xに対し，代金全額について消滅時効を援用する旨を通知しました。この通知は，翌日Xに到達しています。

① Yの主張すべき抗弁の要件事実を答えなさい。ただし，弁済の抗弁についてはこれを記載することを要しない。

② Xの訴訟代理人として構成しうる再抗弁を答えなさい
（個々の具体的な要件事実の記載は要しない）。

◆解説

1 抗弁

要件事実
❶権利を行使できる状態になったこと
❷❶の時から一定の期間が経過したこと
❸時効援用の意思表示をなし，到達したこと
❹債権が商行為によって生じたこと

記載例
1　Yは，中古楽器販売店を経営する者である。
2　平成22年2月1日は経過した。
3　YはXに対し，平成25年5月23日到達の書面をもって，本件売買契約の代金債権について，消滅時効を援用するとの意思表示をした。

　消滅時効が成立すれば，債権の「消滅」が基礎づけられます（民167Ⅰ）。そのため，消滅時効は，債務者である被告が主張立証すべき抗弁と位置づけられます。

　要件事実❶については，原告が主張する請求原因によって基礎づけられているため，被告が重ねて主張することを要しません（主張共通の原則）。なお，

弁済期の定めがある場合には，弁済期の到来によりはじめて権利を行使できる状態になりますが，権利を行使できる状態になったのが裁判の時点に近くなるほど，消滅時効の成立が狭められることになるため，弁済期の定めは債権者にとって有利にはたらく再抗弁と位置づけられます。

　要件事実❷につき，**時効期間の経過は，判例により，権利を行使できる状態になったその日を算入せずに，翌日から計算します**（最判昭 57.10.19）。たとえば，弁済期として平成 17 年 5 月 1 日を定めており，同日の午前 0 時の到来をもって権利行使できる状態になったとしても，判例によりこの日を算入せず，平成 17 年 5 月 2 日を起算日として時効期間を計算することになるのです。

　本事例の場合，平成 17 年 2 月 1 日の売買契約の成立を，原告 X が請求原因のなかで基礎づけることになるため，被告側はこの日を権利の行使が可能となった日と捉え，平成 17 年 2 月 2 日を起算日として，5 年後の応答日の前日である平成 22 年 2 月 1 日 24 時の経過を主張することになります。なお，期間が「経過」した事実を主張する必要があり，期間の末日が「到来」した事実の主張では足りないことに注意を要します。

　要件事実❸は，時効の援用の法的性質をどう理解するかに関わる要件ですが，判例は，時効による債権消滅の効果は時効期間の経過により確定的に生ずるものではなく，時効が援用されたときにはじめて確定的に生ずるものとして，不確定効果説のうち停止条件説に立っています。そのため，時効の援用は債権消滅の効果を基礎づける実体上の要件となり，被告による主張立証が必要となります。

　要件事実❹は，商事債権の消滅時効（商 522 本文）を主張する際に必要となる要件です。

　民法上の一般債権は，その消滅に 10 年の時を要しますが（民 167 Ⅰ），**当事者の一方について商行為となる行為によって生じた債権は，5 年間の経過により消滅**します（商 522 本文）。

　「**商行為によって生じた債権**」に該当するのは，ⅰ 絶対的商行為（商 501）により発生した債権，ⅱ 営業的商行為（商 502）により発生した債権，ⅲ 附属的商行為（商人がその営業のためにする行為：商 503 Ⅰ）により発生した債権です。

> [商行為によって生じた債権]
> ⅰ 絶対的商行為（商501）により発生した**債権**
> ⅱ 営業的商行為（商502）により発生した**債権**
> ⅲ 附属的商行為（商人がその営業のためにする行為：商503Ⅰ）により発生した**債権**

　このいずれかに該当すれば，商法の適用を受け，5年の短期消滅時効にかかります。
　「絶対的商行為」とは，行為の客観的性質から強度の営利性があるものとして，それが営業としてなされるか否かにかかわらず商行為とされるものをいいます。たとえば，不動産を安く仕入れて高く売ることで儲ける行為は，商法501条1号の行為に該当するため，たとえ商人でない者が1度だけ行ったとしても商行為とされ，これにかかる債権は5年の短期消滅時効の適用を受けます。
　「営業的商行為」とは，それが営業として反復継続してなされる場合に商行為とされるものをいいます。
　「附属的商行為」とは，商人がその営業のためにする行為をいいます（商503Ⅰ）。たとえば，印刷業を営む者（以下「A」とします）が運転資金としてお金を借り入れる行為や（第2回認定考査），レストランを経営する者（以下「B」とします）がお店に飾る絵画を購入する行為（第4回認定考査）などがこれにあたります。
　そのため，Aに対する貸金債権や，Bに対する売買代金債権は，「商行為によって生じた債権」として5年の短期消滅時効の適用を受けます。
　ただし，**商人の行為は営業のためにするものと推定される**ため（商503Ⅱ），商法の適用を主張したい者は，当該行為が，営業のため（"運転資金として"や"お店に飾るため"）になされた行為であることを主張立証する必要はなく，単純に，その主体が**商人であることを主張立証すれば足りる**ことになります。たとえば，「Aは印刷業を営む者である」や，「Bはレストラン業を営む者である」と主張しさえすれば，Aの金銭借入行為や，Bの絵画購入行為は営業のためになされたものと推定され，これにかかる貸金債権や代金債権は「商行為によって生じた債権」として，5年の短期消滅時効の適用を受け

るのです。

　本事例の場合においても，「Yは，中古楽器販売店を経営する者である」と主張しさえすれば，YがXからギターを購入した行為は，営業のためになされたものと推定され，これによりXのYに対する売買代金債権は「商行為によって生じた債権」として，短期消滅時効の適用を受けることになります。

2　再抗弁

> ①　売買契約が営業のためになされたものではないこと
> ②　時効の中断により時効の完成が妨げられたこと
> ③　債務の承認が時効期間満了後に行われたこと

(1)　再抗弁──営業のためになされたものでないこと（「障害」）

　先に説明したとおり，商人の行為は営業のためにするものと推定されるため（商503Ⅱ），附属的商行為により発生する債権につき，商法上の短期消滅時効を主張したい者は，単純に，その主体が商人であることを主張します。

　相手方がこの推定を覆すには，推定される事実の反対事実である「営業のためにしたものではない」という事実を再抗弁として主張立証しなければなりません。

　この主張立証に成功すれば，商法上の短期消滅時効の適用が「障害」され，時効の期間要件を民法上の原則である10年に戻すことができます。

(2)　再抗弁──時効中断（「障害」）

　時効の中断により時効の完成が妨げられれば，時効による権利消滅の効果が「障害」されることになります。そのため，時効中断は，原告が主張立証すべき再抗弁と位置づけられます。

　民法147条は，時効の中断事由として，①請求，②差押え，仮差押えまたは仮処分，③承認をあげています。

　ここでの「請求」とは，裁判所が関与するかたちで権利者が自己の権利を主張することを意味するとされ，単に弁済を迫るにすぎない請求は，「催告」

として扱われます。「催告」は，「請求」と異なり，独立の中断事由ではなく，催告後6か月以内に裁判上の請求等をしなければ，時効中断の効力は生じません（民153）。したがって，これを再抗弁として主張するには，催告の事実に加え，催告後6か月以内に裁判上の請求等をした事実を主張する必要があります。催告には，時効の完成間際に催告した場合，その完成を延期できる点に意味があるといえます。

「承認」とは，時効によって利益を受ける者が時効によって権利を失う者に対して，その権利の存在することを知っている旨を表示することをいいます。具体的には，一部弁済，利息の支払，支払猶予の申入れといった事実がこれにあたります。したがって，承認の事実を再抗弁として主張するには，これらの具体的な事実を主張することになります。ただし，当事者間において，債務の承認につき争いがなければ，「被告は原告に対し，平成〇〇年〇月〇日，本件代金債務を承認した。」と単純に示せば足ります。

(3) 再抗弁──援用権の喪失（「障害」）

債務の承認が時効期間満了後に行われた場合，その法的評価は，時効援用権の喪失となります。時効完成後の債務の承認については，民法上規定されてはいませんが，判例により，たとえ債務者が時効の完成を知らなかったとしても信義則に照らし，その後時効を援用することは許されなくなるとされています（最判昭41.4.20）。したがって，時効完成後の承認は，時効の完成により発生した時効援用権の行使を否定し，その後の時効援用による権利消滅の効果を「障害」することになるため，原告の主張すべき再抗弁と位置づけられます。

なお，時効期間満了前の承認も，時効期間満了後の承認も，被告の時効の抗弁を「障害」する再抗弁になるものとして，訴訟上の機能は同一であるため，時効援用権の喪失を再抗弁として主張する場合であっても，実際には債務の承認を基礎づける事実を主張すれば足ります。

Sakamoto's Eye

　本事例は，わざと商法の知識を必要とする問題にしました。司法書士試験をパスしたばかりの人にとっては，受験時代にそれほど真剣に学習する機会がないため，難解な問題に思えたかもしれません。しかし，実社会においては当然のごとく商法の知識を使いこなせなければなりませんし，認定考査においても出題の範囲に含まれています（第2回，第4回認定考査）。

　思考方法としては，常に商法を意識しておき，これが問題にならないときは，原則どおり民法の規定に従って検討する，というのがよいでしょう。商法が問題となる事例のときのみ思考しようとしても，うまく思考できないか，場合によっては商法が問題となっていることにすら気がつかないおそれがあるからです。

Step 1 【攻防の棋譜 10】 代理による攻防

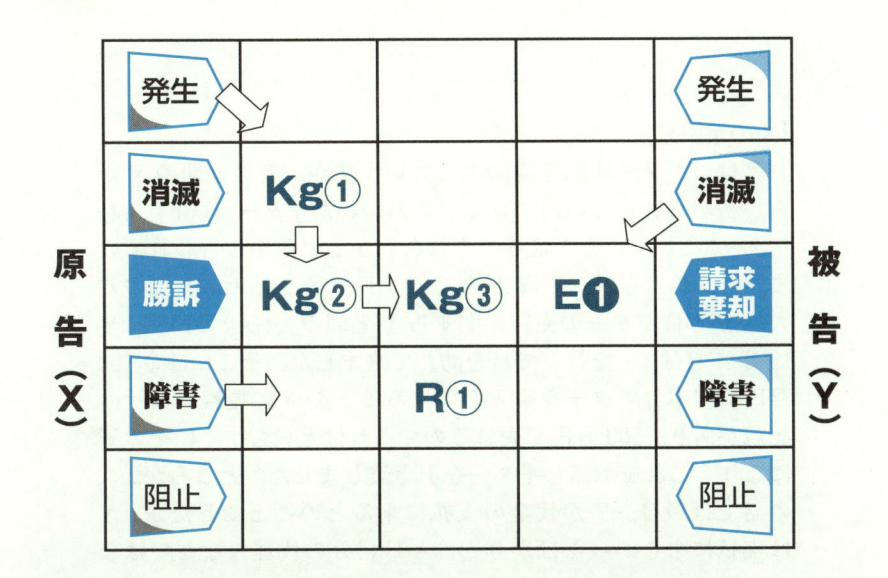

発生 ↘					◁ 発生	
消滅	Kg①				消滅	
勝訴	Kg② ⇒	Kg③		E①	請求棄却	
障害 ⇒		R①			障害	
阻止					◁ 阻止	

原告（X） ／ 被告（Y）

請求原因 代金支払請求権の「発生」を基礎づける要件事実
- **Kg①** 代理人との間で売買契約が締結された事実
- **Kg②** 顕名
- **Kg③** ❶の行為に先立つ代理権の授与

抗弁 代金支払請求権の発生を「障害」する要件事実
- **E❶** 売買に先立つ代理権の消滅

再抗弁 代理権消滅の効果を「障害」する要件事実
- **R①** 代理権の消滅原因事実の存在を知らなかったこと（再抗弁説）
  ※ 予備的請求原因説によれば、別個の請求原因となるため、再抗弁とは構成しえない。

Step 2 《事例問題 1-1-7》 代理

【Xの言い分】
　私は，ギター収集を趣味としていますが，音楽仲間のYから，私が所有していたプレミアムのついたギター（以下「本件ギター」という）を，譲ってくれないかと以前から言われていました。そんな折，平成25年2月1日，私とYとの共通の友人Aが本件ギターの売買に関するY名義の委任状（平成24年12月31日付け）を持って私を訪ねて来ました。そこには金100万円にて本件ギターを購入してくることをAに授権する旨の記載があり，100万円で売れるのであればと私もすぐにその気になり，これを承諾しギターを引き渡しました。ところが，Aの話では翌日，Yが代金の支払に来るとのことでしたが，Yは支払に来なかったばかりか，Aは自分の代理人などではないなどといって，支払を拒絶しています。Yにはすぐに代金100万円を支払ってもらいたいと思っています。

【Yの言い分】
　たしかに，平成24年の大みそかに，Aに対してX所有のギターを購入してくることを授権する内容の委任状を渡しました。しかし，酒に酔った勢いでのことだったため，平成25年1月4日，私はAに対して，本件ギターの件はもう少し考えたいので，委任状は返してくれと言いました。

① Xの訴訟代理人としてYに対して主張すべき請求原因事実を答えなさい。

② Yの訴訟代理人として主張すべき抗弁の要件事実を答えなさい。

③ Xの訴訟代理人として構成しうる再抗弁の要件事実を答えなさい。

◆解説

1 請求原因事実

要件事実
❶代理人との間で売買契約が締結された事実

記載例

1 Xは、Aに対し、平成25年2月1日、本件ギターを代金100万円で売っ

❷顕名
❸❶の行為に先立つ代理権の授与

た。
2　1の契約締結の際，AはYのためにすることを示した。
3　YはAに対し，平成24年12月31日，1に先立って，本件ギターの売買に関する代理権を与えた。

　代金支払請求権の発生を基礎づける請求原因事実は，ⅰ財産権移転約束，ⅱ代金支払約束ですが（民555），代理人との間で売買契約が締結された場合には，代理人との間でⅰⅱがあったことを主張立証しなければなりません。
　要件事実❸については，代理権の授与が，代理行為に先立ってなされている必要があることに注意を要します。なぜなら，代理権の授与が代理行為に遅れる場合，代理人がした意思表示ということはできないからです。そのため，代理権の授与が代理行為に先立つことは，時的要素となり，これを明らかにする必要が生じます。
　この点，通常は代理行為と代理権の授与とを特定するための時的因子により，代理権の授与が代理行為に先立つことが明らかになるため，実務上は「先立つ」ことの適示を省略することが可能ですが，答案上はこれを記載しておくほうが無難です。

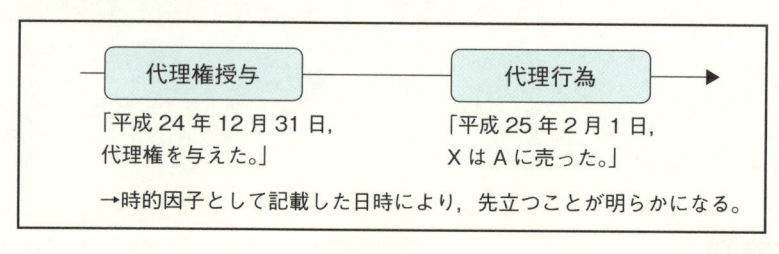

```
　　　代理権授与　　　　　　　代理行為
「平成24年12月31日，　　「平成25年2月1日，
代理権を与えた。」　　　　XはAに売った。」
→時的因子として記載した日時により，先立つことが明らかになる。
```

2　抗弁

要件事実
　売買に先立つ代理権の消滅

記載例
1　請求原因事実3の代理権授与は，平成24年12月31日付けのYとAの

> 委任契約に基づくものである。
> 2　1の委任契約は、平成25年1月4日、YがAに対し委任状の返還を申し入れ、契約を解除する意思表示をしたことにより終了した。

　代理行為に先立って、代理権が消滅したことが基礎づけられれば、代理人がなした法律行為の効果は本人に帰属しないことになります。そのため、代理権消滅の主張は、本人に対する代金支払請求権の発生を「障害」するものとして、被告が主張立証すべき抗弁と位置づけられます。

　Yの言い分には、ⅰ委任状を渡したことと、ⅱその後に委任状の返還を求めたことしか示されていませんが、これを法律的に評価して、ⅰ委任契約に基づき代理権を授与したこと、ⅱ委任契約を解除したことにより代理権が消滅したこと（民651、111Ⅱ）、を読み取ります。これをもとに、記載例のようなかたちで、代理権の消滅を主張します。

　なお、代理権消滅の抗弁の要件事実については、「代理権の消滅原因事実」に加えて「同事実についての相手方の悪意又は有過失」をも要するとする見解（必要説）と「代理権の消滅原因事実」だけで足りるとする見解（不要説）とがありますが、不要説が実務であるため、これを前提に解答しています。

3　再抗弁

要件事実
代理権の消滅原因事実の存在を知らなかったこと

> **記載例**
> 1　Xは、平成25年2月1日、Aが本件売買契約の代理権を有していることを知った。
> 2　Xは、本件売買契約締結の際、Aの上記代理権が消滅していないと信じていた。

　民法112条本文に「代理権の消滅は、善意の第三者に対抗することができ

ない」と規定されていることから，代理権の消滅原因事実の存在を知らなかったことが，代理権消滅による抗弁を「障害」する再抗弁となりえます（再抗弁説）。

　もっとも，民法112条本文の解釈を巡っては争いがあり，同条を表見代理規定と捉える立場からは，再抗弁として説明することができず，これを代理権消滅の抗弁を前提とする予備的請求原因と捉えることになります（予備的請求原因説：道48頁）。つまり，予備的請求原因説は，代理権の消滅原因事実の存在を知らなかったことは，有権代理の主張を復活させるものではなく，有権代理とは本質を異にする表見代理の成立を基礎づけるものであるため，有権代理を問題とした場合の再抗弁とはなりえないと考えるのです。

Sakamoto's Eye

　代理権消滅原因事実の存在を知らなかったことという要件については，民法112条本文につき再抗弁説と予備的請求原因説のいずれに立っても，相手方の代理権消滅の抗弁を前提に意味をもつ主張である。また，その書き方についても，前記記載例のとおりとなるため，この点を押さえておけばひとまずはよいでしょう。

Step 1 【攻防の棋譜 11】 表見代理（民法110条）による攻防

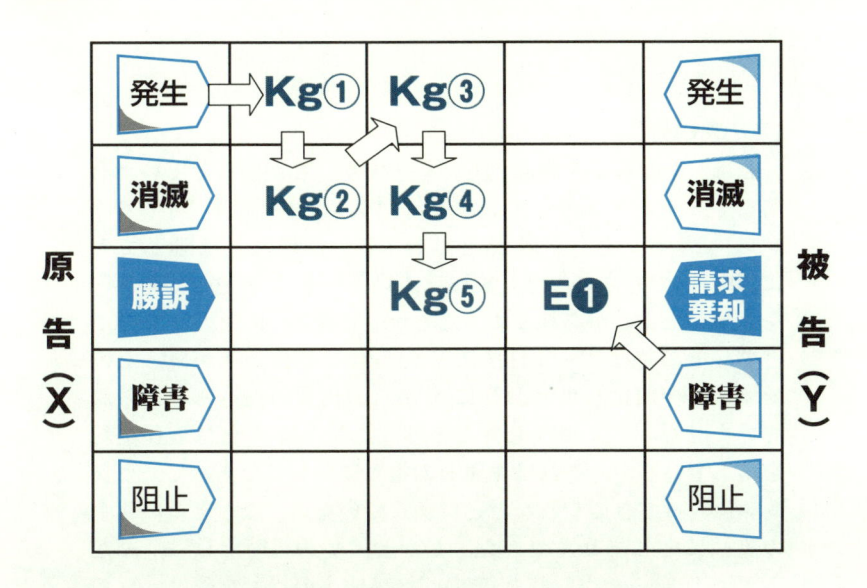

	発生	Kg①	Kg③			発生	
原告（X）	消滅	Kg②	Kg④			消滅	被告（Y）
	勝訴		Kg⑤	E①	請求棄却	
	障害					障害	
	阻止					阻止	

請求原因 代金支払請求権の「発生」を基礎づける要件事実
- **Kg①** 代理人との間で売買契約が締結された事実
- **Kg②** 顕名
- **Kg③** ①の行為に先立つ基本代理権の授与
- **Kg④** 相手方が代理権があると信じたこと
- **Kg⑤** 信じたことにつき正当理由があることを根拠づける評価根拠事実

抗弁 表見代理の成立を「障害」する要件事実
- **E①** 正当理由の評価障害事実

Step 2 《事例問題 1-1-8》 表見代理

【Xの言い分】
　私は，楽器収集を趣味としていますが，私が所有していた有名なアーティストのサインが入ったウクレレ（以下「本件ウクレレ」という）を，平成25年9月1日，代理人Aを通じてYに30万円で売りました。Yには，以前にもAを通じてギターを売却したことがあります。たしか，平成24年12月1日のことで，その時は2～3日後にYから代金の振込みがあったのですが，今回は約束どおりにYからの代金の振込みを得られていません。Yに催促したところ，たしかにAとは委任契約を結んでいるが，それはギターの購入に関してであって，ウクレレを買ってきてくれなどとは頼んでいない，などと言い代金の支払に応じませんでした。しかし，契約当時，私は，AからYが作成した委任状とYの印鑑証明書の提示を受け，Yの実印による押印がなされていることを確認していますし，委任状には「ギター等の購入に関するいっさいの件。」と記載されていたはずです。委任状の作成日付は平成25年8月1日となっていました。以前の時も，同じ内容の委任状と印鑑証明書の提示を受けて取引をしていたため，今回このようなトラブルになり驚いています。いずれにしても，Yには代金を早く支払ってほしいと思います。

① Xの訴訟代理人としてYに対して主張すべき主たる請求の請求原因事実を答えなさい。ただし，有権代理の構成による記載は要しない。

② Yの訴訟代理人として構成しうる抗弁を答えなさい(個々の具体的な要件事実の記載は要しない)。

◆解説

1 請求原因事実

要件事実	記載例
①代理人との間で売買契約が締結	1 Xは、Aに対し、平成25年9月1日、本件ウクレレを代金30万円で売った。

第1章 売買契約に基づく代金支払請求訴訟

された事実 ②顕名 ③①の行為に先立つ基本代理権の授与 ④相手方が代理権があると信じたこと ⑤信じたことにつき正当理由があることを根拠づける評価根拠事実	2　1の契約締結の際，AはYのためにすることを示した。 3　YはAに対し，平成25年8月1日，1に先立って，ギター等の売買に関する代理権を与えた。 4　1の契約締結の際，Xは，Aに本件ウクレレの売買契約について代理権があると信じた。 5　正当理由の評価根拠事実 　i　Aは，本件契約の際，Yの作成した委任状と印鑑証明書を所持しており，Xは委任状に押された印影がYの実印によるものであることを確認した。 　ii　委任状には，その内容として「ギター等の購入に関するいっさいの件。」と記載されており，広汎な代理権があることを伺わせるものであった。 　iii　Aは，平成24年12月1日にも，Yの代理人としてXとの間で楽器の売買契約を締結している。

　代理人がその権限外の行為をした場合，相手方が代理人の権限があると信じたことにつき正当の理由があるときは，表見代理が成立します（民110）。この場合，当事者は有権代理の主張とあわせて，表見代理の主張をすることもできます。

　要件事実③は，民法110条の表見代理規定が適用されるためには，前提として基本代理権の存在が不可欠であることから必要となる要件事実です。

　要件事実⑤については，正当事由が規範的要件にあたるため，「Xには正当な理由があった」と主張するだけでは足りず，正当事由があったと評価してもらえるだけの根拠を具体的に示さなければなりません。

　この点，判例は原則として，代理人が権限外の行為についての代理権を有していることを推測させる事情がある場合に，「正当な理由」があるものと

します。たとえば，代理人が本人の実印や印鑑証明書，委任状といった代理権の徴憑となる物を所持している場合があげられます（最判昭35.10.18）。

2　抗弁

> 正当の理由の評価障害事実

　正当の理由を基礎づける評価根拠事実が主張立証された場合でも，これを否定する評価障害事由を抗弁として主張することが可能です。ただし，評価根拠事実と評価障害事実とは両立する事実であることを要します。
　たとえば，代理人が実印や印鑑証明書を所持していたとしても，代理人が本人からこれらの物を入手しやすい家族である場合に，本人に対して代理権を与えたことの確認をとらなかったことや，相手方が事業者や専門家である場合に，当該事業や当該専門職に属する取引について本人への調査・確認を怠ったことなどが考えられます。

Plus α

> **民法109条の表見代理**
>
> 　本人が実際には他人に代理権を与えていないにもかかわらず，これを与えたかのような表示をした場合にも，表見代理は成立しえます。
> 　これを主張する者は，要件事実として，①代理人との間で売買契約が締結された事実，②顕名，③本人が相手方に対して，ある特定の者に特定事項の代理権を授与したことを表示したこと，④表見代理人の行為が，表示された代理権の範囲内であること，を主張立証することになります。

Step 1　【攻防の棋譜12】　附帯請求を含む攻防

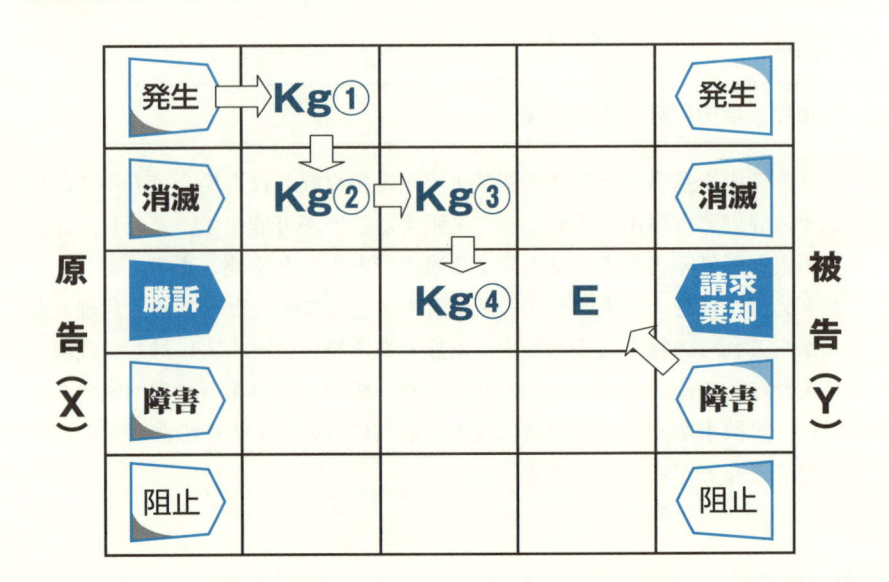

原告(X)					被告(Y)
発生 ⇒	Kg①				発生
消滅	Kg② ⇒	Kg③			消滅
勝訴			Kg④	E	請求棄却
障害					障害
阻止					阻止

請求原因　代金支払請求権の「発生」を基礎づける要件事実
- Kg①　XY間での売買契約を締結したこと

請求原因　損害賠償請求権の「発生」を基礎づける要件事実
- Kg①　XY間での売買契約を締結したこと
- Kg②　代金支払債務の履行期の経過
- Kg③　XのYに対する契約に基づく目的物の引渡し
- Kg④　上記②，③のいずれか遅い時からの期間の経過

抗弁　代金支払請求権および損害賠償請求権の発生を「障害」する抗弁
- E　錯誤無効
- E　詐欺取消し

抗弁　代金支払請求権および損害賠償請求権の「消滅」を基礎づける抗弁
- E　弁済（弁済供託）
- E　消滅時効

Step 2　《事例問題 1-2》　附帯請求

【Xの言い分】
　平成25年2月1日，私は，自分が所有していたギター（以下「本件ギター」という）をYに売り，同日引き渡しました。代金は100万円，代金の支払期日は同年3月1日という約束でした。ところが，Yは支払期日を過ぎても代金を支払ってくれません。そこで私は，Yに対して代金100万円と遅延損害金の支払を求めます。

① 　Xの訴訟代理人としてYに訴えを提起する場合の主たる請求および附帯請求の訴訟物を答えなさい。

----

② 　請求の趣旨を答えなさい（附帯請求を含む）。

----

③ 　Xの訴訟代理人としてYに対して主張すべき主たる請求および附帯請求の請求原因事実を答えなさい。

◆解説

1 訴訟物

| 主たる請求 | 売買契約に基づく代金支払請求権 |
| 附帯請求 | 履行遅滞に基づく損害賠償請求権 |

附帯請求として，民法575条2項本文にいう利息の支払を請求する場合，その法的性質をいかに解すべきかにつき争いがあります。同条の「利息」を遅延損害金と捉えるのが遅延損害金説で，この見解によれば附帯請求の訴訟物は「履行遅滞に基づく損害賠償請求権」となります。同条の「利息」を法定利息と捉えるのが法定利息説で，この見解によれば附帯請求の訴訟物は「法定利息請求権」となります。

この点，実務は遅延損害金説によるため，これを前提に解説しています。

2 請求の趣旨

> 被告は，原告に対し，100万円及びこれに対する平成25年3月2日から支払済みまで年5分の割合による金員を支払え。

請求の趣旨においては，金銭の支払がどのような法的性質の給付請求権に基づくのかの記載を要しません。したがって，「被告は，原告に対し，"売買代金"100万円を……」との表記はもちろんのこと，「……年5分の割合による"損害金"を支払え。」といった表記も誤った記載となりますので注意が必要です。

3 請求原因事実（主たる請求および附帯請求）

要件事実
① XY間での売買契約を締結したこと
② 代金支払債務の履行期の経過
③ XのYに対する契約に基づく目的物の引渡し
④ 上記②，③のいずれか遅い時からの期間の経過

記載例
1　Xは，Yに対し，平成25年2月1日，本件ギターを代金100万円，支払期日同年3月1日の約定で売った。
2　Xは，Yに対し，平成25年2月1日，1の売買契約に基づき，同ギターを引き渡した。
3　平成25年3月1日は経過した。

　要件事実②については，履行遅滞を基礎づける要件として主張します。この点，履行期の種類によって主張すべき要件事実が変化するため，問題となっている事例がどの種類に属するのかを見極める必要があります。この点，代金支払債務の履行期が，確定期限である場合には，以下のとおりとなります。

要件事実
代金支払債務の履行期の経過

記載例
平成25年3月1日は経過した。

　代金支払債務の履行期の定めがない場合には，以下のとおりとなります。

要件事実
ⅰ　債務者に対する催告
ⅱ　催告日が経過したこと

記載例
ⅰ　XはYに対し，平成25年3月1日，売買代金を支払うように催告した。
ⅱ　平成25年3月1日は経過した。

　民法の学習においては，履行遅滞を基礎づける要件として，履行期の経過のほか，❶履行が可能であるにもかかわらず，❷履行がなされておらず，❸

履行しないことが違法で，❹債務者に帰責事由があることを要すると説明されます。

しかし，要件事実論のもとでは，❶から❹の事由は債権者の主張立証すべき請求原因事実とは位置づけられておらず，むしろ債務者側がこれを否定することで履行遅滞の完成が妨げられる抗弁と位置づけられています。

❶につき…履行不能の評価根拠事実の主張が抗弁となる
❷につき…履行したこと（弁済）が抗弁となる
❸につき…違法性阻却事由の存在が抗弁となる
❹につき…債務者に故意，過失がないこと等が抗弁となる

要件事実③につき，まず，**せり上がりにより「目的物の引渡しの提供」を主張立証する必要が生じます**。すなわち，履行遅滞による損害金が発生するためには履行遅滞の状態が違法性を有することを要しますが，請求原因①の売買契約締結の事実より，同時履行の抗弁権の存在が基礎づけられてしまい，これが履行遅滞の違法性を阻却するため，同時履行を否定する事実を合わせて陳述しなければ主張自体失当となってしまうのです。そのため，履行遅滞状態の違法性を基礎づけるため，目的物の引渡しの提供をしたことを陳述します。

しかし，**民法575条2項の規定により利息の支払を求める場合には**，せり上がりの主張としての「目的物の引渡しの提供」だけでは足りないことに注意が必要です。同条には，「買主は，引渡しの日から，代金の利息を支払う義務を負う」と規定されているため，**目的物を買主に引き渡した事実まで主張立証しなければならない**のです。

要件事実④は，民法575条2項が，「買主は，引渡しの日から，代金の利息を支払う義務を負う。ただし，代金の支払について期限があるときは，その期限が到来するまでは，利息を支払うことを要しない」と定めていることから要求される要件です。すなわち，売主が目的物を引き渡したとしても，代金の支払期限がまだ到来していないのであれば利息を支払う必要はなく（民575Ⅱただし書），また，代金の支払期限が到来していたとしても，目的物の引渡しを受けるまでは利息を支払う必要がないため（同条Ⅱ本文反対解釈），このような利息を請求する者は，履行期の経過と，目的物の引渡しのいずれか遅い時を主張立証することになります。

なお，金銭債務の不履行に基づく損害賠償を請求する場合，「損害の発生」については主張立証する必要がありません。金銭債務の不履行については，損害の証明を要せずして損害賠償請求が可能である旨の特則が民法419条2項におかれているからです。また，金銭債務の不履行の場合，当然に法定利率年5分（民404）の割合による損害金の請求が可能です（民419）。

第2章 金銭請求
貸金返還請求訴訟

Step 1　【攻防の棋譜 13】　弁済による攻防

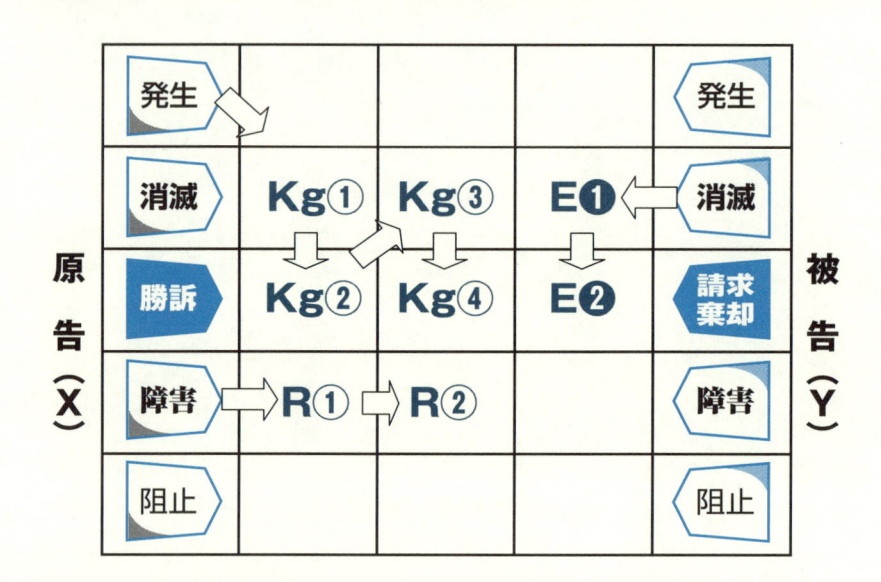

	発生				発生	
原告（X）	消滅	Kg①	Kg③	E❶	消滅	被告（Y）
	勝訴	Kg②	Kg④	E❷	請求棄却	
	障害	R①	R②		障害	
	阻止				阻止	

請求原因　貸金返還請求権の「発生」を基礎づける要件事実
- Kg①　XY間の金銭の返還合意
- Kg②　XYの金銭の授受
- Kg③　弁済期の合意　　or　　債務の履行の催告
- Kg④　弁済期の到来　　　　　催告後相当期間の経過

抗弁　貸金返還請求権の「消滅」を基礎づける弁済の要件事実
- E❶　債務の本旨に従った給付
- E❷　給付と債権との結びつき

再抗弁　弁済による権利消滅を「障害」する要件事実
R①　第三者弁済
R②　第三者弁済禁止の特約

Step 2　《事例問題 2-1》　主たる請求

【Xの言い分】
　平成20年5月22日，私は友人のYに50万円を貸しました。Yは地元で人気のパン屋を経営していますが，近くに大型商業施設ができたことで客足が減り，従業員への給料を支払うのが苦しいとのことでした。昔からのよしみもあり，返済の時期も特に定めずに現金50万円を渡しています。
　ところが，いつまでたっても返済のそぶりを見せないため，平成23年7月7日，Y宅に赴き，同月15日までの返済を求めたのですが，それでも現在に至るまで返済を受けることができずにいます。そこで私は，Yに対し元金50万円の支払を求めます。

① Xの訴訟代理人としてYに訴えを提起する場合の訴訟物を答えなさい。

------

② 請求の趣旨を答えなさい。

------

③ Xの訴訟代理人としてYに対して主張すべき主たる請求の請求原因事実を答えなさい。

◆解説

1 訴訟物

消費貸借契約に基づく貸金返還請求権

2 請求の趣旨

被告は，原告に対し，50万円を支払え。

3 請求原因事実

要件事実
① XY間の金銭の返還合意
② XYの金銭の授受
③ 債務の履行の催告
④ 相当期間の経過

記載例
1　Xは，Yに対し，平成20年5月22日，50万円を貸し付けた。
2　Xは，Yに対し，平成23年7月7日，返済を催告し，相当期間の末日である同年7月15日が経過した。

請求原因事実のうち①と②は，消費貸借契約の権利根拠規定である民法587条から導かれる契約の成立要件です。記載例のとおり「貸し付けた」との要領で主張すれば，実務上，①返還約束と共に②金員交付の事実まで主張したことになります（30講191頁，道172～173頁）。

請求原因事実③と④は，金銭消費貸借契約の終了を基礎づけるために主張立証します。消費貸借契約においては，相手方に目的物を利用させることが契約の目的となるため，目的物を受け取った直後に目的物の返還請求権を行使できるとすれば，契約の目的が達成できない不都合が生じます。そこで，契約本来の目的が達せられるよう，一定期間，貸主はその目的物の返還を請求できないという拘束を受けます。そのため，契約の終了が返還請求権の発生を基礎づける要件事実となるのです。

この点，当事者間で**貸金の弁済期を合意していない場合には，債務の履行を催告したことと，催告後相当期間が経過したことが，契約の終了を基礎づける要件事実**となります。

民法591条1項は，「当事者が返済の時期を定めなかったときは，貸主は，"相当の期間を定めて"返済の催告をすることができる」と規定していますが，催告の際に相当の期間を定めなかった場合でも，催告から客観的にみて相当な期間が経過すれば契約の終了は基礎づけられ，貸金返還請求権は発生すると考えられています（大判昭5.1.29）。

これに対して，当事者間で**貸金の弁済期を合意している場合には，弁済期の合意とその到来が，契約の終了を基礎づける要件事実**となります。

なお，弁済期の合意をしたことは消費貸借契約における成立要件ではないと考えますから，弁済期を合意していない場合に，これを請求原因事実のなかで「弁済期を定めずに」等と摘示する必要はありません。

《事例問題2-1-1》 弁済

【Xの言い分】
　平成20年5月22日，私は友人のYに，弁済期を定めず，50万円を貸しました。平成23年7月7日，Y宅に赴き同月15日までの返済を求めたのですが，未だに返済がないため，

Yに対し元金50万円の支払を求めます。

【Yの言い分】
　私がXから50万円を借りたことは間違いありません。しかし，私は平成23年7月7日にXの催促を受けたため，その翌日には50万円全額の支払を済ませています。

　Yの訴訟代理人として主張すべき抗弁の要件事実を答えなさい。

◆解説

1　抗弁

要件事実
❶債務の本旨に従った給付
❷給付と債権との結びつき

記載例
　被告は原告に対し，平成23年7月8日，本件債務の履行として，50万円を支払った。

　弁済は，原告の主張する金銭消費貸借契約に基づく貸金返還請求権の「消滅」を基礎づける，被告が主張立証すべき抗弁と位置づけられます。
　弁済の抗弁の詳細については，1-1-2-1　58頁を参照してください。

Step 1 【攻防の棋譜 14】 相殺による攻防
（自働債権が売買代金債権であるケース）

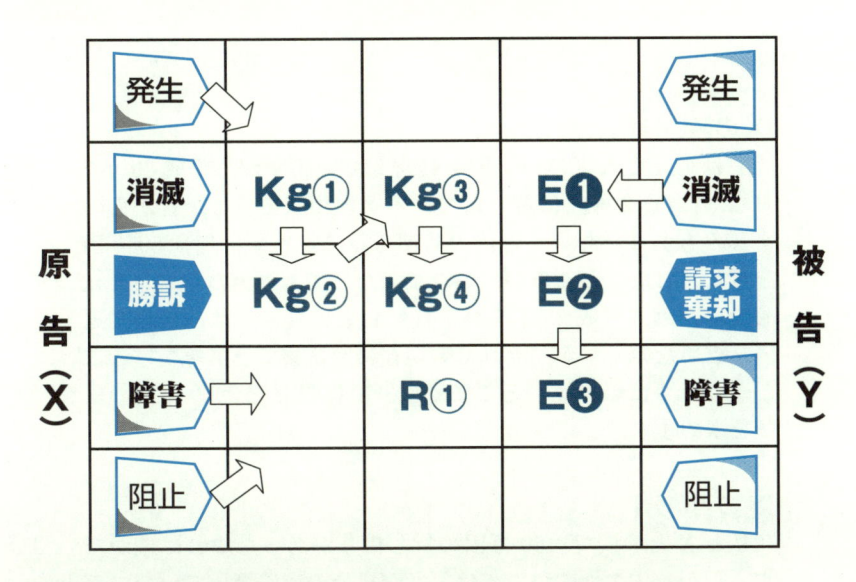

	発生				発生	
	消滅	Kg①	Kg③	E❶	消滅	
原告（X）	勝訴	Kg②	Kg④	E❷	請求棄却	被告（Y）
	障害		R①	E❸	障害	
	阻止				阻止	

請求原因 貸金返還請求権の「発生」を基礎づける要件事実
- Kg① XY間の金銭の返還合意
- Kg② XYの金銭の授受
- Kg③ 弁済期の合意 or 債務の履行の催告
- Kg④ 弁済期の到来   催告後相当期間の経過

抗弁 貸金返還請求権の「消滅」を基礎づける相殺の要件事実
- E❶ 自働債権の発生原因事実
- E❷ 売買型契約の自働債権について弁済の提供があったこと
- E❸ 相殺の意思表示と到達

再抗弁 相殺の抗弁を「阻止」または「障害」する要件事実
- R① 自働債権の弁済期が到来していないこと（「阻止」）
  or
- R① 相殺禁止の特約を締結していること（「障害」）

《事例問題 2-1-2-1》 売買代金債権

【Xの言い分】
　Yは地元で人気のパン屋を経営していますが，平成20年5月22日，資金繰りに苦しんでいるとの相談を受け，昔からのよしみもあったため，返済の時期も特に定めずに現金50万円を貸しました。ところが，いつまでたっても返済のそぶりを見せないため，平成25年7月7日，Y宅に赴き，はっきりと返済を求めたのですが，それでも現在に至るまで返済を受けることができずにいます。そこで私は，Yに対し元金50万円の支払を求めます。

【Yの言い分】
　私とXとの間で，50万円の貸し借りがあったことは確かです。しかし，これについては，私が自分の店に飾っていたフランスの画家が描いた農民画（以下「本件絵画」という）をXが欲しいというので，平成21年9月1日，これを代金50万円で売ることにし，借りたお金と相殺したはずです。ですから，今頃になって借りたお金の話をもちだすのはおかしな話です。なお，本件絵画は，その日のうちにXへ引き渡しています。

① Yの訴訟代理人として主張すべき抗弁の要件事実を答えなさい。

② Xの訴訟代理人として構成しうる再抗弁を答えなさい（個々の具体的な要件事実の記載は要しない）。

◆解説

1 抗弁

要件事実
❶自働債権の発生原因事実
❷売買型契約の自働債権について弁済の提供があったこと
❸相殺の意思表示と到達

記載例

1　YはXに対して，平成21年9月1日，本件絵画を代金50万円で売った。
2　YはXに対し，同日，売買契約に基づき本件絵画を引き渡した。
3　YはXに対して，平成21年9月1日，1の売買代金債権をもって，Xの本訴請求債権とその対等額において相殺するとの意思表示をした。

　被告が相殺の主張に成功すれば，原告の貸金返還請求権はこれにより，対等額において「消滅」します（民505Ⅰ本文）。そのため，相殺は，被告が主張立証すべき抗弁と位置づけられます。
　要件事実❷は，せり上がりにより主張立証の必要が生じる事実で，相手方の同時履行の抗弁を障害するために主張します。すなわち，自働債権につき，

相手方の同時履行の抗弁権が付着している場合，判例・通説によれば相殺が許されないため，売買契約の締結を主張することにより基礎づけられる相手方の同時履行の抗弁権を否定しなければ，同時履行の抗弁権の存在効果により相殺の抗弁は主張自体失当となってしまうのです。そのため，反対給付の提供をしたことを陳述することで，相手方の同時履行の抗弁権を否定しておく必要があります。

なお，同時履行の抗弁権を障害する事実としては，「履行の提供」で足りますが，「履行」がすでに済んでいる場合には，「絵画を引き渡した」として，履行の提供の事実を示せば足ります。

2 再抗弁

① XY間で約定した売買代金の弁済期が到来していないこと
② XY間で相殺禁止の特約が締結されていること

自働債権が売買代金債権である場合，弁済期未到来の事実は，相殺の主張を「阻止」する再抗弁と位置づけられています。そのため，XはXY間で約定した代金の弁済期が到来していないことを再抗弁として主張しえます。

また，相殺は当事者が反対の意思を表示した場合にはすることができないとされているため（民505Ⅱ），相殺禁止特約がある場合，これを主張立証することで相殺の主張を「障害」することができます。そのため，XはXY間で相殺禁止特約を締結していることを再抗弁として主張しえます。

| Step 1 | 【攻防の棋譜 15】 相殺による攻防
（自働債権が貸金債権であるケース） |

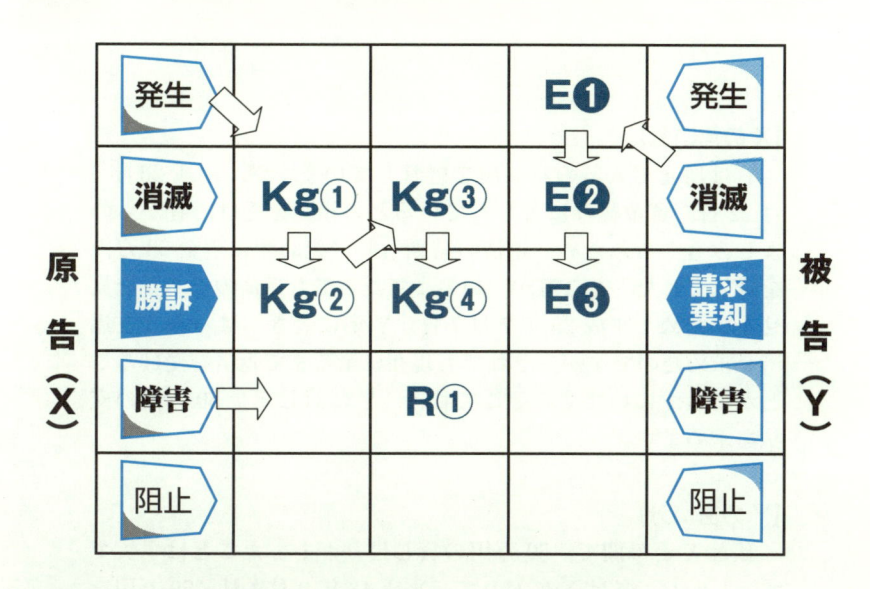

原告（X） ／ 被告（Y）

発生 ↘			E❶	発生 ↙	
消滅	Kg①	Kg③	E❷	消滅	
勝訴	Kg②	Kg④	E❸	請求棄却	
障害 ⇒		R①		障害	
阻止				阻止	

請求原因　貸金返還請求権の発生を基礎づける要件事実
- **Kg①**　XY間の金銭の返還合意
- **Kg②**　XYの金銭の授受
- **Kg③**　弁済期の合意　　or　　債務の履行の催告
- **Kg④**　弁済期の到来　　　　　催告後相当期間の経過

抗弁　貸金返還請求権の「消滅」を基礎づける相殺の要件事実
- **E❶**　自働債権の発生原因事実
- **E❷**　自働債権の弁済期の到来
- **E❸**　相殺の意思表示と到達

再抗弁　相殺の抗弁を「障害」する要件事実
- **R①**　相殺禁止の特約を締結していること

《事例問題 2-1-2-2》 貸金債権

【Xの言い分】
　Yは地元で人気のパン屋を経営していますが，平成20年5月22日，資金繰りに苦しんでいるとの相談を受け，昔からのよしみもあったため，返済の時期も特に定めずに現金50万円を貸しました。ところが，いつまでたっても返済のそぶりを見せないため，平成25年7月7日，Y宅に赴き，はっきりと返済を求めたのですが，それでも現在に至るまで返済を受けることができずにいます。そこで私は，Yに対し元金50万円の支払を求めます。

【Yの言い分】
　私とXとの間で，50万円の貸し借りがあったことは事実です。しかし，私はXに対して，平成18年9月1日，50万円を，返済期日を平成19年8月31日との約束で貸していますので，これをもって相殺します。

① Yの抗弁の要件事実を答えなさい。なお，抗弁については，平成25年11月1日の本件訴訟の口頭弁論期日において，主張がされたものとする。

---

② Xの訴訟代理人として構成しうる再抗弁を答えなさい（個々の具体的な要件事実の記載は要しない）。

◆解説

1 抗弁

要件事実
❶自働債権の発生原因事実
❷自働債権の弁済期の到来
❸相殺の意思表示と到達

記載例

1 Yは，Xに対し，平成18年9月1日，50万円を，返還時期を平成19年8月31日との約定で貸し付けた。
2 平成19年8月31日は到来した。
3 YはXに対し，平成25年11月1日の本件口頭弁論期日において，1の貸金債権をもって，Xの本訴請求債権とその対等額において相殺するとの意思表示をした。

　自働債権が貸金返還請求権である場合，自働債権の弁済期が到来していることを，相殺権者側であるYが主張立証することを要します（要件事実❷）。金銭消費貸借契約の終了が基礎づけられなければ，返還請求権が発生しないからです。この点，**自働債権が売買代金債権である場合には，弁済期の未到来が再抗弁になる**ことと整理しておく必要があります。
　本事例では，弁済期の合意があるため，弁済期の合意とその到来を契約の

終了を基礎づけるために摘示しています。この点，合意した弁済期の「到来」により貸金債権の行使が可能となりますので，弁済期の「到来」と正確に表現し，「経過」との表現はしないように気を付ける必要があります。

なお，本事例では，訴訟上において相殺の主張がなされたことを想定していますが，訴訟外の相殺の場合には「YはXに対し，平成25年11月1日，1の貸金債権をもって，Xの本訴請求債権とその対等額において相殺するとの意思表示をした。」と単純に記載すれば足ります。

2 再抗弁

> XY間で相殺禁止の特約が締結されていること

先に説明したとおり，相殺は当事者が反対の意思を表示した場合にはすることができないとされているため（民505Ⅱ），相殺禁止特約がある場合，これを再抗弁として主張しえます。

なお，自働債権が貸金返還請求権である場合，前述のとおり自働債権が売買代金債権である場合と違って，弁済期の未到来は再抗弁となりません。

Step 1 【攻防の棋譜 16】 時効による攻防

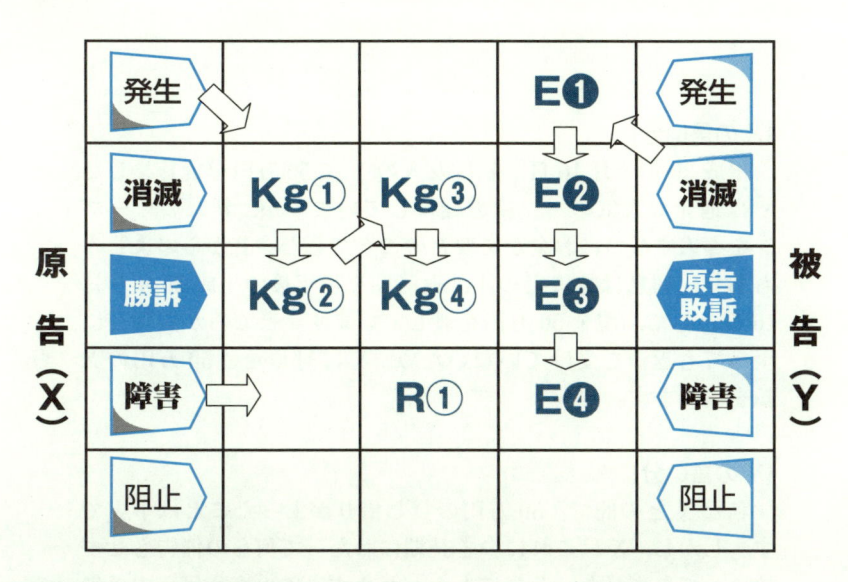

発生				E❶	発生
消滅	Kg①	Kg③	E❷	消滅
勝訴	Kg②	Kg④	E❸	原告敗訴
障害		R①	E❹	障害
阻止				阻止

原告（X） ／ 被告（Y）

請求原因 貸金返還請求権の「発生」を基礎づける要件事実
- **Kg①** XY 間の金銭の返還合意
- **Kg②** XY の金銭の授受
- **Kg③** 弁済期の合意 ／ **or** ／ 債務の履行の催告
- **Kg④** 弁済期の到来 ／ 催告後相当期間の経過

抗弁 貸金返還請求権の「消滅」を基礎づける時効の要件事実
- **E❶** 権利を行使できる状態になったこと
- **E❷** ❶の時から一定の期間が経過したこと
- **E❸** 時効援用の意思表示をなし，到達したこと
- **E❹** 債権が商行為によって生じたこと

再抗弁 時効消滅の「障害」を基礎づける要件事実
- **R①** 時効の中断
  - or
- **R①** 援用権の喪失
  - or
- **R①** 営業のためにするものでないこと

第 2 章 貸金返還請求訴訟

Step 2 《事例問題 2-1-3》 時効

【Xの言い分】
　平成20年3月16日，私は友人のYに50万円を貸しました。Yは地元で人気のパン屋を経営していますが，新しいオーブンを導入するのにお金が必要とのことでした。昔からのよしみもあり，利息は特に定めず，返済期を半年後の平成20年9月16日として，現金50万円を渡しています。ところが，現在に至っても返済を受けていないため，Yに対し元金50万円の支払を求めます。

【Yの言い分】
　私とXとの間で，50万円の貸し借りがあったことは事実です。しかし，Xはこれにつき長期にわたって何らの催告もせず放置してきました。それにもかかわらず，この度，何らの予告もなく裁判を起こしてきたため，このようなやり方に憤りを感じています。たしかに返済してこなかった私も悪いのでしょうが，今となっては長い間放置してきたXが悪いという思いのほうが強いため，平成25年11月1日現在において，時効による免責を主張させていただきます。

① Xの訴訟代理人としてYに訴えを提起する場合の主たる請求の請求原因事実を答えなさい。

② Yの抗弁の要件事実を答えなさい。なお，抗弁については，平成25年11月1日の本件訴訟の口頭弁論期日において，主張がされたものとする。

③ Xの訴訟代理人として構成しうる再抗弁を答えなさい（個々の具体的な要件事実の記載は要しない）。

◆解説

1 請求原因事実

要件事実
① XY間の金銭の返還合意
② XYの金銭の授受
③ 弁済期の合意
④ 弁済期の到来

記載例

1　Xは，Yに対し，平成20年3月16日，弁済期を平成20年9月16日として，50万円を貸し付けた。
2　平成20年9月16日は到来した。

　本事例では，当事者間で貸金の弁済期を合意しているため，契約の終了を基礎づける要件事実として，弁済期の合意とその到来を主張立証します。そ

の際，弁済期の「到来」と正確に表現し，「経過」とはしないように気を付ける必要があります。

2　抗弁

要件事実
❶権利を行使できる状態になったこと
❷❶の時から一定の期間が経過したこと
❸時効援用の意思表示をなし，到達したこと
❹債権が商行為によって生じたこと

記載例
1　Yは，パン屋を経営するものである。
2　平成25年9月16日は経過した。
3　YはXに対し，平成25年11月1日の本件口頭弁論期日において，本件貸金債権について，消滅時効を援用するとの意思表示をした。

要件事実❶については，原告が主張する請求原因によって基礎づけられているため，被告が重ねて主張することを要しません（<u>主張共通の原則</u>）。

要件事実❷につき，**時効期間の経過は，判例により，権利を行使できる状態になったその日を算入しない**ため（大判昭6.6.9），弁済期として平成20年9月16日を定めている本事例でも，この日を算入せず，平成20年9月17日を起算日として，5年後の応当日の前日である平成25年9月16日24時の経過を主張します。ここでは，正確に「経過」と表現してください。

要件事実❸は，判例が時効援用の法的性質につき，不確定効果説のうち，停止条件説の立場をとるため，被告による主張立証が必要となる要件です。

要件事実❹は，商事債権の消滅時効（商522本文）を主張する際に必要となる要件です。

商事債権として5年の短期消滅時効にかかるのは，商行為によって生じた債権です（商522本文）。これには以下のものがあります。

［商行為によって生じた債権］
　i　絶対的商行為（商501）により発生した債権

> ⅱ 営業的商行為（商 502）により発生した債権
> ⅲ 附属的商行為（商人がその営業のためにする行為：商法 503 Ⅰ）により発生した債権

　このうち，特に附属的商行為については，**商人の行為は営業のためにするものと推定されるため**（商 503 Ⅱ），商法の適用を望む者は，単純に，その**主体が商人であることを主張立証すれば足ります**。
　本事例の場合においても，「Yは，パン屋を経営するものである。」と主張しさえすれば，YがXから金銭の借入れをした行為は，営業のためになされたものと推定され，これによりXのYに対する貸金返還請求権は「商行為によって生じた債権」に該当し，短期消滅時効の適用を受けることになります。

3　再抗弁

> ① 売買契約が営業のためになされたものではないこと
> ② 時効の中断により時効の完成が妨げられたこと
> ③ 債務の承認が時効期間満了後に行われたこと

　時効主張に対する再抗弁の詳細については，96 頁を参照してください。

Step 1 【攻防の棋譜 17】 附帯請求（利息）

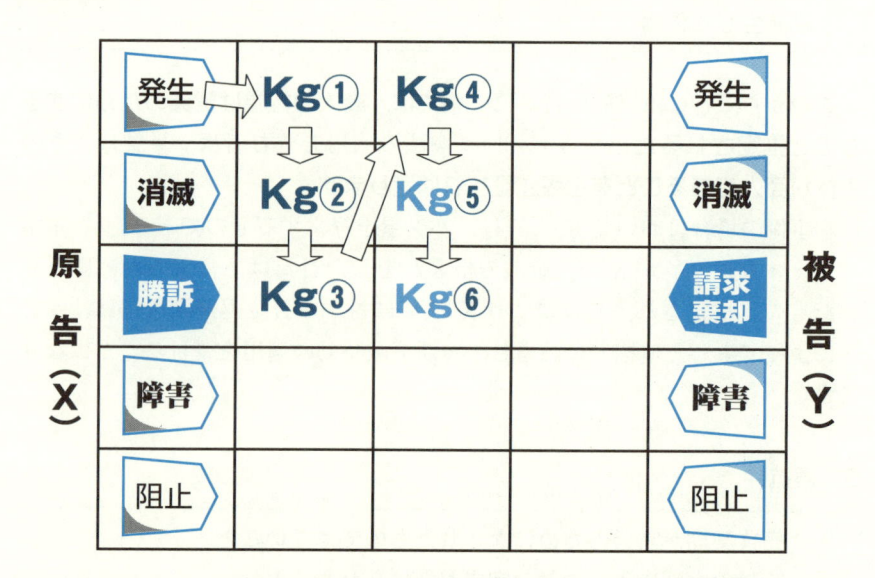

原告(X)					被告(Y)
発生	Kg①	Kg④		発生
消滅	Kg②	Kg⑤		消滅
勝訴	Kg③	Kg⑥		請求棄却
障害				障害
阻止				阻止

請求原因（主） 貸金返還請求権の「発生」を基礎づける要件事実
　Kg①　XY間の金銭の返還合意
　Kg②　XYの金銭の授受
　Kg③　弁済期の合意　　or　　債務の履行の催告
　Kg④　弁済期の到来　　　　　催告後相当期間の経過

請求原因（附） 利息支払請求権の「発生」を基礎づける要件事実
　Kg①～④　元本債権の発生原因事実
　Kg⑤　XY間の利息支払の合意
　Kg⑥　⑤の後一定期間の最終日の「到来」

※　すべての要件事実が満たされれば2つの「発生」の駒が裏返る。
　訴訟の盤上においては，主張の分だけ駒がある。

Step 2 《事例問題 2-2》 附帯請求（利息）

【Xの言い分】
　平成20年6月1日，私は友人のYに50万円を，利息年1割，返済期日を平成21年5月31日との約束で貸しました。Yは地元で人気のパン屋を経営していますが，店のホームページを作成するのにお金がいるとのことでした。
　ところが，返済期を過ぎてもお金を支払に来ないため，私は，Yに対し元金50万円および1年分の利息の支払を求めます。

① Xの訴訟代理人としてYに訴えを提起する場合の主たる請求および附帯請求の訴訟物を答えなさい。

② 請求の趣旨を答えなさい（附帯請求を含む）。

③ Xの訴訟代理人としてYに対して主張すべき主たる請求および附帯請求の請求原因事実を答えなさい。

◆解説

1 訴訟物

主たる請求	消費貸借契約に基づく貸金返還請求権
附帯請求	利息契約に基づく利息請求権

附帯請求として利息の支払を求める場合，利息請求権は元金請求権とは別個の訴訟物を構成します。

2 請求の趣旨

被告は，原告に対し，55万円を支払え。

請求の趣旨においては，金銭の支払がどのような法的性質の給付請求権に基づくのかを記載しないため，元金50万円と，利息5万円とを合わせた55万円の支払を単純に求めれば足ります。

3 請求原因事実（主たる請求および附帯請求）

要件事実
① XY間の金銭の返還合意
② XYの金銭の授受
③ XY間の弁済期の合意

記載例
1　Xは，Yに対し，平成20年6月1日，50万円を貸し付けた。
2　XとYは，1に際し，返還時期を平成21年5月31日と定めた。

④弁済期の到来
⑤XY間の利息支払の合意
⑥⑤の後一定期間の最終日の到来

3　XとYは，1に際し，利息を年1割と定めた。
4　平成21年5月31日は到来した（要件事実④，⑥に相当）。

　要件事実⑤については，消費貸借契約は無利息が原則とされていることから，特に必要となる要件事実です。
　本事例では，「利息年1割」と約定していることから，この事実を摘示します。
　なお，利息を発生させる合意さえあれば，利率につき特に定めていなくとも，年5分の法定利息の規定が適用されます（民404）。
　要件事実⑥については，**利息の生ずる期間は，特約のないかぎり，消費貸借契約成立の日から**（最判昭33.6.6）**元本を返還すべき弁済期日までとされる**ため，要件事実④と合わせて，弁済期の到来の事実を主張することになります。
　なお，**弁済期の「到来」**により，債権者は元本の返還を請求でき，債務者がその日のうちに元本を弁済しても，**弁済期日1日分の利息は発生**するため，利息の発生を基礎づける事実としては弁済期の「到来」で十分となります。したがって，弁済期の「経過」と表現してしまうと正確な理解を示せないため注意を要します。

Plus α

利息支払の合意なくして法定利息が発生する商法上の特則

　商法513条の規定により，商人間において金銭の消費貸借をしたときは，利息支払の合意がなくとも当然に法定利息を請求することができます。そのため，要件事実⑤の主張に代えて，消費貸借契約当時，XとYがいずれも商人であることを主張することもできます。

> **要件事実**
> ⑤ X と Y がいずれも商人であること
> ⇒「XY 間の利息支払の合意」の主張が不要となる。

> **記載例**
> 1　X は，パン屋を営む者である。
> 2　Y は，不動産業を営む者である。

年 6 分の商事法定利息

　民法上の原則によれば，利率の合意がない場合には，年 5 分の法定利息の規定が適用されます（民 404）。しかし，利率の合意がない場合であっても，元本債権が「商行為によって生じた債権」であることを主張立証すれば，商事法定利率年 6 分の利息を請求することができます（商 514）。この点，「商行為によって生じた債権」には，以下のものがありますが，

> [商行為によって生じた債権]
> ⅰ　絶対的商行為（商 501）により発生した債権
> ⅱ　営業的商行為（商 502）により発生した債権
> ⅲ　附属的商行為（商人がその営業のためにする行為：商 503 Ⅰ）により発生した債権

　ⅲ については，商人の行為は営業のためにするものと推定されるため（商 503 Ⅱ），年 6 分の商事法定利率の適用を主張したい者は，当該行為が，営業のためになされた行為であることを主張立証する必要はなく，単純に，その主体が商人であることを主張立証すれば足りることになります。たとえば，「A はパン屋を営む者である。」と主張しさえすれば，A の金銭借入行為は営業のためになされたものと推定され，これにかかる貸金債権は「商行為によって生じた債権」として，年 6 分の商事法定利率の適用を受けるのです。

Step 1 【攻防の棋譜 18】 附帯請求（利息＋損害金）

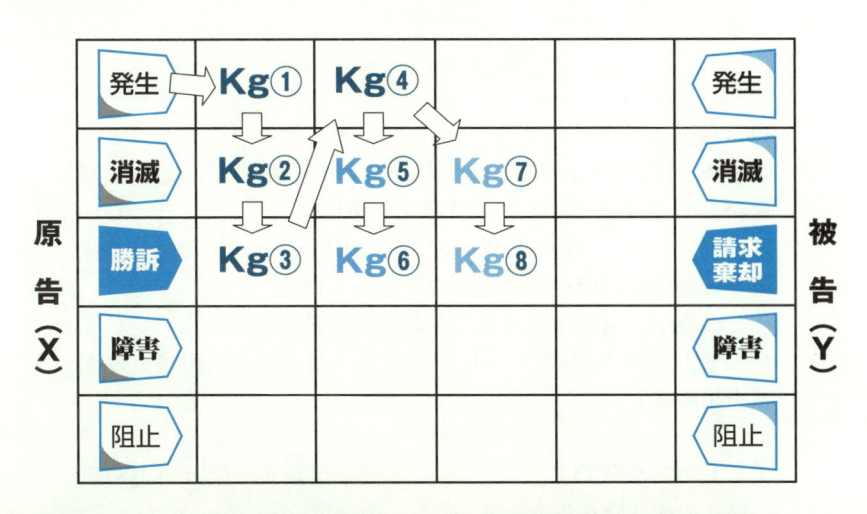

原告（X）	発生	Kg①	Kg④			発生	被告（Y）
	消滅	Kg②	Kg⑤	Kg⑦		消滅	
	勝訴	Kg③	Kg⑥	Kg⑧		請求棄却	
	障害					障害	
	阻止					阻止	

請求原因（主） 貸金返還請求権の「発生」を基礎づける要件事実
- Kg① XY間の金銭の返還合意
- Kg② XYの金銭の授受
- Kg③ 弁済期の合意　　or　　債務の履行の催告
- Kg④ 弁済期の到来　　　　　催告後相当期間の経過

請求原因（附） 利息支払請求権の「発生」を基礎づける要件事実
- Kg①～④ 元本債権の発生原因事実
- Kg⑤ XY間の利息支払の合意
- Kg⑥ ⑤の後一定期間の最終日の到来

請求原因（附） 損害賠償請求権の「発生」を基礎づける要件事実
- Kg①～④ 元本債権の発生原因事実
- Kg⑦ 返済時期の経過
- Kg⑧ 損害の発生とその数額

※ すべての要件事実が満たされれば3つの「発生」の駒が裏返る。訴訟の盤上においては，主張の分だけ駒がある。

Step 2　《事例問題 2-3》　附帯請求（利息＋損害金）

【Xの言い分】
　平成20年6月1日，私は友人のYに50万円を，利息年1割，返済期日を平成21年5月31日との約束で貸しました。Yは地元で人気のパン屋を経営していますが，一人息子をパリで修業させるための資金が必要とのことでした。
　ところが，返済期を過ぎてもお金を支払に来ないため，私は，Yに対し元金50万円と1年分の利息，および遅延損害金の支払を求めます。

① Xの訴訟代理人としてYに訴えを提起する場合の主たる請求の訴訟物を答えなさい。

---

② 請求の趣旨を答えなさい（附帯請求を含む）。

---

③ Xの訴訟代理人としてYに対して主張すべき主たる請求および附帯請求の請求原因事実を答えなさい。

◆解説

1 訴訟物

主たる請求	消費貸借契約に基づく貸金返還請求権
附帯請求	利息契約に基づく利息請求権
	履行遅滞に基づく損害賠償請求権

附帯請求の利息請求権と損害賠償請求権とは別個の訴訟物を構成します。

2 請求の趣旨

> 被告は，原告に対し，55万円および，うち50万円に対する平成21年6月1日から支払済みまで年1割の割合による金員を支払え。

元金50万円と，利息5万円とを合わせた55万円の支払のほか，元金につき生じる遅延損害金の支払を含めて記載します。

金銭債務の不履行では，当然に法定利率年5分（民404）の割合による損害金の請求が可能であり，これに基づき損害金を請求する場合には「年5分の割合による金員を支払え」となります。

しかし，約定利率があり，それが法定利率を超える場合には，それに基づき損害額を計算することができるため（民419Ⅰ本文），法定利率を超える利率の合意がある場合（e.g. 利息年1割とする旨の約定がある場合）には，これに基づき「年1割の割合による金員を支払え」と記載します。

さらに，損害賠償額の予定（民420Ⅰ）として法定利率を超える遅延損害金の利率の合意がされている場合（e.g. 損害金は年1割5分とする旨の約定がある場合）には，これに基づき「年1割5分の割合による金員を支払え」と記載します。

なお，利息の元本への組入れがないかぎり，遅延損害金は元本に関してのみ生じる点に注意して記載します。

3 請求原因事実（主たる請求および附帯請求）

要件事実	記載例
① XY間の金銭の返還合意 ② XYの金銭の授受 ③ XY間の弁済期の合意 ④ 弁済期の到来 ⑤ XY間の利息支払の合意 ⑥ ⑤の後一定期間の最終日の到来 ⑦ 返済時期の経過 ⑧ 損害の発生とその数額	1　Xは，Yに対し，平成20年6月1日，50万円を貸し付けた。 2　XとYは，1に際し，返還時期を平成21年5月31日と定めた。 3　XとYは，1に際し，利息を年1割と定めた。 ※要件事実⑤，⑧のうち損害の数額に相当 4　平成21年5月31日は経過した。 ※要件事実④，⑥，⑦に相当

要件事実⑦は，遅延損害金が債務者の履行遅滞に基づくものであることから必要となる要件事実です。履行遅滞を基礎づけるためには，弁済期が「到来」したことを主張するだけでは足りず，弁済期の「経過」が必要であることに注意を要します。

金銭債務の不履行の場合，要件事実⑧のうち「損害の発生」について主張

立証することを要しません。金銭債務の不履行については，損害の証明を要せずして損害賠償請求が可能である旨の特則が，民法419条2項におかれているからです。

また，要件事実⑧のうち「損害の数額」については，金銭債務の不履行の場合，当然に法定利率年5分（民404）の割合による損害金の請求が可能であるため，これに基づき損害金を請求する場合には，履行期の経過を「平成21年5月31日は経過した。」の要領で示せば足ります。

しかし，約定利率があり，これが法定利率を超える場合や，損害賠償額の予定（民420Ⅰ）として法定利率を超える遅延損害金の利率の合意がされている場合には，その割合を記載することを要します。

Step 1　【攻防の棋譜 19】　保証債務の攻防

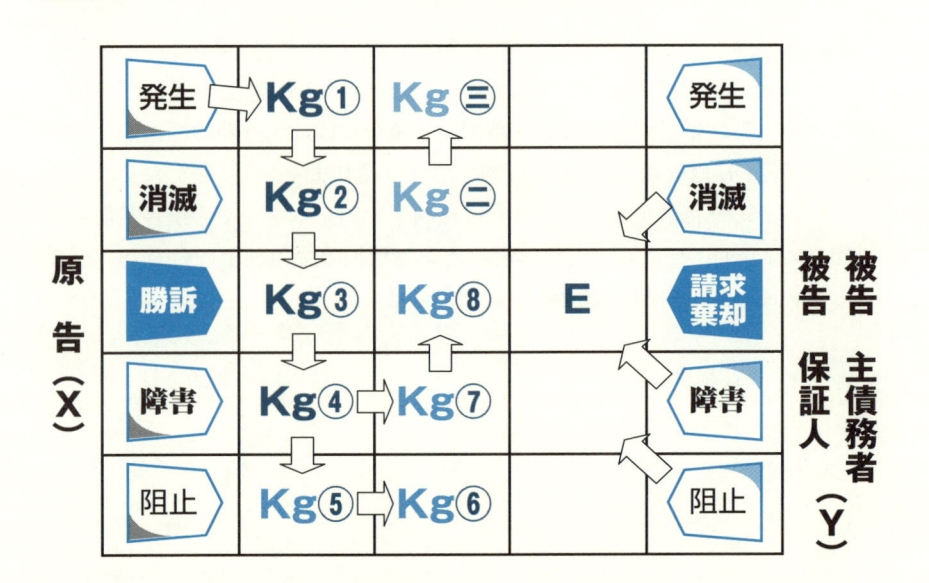

発生 →	**Kg①**	**Kg㊂** ↑		発生	
消滅 →	**Kg②** ↓	**Kg㊁** ↑		消滅 ↙	
勝訴 →	**Kg③** ↓	**Kg⑧** ↑	E	請求棄却 ←	
障害 →	**Kg④** →	**Kg⑦**		障害 ↙	
阻止 →	**Kg⑤** →	**Kg⑥**		阻止 ↙	

原告（X）　　　　　　　　　　　　　　被告 主債務者／被告 保証人（Y）

請求原因（主・対Y） 貸金返還請求権の「発生」を基礎づける要件事実
- **Kg①**　XY間の金銭の返還合意
- **Kg②**　XYの金銭の授受
- **Kg③**　弁済期の合意　　or　　債務の履行の催告
- **Kg④**　弁済期の到来　　　　　催告後相当期間の経過

請求原因（附・対Y） 利息支払請求権の「発生」を基礎づける要件事実
- **Kg①〜④**　元本の発生原因事実
- **Kg⑤**　XY間の利息支払の合意
- **Kg⑥**　⑤の後一定期間の最終日の到来

請求原因（附・対Y） 損害賠償請求権の「発生」を基礎づける要件事実
- **Kg①〜④**　元本の発生原因事実
- **Kg⑦**　返済時期の経過
- **Kg⑧**　損害の発生とその数額

請求原因（対Z） 保証債務履行請求権の「発生」を基礎づける要件事実

Kg ㊀　主たる債務の発生原因事実（Kg ①〜⑧ がこれに相当）
Kg ㊁　保証人・債権者間の保証契約締結の事実
Kg ㊂　保証人の㊁の意思表示が書面または電磁的記録によること
※　すべての要件事実が満たされれば 4 つの「発生」の駒が裏返る。
　　訴訟の盤上においては，主張の分だけ駒がある。

保証人が主張しうる抗弁
1　保証人独自の抗弁
　E ❶　保証債務の消滅時効の主張（「消滅」）
　　　　or
　E ❶　催告の抗弁権の権利主張（「阻止」）
　　　　or
　E ❶　検索の抗弁権の権利主張（「阻止」）
2　主債務者に生じた事由に基づく抗弁
　E ❶　主債務の消滅時効の援用（「消滅」）
　　　　or
　E ❶　主債務者の取消権・解除権（「阻止」）
　　　　or
　E ❶　主債務者の債権に基づく相殺（「消滅」あるいは「阻止」）

Step 2　《事例問題 2-4-1》　保証債務履行請求

【X の言い分】
　平成 20 年 6 月 1 日，私は知人の Y に 50 万円を，利息年 1 割，遅延損害金年 1 割 5 分，返済期日を平成 21 年 5 月 31 日との約束で貸しました。Y は，Y の父親 Z が創業した，地元で 30 年続くパン屋を経営していますが，古くなった店内を改装するのにお金が必要とのことでした。

しかし，YがZからパン屋の経営を任せられたのはごく最近のことであり，Yだけでは不安を感じた私はZを連帯保証人に立てるよう求め，同日，Zとの間でYの貸金債務を連帯して保証する旨の合意を取り付けました。なお，その際の借用証書と保証証書は1通ずつ作成し，YとZにはその写しを渡しています。
　ところが，返済期を過ぎても返済を受けられておらず，今後の返済も見込めないため，この度裁判上にて，YおよびZにお金の支払を求めることにしました。

① Xの訴訟代理人としてYおよびZに対する請求を併合して訴えを提起する場合の主たる請求および附帯請求の訴訟物を答えなさい。

----

② 請求の趣旨を答えなさい（附帯請求を含む）。

----

③ Xの訴訟代理人としてYに対して主張すべき主たる請求および附帯請求の請求原因事実を答えなさい。

----

④ Xの訴訟代理人としてZに対して主張すべき主たる請求の請求原因事実を答えなさい。

⑤ Zの訴訟代理人として構成しうる，保証人独自の抗弁を答えなさい（個々の具体的な要件事実の記載は要しない）。

◆解説

1 訴訟物

i　XのYに対する請求の訴訟物

主たる請求	消費貸借契約に基づく貸金返還請求権
附帯請求	利息契約に基づく利息請求権 履行遅滞に基づく損害賠償請求権

ii　XのZに対する請求の訴訟物

保証契約に基づく保証債務履行請求権

　保証債務は，特約のないかぎり，**その対象として主たる債務に関する利息，損害金，違約金，その他その債務に従たるすべてのものを含む**ことから（民447 I），利息・遅延損害金の請求権も保証債務履行請求権に包含されます。このことから，Zに対する訴訟物は，保証契約に基づく保証債務履行請求権1個となります。

　本事例では，連帯保証契約が結ばれていますが，**連帯保証契約は通常の保証契約に単に特約が付されたにすぎないと考える**ため，その訴訟物は通常の保証契約と同様となります。つまり，訴訟物は「保証契約に基づく保証債務履行請求権」となるのであって，「"連帯"保証契約に基づく"連帯"保証債務履行請求権」とはなりません。

2 請求の趣旨

　被告らは，原告に対し，連帯して（または「各自」）55万円および，うち50万円に対する平成21年6月1日から支払済みまで年1割5分の割合による金員を支払え。

　元金50万円と，利息5万円（年1割の割合）とを合わせた55万円の支払のほか，元金につき生じる遅延損害金（年1割5分の割合）の支払を含めて記載します。

また、主たる債務と連帯保証人に対して請求を併合して訴えを提起する場合には、「連帯して」または「各自」の記載をします。

3　請求原因事実（対Y）

要件事実
① XY間の金銭の返還合意
② XYの金銭の授受
③ XY間の弁済期の合意
④ 弁済期の到来
⑤ XY間の利息支払の合意
⑥ ⑤の後一定期間の最終日の到来
⑦ 返済時期の経過
⑧ 損害の発生とその数額

記載例
1　Xは、Yに対し、平成20年6月1日、50万円を貸し付けた。
2　XとYは、1に際し、返還時期を平成21年5月31日と定めた。
3　XとYは、1に際し、利息を年1割と定めた。
4　XとYは、1に際し、損害金を年1割5分と定めた。
※要件事実⑤、⑧のうち損害の数額に相当
5　平成21年5月31日は経過した。
※要件事実④、⑥、⑦に相当

　利息については、これを年1割として約定していますので、これを摘示します（記載例中3）。
　また、これとは別に、損害賠償額の予定（民420 I）として法定利率を超える遅延損害金の利率の合意がされているため、これを摘示します（記載例中4）。
　本事例では、元金とその利息だけでなく、遅延損害金分の履行も請求するため、請求原因事実としては、主たる債務の弁済期である「平成21年5月31日」の「到来」を主張するだけでは足りず、この日の「経過」を主張することで、履行遅滞を基礎づける必要があります。

4　請求原因事実（対Z）

> **要件事実**
> ㊀主たる債務の発生原因事実（Kg①〜⑧がこれに相当）
> ㊁保証人・債権者間の保証契約締結の事実
> ㊂保証人の㊁の意思表示が書面または電磁的記録によること

> **記載例**
> 1　Xは，Yに対し，平成20年6月1日，弁済期を平成21年5月31日，利息を年1割，損害金を年1割5分として，50万円を貸し付けた。
> 2　平成21年5月31日は経過した。
> 3　ZはXとの間で，平成20年6月1日，1の貸金債務を保証するとの合意をした。
> 4　Zの3の意思表示は，保証契約書による。

　要件事実㊀は，保証が主たる債務の存在を前提とするため要求される要件事実です。

　主たる債務の発生原因事実を示す際には，保証債務の対象が，主たる債務に関する利息や遅延損害金にも及ぶため（民447Ⅰ），これらについても請求する趣旨から，XY間の利息・遅延損害金についての約定も示しておく必要があります。これを示さない場合は一部請求となり，一部請求である旨の明示を欠けば，既判力により，その後になって利息・損害金についての保証債務の履行を請求しようとしてもできません（最判昭32.6.7）。

　要件事実㊂については，民法446条2項が「保証契約は，書面でしなければ，その効力を生じない」と定めていることから必要となる要件事実です。同条3項により，電磁的記録による保証契約も許されます。

　ただし，これらの条項は平成16年の民法改正により定められたものであるため，**施行された平成17年4月1日を基準**として，それ以降の保証契約は書面によることが必要的要件となりますが，それよりも前に締結された保証契約は書面によらずともその効力を生じます。

```
┌─────────────────────────────────────────┐
│          ┌──────────────┐               │
│          │ 平成17年4月1日 │               │
│          └──────────────┘               │
│     書面性不要！    │   書面性は要件事実！    │
│   ─────────────────┼──────────────────▶  │
└─────────────────────────────────────────┘
```

Plus α

「連帯」の約定

　連帯の約定がある場合，原則として請求原因中にかかる事実を示す必要はありません。かかる事実は再抗弁として位置づけられているからです。

　すなわち，保証契約に連帯して保証する旨の特約がある場合，保証債務の補充性（民446Ⅰ）が障害され，保証人は催告の抗弁権（民452本文），検索の抗弁権（民453）を失いますが（民454），被告が連帯して保証しているにもかかわらず，催告の抗弁，検索の抗弁を提出してきた場合に，これを「障害」する再抗弁事実として連帯の事実を提出しうるのです。

　ただし，共同訴訟により複数の保証人各自に，それぞれ主たる債務全額の保証債務の履行を請求する場合には，分別の利益を最初から否定する必要があるため，せり上がりの主張として，請求原因とともに連帯保証の特約の事実を主張立証します。

5　抗弁（保証人独自の抗弁）

> ❶　保証債務が時効により消滅したこと
> ❷　催告の抗弁
> ❸　検索の抗弁

(1)　**抗弁——保証債務の消滅時効の主張**（「消滅」）

　保証人は，保証債務の時効による「消滅」を抗弁として主張立証することができます。

(2)　**抗弁——催告の抗弁権の権利主張**（「阻止」）

　保証人は，民法452条に基づき，催告の抗弁権を行使することができます。これにより，保証債務履行請求権に対してその請求を一時「阻止」する効果

が生じます。

(3) 抗弁——検索の抗弁権の権利主張（「阻止」）

保証人は，民法453条に基づき，検索の抗弁権を行使することができます。これにより，保証債務履行請求権に対してその請求を一時「阻止」する効果が生じます。

なお，連帯保証の場合，催告の抗弁権・検索の抗弁権を有しませんが（民454），連帯の事実は再抗弁であるため，連帯保証であっても，抗弁としてこれらを主張することは可能です。

Plus α

主債務者に生じた事由に基づく抗弁

保証債務の附従性から，保証人は主たる債務者に生じた権利をもって抗弁とすることも考えられます。以下，いくつか確認しておきます。

(1) 主債務の消滅時効の援用（「消滅」）

保証人は，主債務の時効を援用することができます（大判大4.7.13）。これにより，主債務の消滅が基礎づけられれば，附従性によって，保証債務の「消滅」効果が生じます。

(2) 主債務者の取消権・解除権（「阻止」）

主債務者が取消権・解除権を有することで，主たる債務の運命が不確定である間，保証人は保証債務の履行を拒絶できると解されています（会社581Ⅱ参照）。そのため，主債務者が取消権，解除権を有する場合保証人は，保証債務の履行を拒絶することで，保証債務履行請求権の行使を一時「阻止」することができます。

(3) 主債務者の相殺の抗弁（「消滅」あるいは「阻止」）

保証人は，民法457条2項の規定に基づき，主たる債務者の債権による相殺をもって債権者に対抗することができます。この具体的意味を巡っては争いがあり，これを保証人は主たる債務者の債権をもって相殺することができることと解せば，相殺された限度で主債務の消滅が基礎づけられ，附従性によって，保証債務の「消滅」効果が生じます（処分権説）。これに対して，保証人は主債務者の有する反対債権を処分する権限を有するものではなく，相殺によって消滅する限度において弁済を拒絶できる抗弁権を有するにすぎないとする見解（抗弁説）に立てば，保証債務履行請求権の行使を「阻止」（30講296頁）できると解することになります。

《事例問題 2-4-2》 本人構成および代理構成

【Xの言い分】
　平成20年6月1日，私は知人のYに50万円を，利息年1割，返済期日を平成21年5月31日との約束で貸し付けました。Yは，Yの父親Zが創業した，地元で30年続くパン屋を経営していますが，配送用の車を買い替えるのにお金が必要とのことでした。しかし，YがZからパン屋の経営を任せられたのはごく最近のことであり，Yだけでは不安だったため，その際私はZを連帯保証人に立てるよう求め，簡単な保証契約書を作成し，Yに手渡しました。後日，Yは，Zのサインと押印のなされた保証契約書を持って私のところへ来ました。そこで私は，私自身のサインと押印をしたうえで，「平成20年6月5日」と，その日の日付を書き加えました。
　ところが，返済期を過ぎてもYから返済を受けなかったため，私はZに55万円の支払を求めたのですが，Zは何のことだかわからないといって支払に応じませんでした。そこで，保証契約書をZに見せたところ，Zの印章で押印されていることは認めたものの，サインは自分の書いたものではなく，こんな約束をした覚えはない，Yが勝手に作成したのではないか，と言われてしまいました。しかし，Zは現在でも現役で働いており，Yとは毎日会っているうえに，実際のところはZがお店の実権を握っているようですから，Yが私からお金を借りたことを知らないわけがありませんし，ましてやYがZに無断で，Zを保証人とする書類を作成するはずありません。たとえサインそのものはYが代筆したものだとしても，それはYがZから言われてそうしたに違いありません。ですから，Zにはきちんと55万円をお支払いいただきたいと思います。

Xの訴訟代理人としてZに対して主張すべき主たる請求および附帯請求の請求原因事実を答えなさい。

◆解説

1 請求原因事実（対Z）

本事例のXの言い分からは，XZ間の合意がXZ間で直接されたものか，あるいはZを代理人としてされたものかが必ずしも明らかではありません。そこで，本問では，原告が複数の攻撃方法を主張する場合として，本人構成と代理構成の両方の場合の請求原因を摘示します。

（本人構成）

要件事実
㈠ 主たる債務の発生原因事実（Kg①～⑥がこれに相当）
㈡ 保証人・債権者間の保証契約締結の事実
㈢ 保証人の㈡の意思表示

記載例
1　Xは，Yに対し，平成20年6月1日，弁済期を平成21年5月31日，利息を年1割として，50万円を貸し付けた。
2　平成21年5月31日は到来した。
3　ZはXとの間で，平成20年6月5

要件事実	記載例
が書面または電磁的記録によること	日，1の貸金債務を保証するとの合意をした。 4　Zの3の意思表示は，保証契約書による。

本事例では，遅延損害金の支払を求めていませんから，弁済期の「到来」を主張すれば足ります。

保証契約が締結されたのは，平成17年4月1日以降ですので，保証人の意思表示が書面によることを摘示します。

次に，代理構成の場合の記載を示します。

(代理構成)

要件事実	記載例
a.主たる債務の発生原因事実（Kg①〜⑥がこれに相当） b.保証人の代理人と債権者間での保証契約締結の事実 c.bの意思表示が書面または電磁的記録によること d.bの合意の際，代理人が本人（保証人）のためにすることを示したこと e.bの合意に先立って，本人が代理人に代理権を授与したこと	1　Xは，Yに対し，平成20年6月1日，弁済期を平成21年5月31日，利息を年1割として，50万円を貸し付けた。 2　平成21年5月31日は到来した。 3　YはXとの間で，平成20年6月5日，Zが1の貸金債務を保証するとの合意をした。 4　Yの3の意思表示は，保証契約書による。 5　Yは3の際，Zのためにすることを示した。 6　3の合意に先立って，ZはYに対し，3の合意についての代理権を授与した。

第2章　貸金返還請求訴訟

Sakamoto's Eye

　本事例では，保証人となったZが保証契約書の成立の真正について争っているようです。Zは，「Yが勝手に作成したのではないか」と言っているようですので，保証契約書は自分の意思に基づいて作成されたものではないと主張していることが伺えます。

　このように，文章の成立の真正が争われた場合，問題となっている文書を証拠として利用したい者は，署名が自署によることを立証するための**筆跡鑑定の申出**や，印影が作成名義人の印章によって顕出されたものであることを立証するための**印影鑑定の申出**をすることが考えられます。なぜなら，**私文書は，本人の署名や押印があるときは，真正に成立したものと推定される**からです（民訴228 IV）。

　ただし，署名や押印は，本人がみずから，あるいは他人に命じてなされたものであることを要します。そうすると，相手方がこれを争う場合，その証明はかなり困難な作業となりそうです。なぜなら，書類上の印影が本人の印章によるものであることは，印鑑証明書によって証明できても，その印章を使って押印をしたのが本人であるということまで裁判官に証明するには，その証拠が乏しいのが通常だからです（普通，本人が押印する瞬間をビデオカメラで録画するようなことはありません）。

　そこで，**押印に関しては，印影が本人の印章によって顕出されたものであるときは，本人の意思に基づいて押印されたものと事実上推定する**（最判昭39.5.12）ことで，立証の困難を救済します。このような推定が可能なのは，日本のようにハンコを大切にする社会においては，通常，自分のハンコを他人に渡すことはないということに基づきます。つまり，**本人のハンコを使えるのはその本人だけで，他人が勝手にこれを押すことはできないと考えられる**のです。そうすると，書類上の印影が，本人のハンコの印影と一致すれば，その書類への押印は本人がしたのだろうと事実上推定できるのです（一段目の推定）。

　この事実上の推定がはたらく結果，文章全体の成立の真正が民事訴訟法228条4項によって推定されます（二段目の推定）。これを，「二段の推定」といいます。

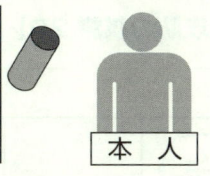

> 通常は，本人のハンコは本人しか押せない。
> 本人のハンコの印影があるのであれば，本人が押したのだろうと事実上推定される（一段の推定）。
> その結果，民事訴訟法 228 条 4 項により，文章全体の成立の真正が法律上推定される（二段の推定）。

　このように，文書の成立の真正については二段の推定が認められることから，文書の成立の真正を争う者には，まず，書証の認否として，その署名を認めるのか否か，その印影が自分の印鑑によるものであるのか否か，の認否が求められます。

　そして，本事例のように，印影が自分のハンコによるものであることを本人 Z が認めれば，押印は Z の意思に基づくことが事実上推定され，更に成立の真正が法律上推定されることから，Z としては否認をするだけでは足りず，押印が Z の意思に基づかない旨を反証することが求められます。

　具体的には，そのハンコは盗まれたものであるとか，別の目的で他人に預けたものであるといった，その印鑑がどうして押されたのかの事情を詳細に述べることが求められます。

Step 1 【攻防の棋譜20】 相続人に対する請求

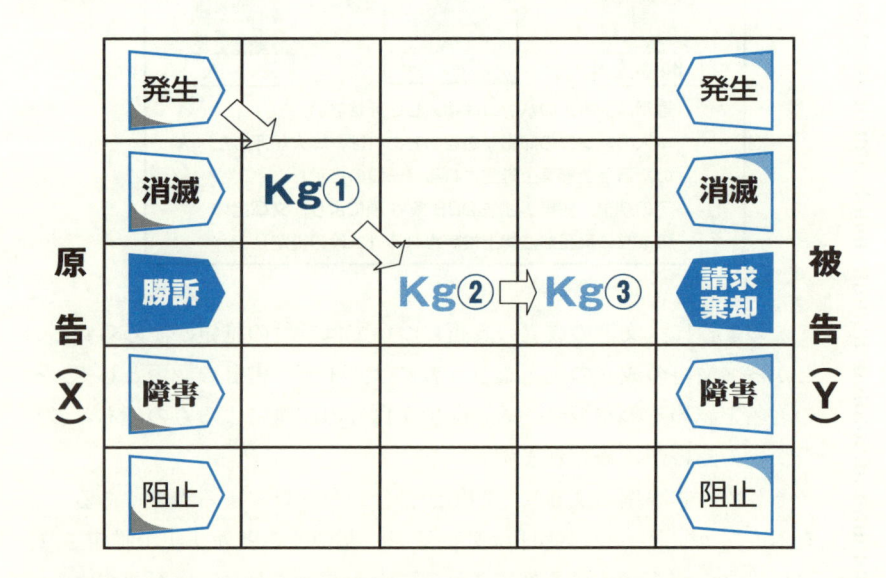

発生	↘			発生
消滅	Kg①			消滅
勝訴		Kg② ⇒ Kg③		請求棄却
障害				障害
阻止				阻止

原告（X）／被告（Y）

請求原因 相続人に対する権利の「発生」を基礎づける要件事実
- **Kg①** 被相続人に義務が帰属していたこと
- **Kg②** 相続が開始したこと
- **Kg③** 被告が債務者の相続人であること

Step 2 《事例問題2-5》 相続人に対する請求

【Xの言い分】
　平成20年6月1日，私は知人のZに50万円を，利息年1割，遅延損害金年1割5分，返済期日を平成21年5月31日との約

束で貸しました。Ｚは，地元で30年続くパン屋を経営していましたが，近年の小麦価格の上昇の影響もあり，経営が苦しいとのことでした。

しかし，そのＺが平成21年4月1日に死亡し，唯一の相続人であるＹがパン屋の経営を引き継ぎましたが，私の貸した金銭のことは何も聞かされていないといって返済を拒んでいます。

Ｚの訃報があまりに突然だったこともあり，返済が遅れてしまっていることは仕方がないと思っていますから，損害金については請求するつもりはありません。しかし，元金と利息についてはきちんと返済してほしいと思っています。

① Ｘの訴訟代理人としてＹに訴えを提起する場合の主たる請求および附帯請求の訴訟物を答えなさい。

------

② 請求の趣旨を答えなさい（附帯請求を含む）。

------

③ Ｘの訴訟代理人としてＹに対して主張すべき主たる請求および附帯請求の請求原因事実を答えなさい。

◆解説

1 訴訟物

主たる請求	消費貸借契約に基づく貸金返還請求権
附帯請求	利息契約に基づく利息請求権

2 請求の趣旨

被告は，原告に対し，55万円を支払え。

3 請求原因事実（対Y）

要件事実
①被相続人に義務が帰属していたこと
　i　XZ間の金銭の返還合意
　ii　XZの金銭の授受
　iii　XZ間の弁済期の合意
　iv　弁済期の到来
　v　XZ間の利息支払いの合意
　vi　vの後一定期間の最終日の到来

記載例

1　Xは，Yに対し，平成20年6月1日，弁済期を平成21年5月31日，利息を年1割として，50万円を貸し付けた。
2　平成21年5月31日は到来した。
　※要件事実① iv と① vi に相当
3　Zは，平成21年4月1日，死亡した。
4　YはZの子である。

> ②相続が開始したこと
> ③被告(Y)が債務者(Z)の相続人であること

　債務者が死亡しても，相続人が被相続人の財産に属したいっさいの権利義務を承継するため（民896），債権者は相続人に対して債務の履行を請求することができます。この場合，債権者は被相続人の債務を主張立証するのと同時に，相続の開始があったこと（＝死亡の事実），被告が債務者の相続人であることを主張立証することになります。

　要件事実③については，相続人の全部を主張し，他に相続人が存在しないことまでの主張立証を要するとする見解（いわゆる「のみ説」）と，当事者が相続人であることだけを主張立証すれば足りるとする見解（いわゆる「非のみ説」）とがありますが，実務・通説は「非のみ説」の立場をとるため，かかる立場に従い，要件事実の主張としては単純に相続人であることの主張をすれば足ります。

　なお，非のみ説に立つ場合，他に相続人がいることは，被告の債務の承継割合が一部に制限されるため，被告の抗弁として位置づけられます。

　もっとも，「のみ説」「非のみ説」のいずれをとるかに関わりなく，父母を相続人として義務の履行を求める場合には，「父（または母）である」の主張だけでは足りず，先順位者である子，およびその代襲者（民887Ⅱ）がいないことも要件事実となります（民889Ⅰ）。ただし，「非のみ説」による場合，配偶者が存在しても，そのことは父母の相続人たる地位を奪うことにはならないため，配偶者の存否については触れる必要がありません。

第3章 金銭請求 譲受債権請求訴訟

Step 1 【攻防の棋譜21】 譲渡禁止特約による攻防

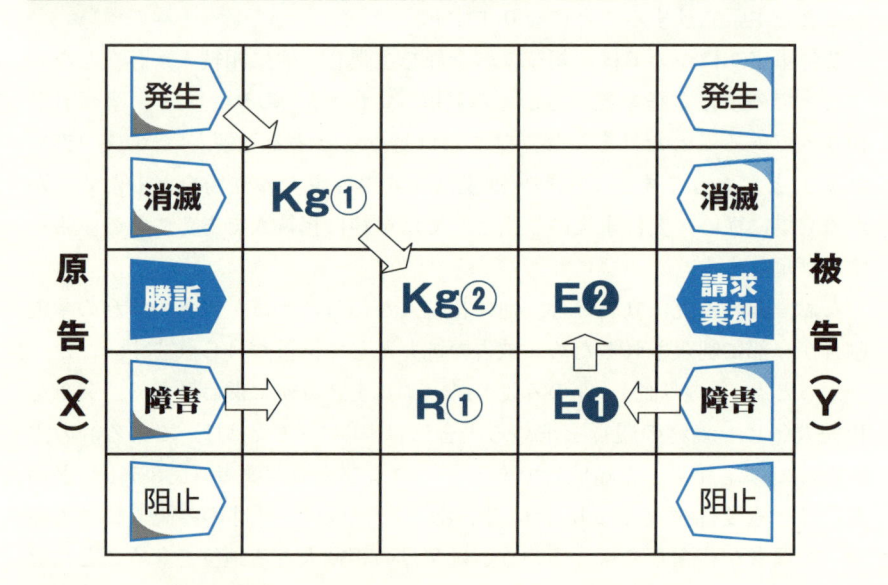

	発生				発生	
原告（X）	消滅	Kg①			消滅	被告（Y）
	勝訴		Kg②	E②	請求棄却	
	障害		R①	E①	障害	
	阻止				阻止	

請求原因 譲受債権による権利主張を基礎づける要件事実
- Kg① 譲受債権の発生原因事実
- Kg② 債権取得原因事実

抗弁 債権譲渡を「障害」する要件事実
- E❶ 譲渡禁止特約
- E❷ 譲受人の悪意または重過失

再抗弁 債権譲渡の障害を更に「障害」する要件事実
- R① 債務者の承諾

Step 2　《事例問題 3-1》　譲受債権請求・基本事例

【Xの言い分】
　A社（以下「A」という）は，事業用照明器具の販売を専門とする会社です。Aは，平成25年4月に新しいホテルのオープンを予定しているY社（以下「Y」という）との間で，平成24年10月1日，イギリスから輸入したアンティークのテーブルライト（以下「本件照明器具」という）20個（1個6万円）を，本件ホテルの客室全20部屋に設置するため，代金120万円，引渡し期日を同年11月1日，代金の支払期日を平成25年2月1日とする売買契約を締結したようです。
　平成24年12月1日，Aは，大規模な仕入れをするための資金を確保するため，Yに対する代金債権を110万円で買わないかと私にもちかけてきました。私は，悪くない話だと思い，すぐにAに110万円を支払い，Yに対する債権を購入しました。しかし，平成25年2月1日にYに対して売買代金の支払を請求しましたがYは私の求めに応じず，代金の支払をしないため，私は，Yに対して本件照明器具の代金120万円の支払を求めます。

① Xの訴訟代理人としてYに訴えを提起する場合の訴訟物を答えなさい。

------

② 請求の趣旨を答えなさい。

> ③ Xの訴訟代理人としてYに対して主張すべき請求原因事実を答えなさい。

◆解説

1 訴訟物

> AY間の売買契約に基づく代金支払請求権

　債権譲渡は，債権をその同一性を維持しながら移転させることを目的とする契約ですから，これにより債権の同一性は失われず，その債権の帰属主体のみが変更します。そのため，AY間の債権がAからXに譲渡されても，当該債権は依然として「AY間の売買契約に基づく代金支払請求権」であり，これがXY間の訴訟における審判対象，すなわち訴訟物となります。
　なお，Xが債権を取得した原因や経緯は，訴訟物を特定するための要素ではありません。

2 請求の趣旨

> 被告は，原告に対し，120万円を支払え。

3 請求原因事実

要件事実
①譲受債権の発生原因事実
②①の債権の取得原

記載例

> 1 Aは，Yに対し，平成24年10月1日，本件照明器具20個を代金120万円で売った。

| 因事実 | 2　Xは，平成24年12月1日，Aから1の売買代金債権を代金110万円で買った。 |

　要件事実②は，債権の譲受人は，譲受債権を取得したからこそ債権者としてその債務の履行を求めることができることから必要となる要件事実です。取得原因事実を記載する際には，債権の売買や贈与等の法律行為を具体的に記載することを要します。

《事例問題 3-1-1》 譲渡禁止特約

【Y社の言い分】
　Xの言うとおり，当社はA社（以下「A」という）との間で，照明器具の取引をしており，Aからは約定どおり引渡期日の平成24年11月1日に本件照明器具20個の引渡しを受けています。
　ところで，Aとの取引の際には，A所定の基本契約書を使用していますが，これには債権の譲渡を禁ずる旨の特約が記されています。このことは，基本契約書を見ればだれしも明らかなわけですし，Aの用意した契約書ですから，Aからの説明もあったに違いありません。つまり，Xは特約の存在を認識していたはずです。したがって，Xの求めに応じることはできません。

① 　Yの訴訟代理人として主張すべき抗弁の要件事実を答えなさい。

② Xの訴訟代理人として構成しうる再抗弁を答えなさい（個々の具体的な要件事実の記載は要しない）。

◆解説

1 抗弁

要件事実
❶譲渡禁止特約
❷譲受人の悪意または重過失

記載例
1 Yは，Aとの間で，請求原因1の売買契約の際，その代金債権の譲渡を禁止するとの合意をした。
2 Xは，請求原因2の売買契約の際，上記1の合意を知っていた。

　債権は原則として自由に譲渡することが認められますが，当事者間の合意（譲渡禁止特約）によりこれを制限することができ（民466Ⅰただし書），この譲渡禁止特約に違反した債権譲渡の効力は，譲渡当事者間でも無効になると考えられています。

　そのため，譲渡禁止特約の主張は，債権譲渡の効力を「障害」するものとして，被告が主張立証すべき抗弁と位置づけられます。

　要件事実❷は，民法466条2項ただし書が，譲渡禁止特約を善意の第三者には対抗することができないと規定していることから導かれる要件です。一見すると，善意を主張することで譲渡禁止特約違反による無効を障害しうる再抗弁とも思えるのですが，**判例は悪意であることの主張を抗弁の要件事実**

と位置づけています（大判明 38. 2. 28）。原則自由である債権譲渡を制限する側の主張立証責任を重くする趣旨です。

また，判例は，譲渡禁止特約につき善意であっても，その特約を知らないことにつき重大な過失があるときは，その債権を取得しえないとしており（最判昭 48. 7. 19），これについても，抗弁と位置づけられています。

したがって，被告は譲渡禁止特約の抗弁として，❶に加えて，❷譲受人の悪意または重過失を主張立証することを要します。

なお，譲受人の重過失を主張する場合には，単に「重過失があった」と主張するだけでは足りず，"重過失があった" と評価してもらえるだけの根拠となる事実を具体的に示さなければなりません。**「重過失」というのは「規範的要件」**だからです。

2 再抗弁

> 債務者の債権譲渡人または譲受人に対する承諾

判例は，譲渡禁止特約に反する債権譲渡がなされた場合であっても，債務者が譲渡を承諾したときは，当該譲渡は譲渡の時にさかのぼって有効になるとしています（最判昭 52. 3. 17）。したがって，債務者の承諾は，譲渡禁止特約違反による譲渡の無効を「障害」するものとして，原告の主張立証すべき再抗弁として位置づけられます。

なお，承諾の相手方は，債権の譲渡人または譲受人のいずれでもかまいません。

Step 1 【攻防の棋譜 22】 債務者対抗要件欠缺による攻防

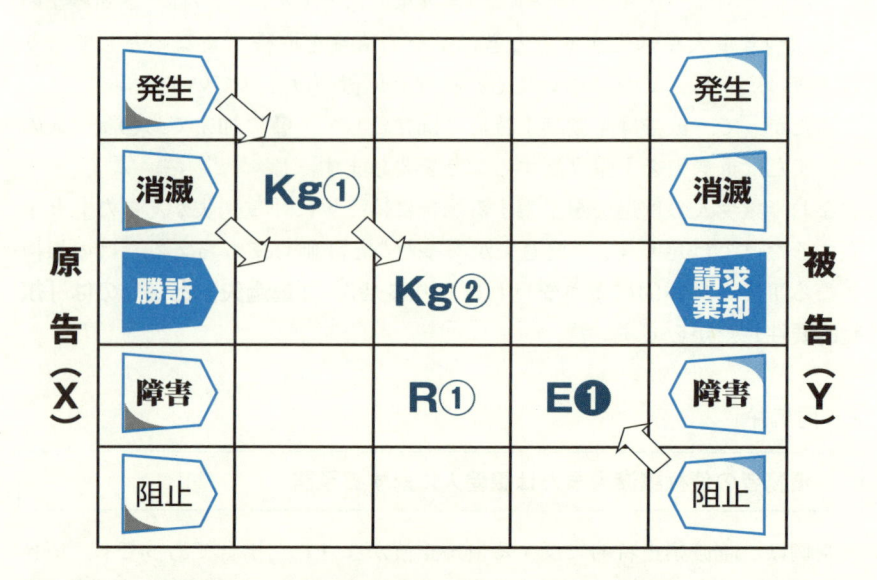

原告（X）

	発生				発生	
	消滅	Kg①			消滅	
	勝訴		Kg②		請求棄却	
	障害		R①	E①	障害	
	阻止				阻止	

被告（Y）

請求原因 譲受債権による権利主張を基礎づける要件事実
- **Kg①** 譲受債権の発生原因事実
- **Kg②** 債権取得原因事実

抗弁 債権譲渡による権利行使を「阻止」する要件事実
- **E❶** 債務者による，債務者対抗要件が具備されるまで譲受人を債権者と認めないとの権利主張

再抗弁 債務者対抗要件欠缺による抗弁を「消滅」させる要件事実
- **R①** 債権譲渡の後，譲渡人が債務者に対し譲渡の通知をしたこと
  - ※ 債権譲渡の後でなければならない

  or

- **R①** 債務者が譲渡人または譲受人に対し承諾したこと
  - ※ 債権譲渡の前後を問わない

Step 2 《事例問題 3-1-2》 債務者対抗要件欠缺

【Y社の言い分】
　Xの言うとおり，当社はA社（以下「A」という）との間で，照明器具の取引をしており，Aからは約定どおり引渡期日の平成24年11月1日に照明器具20個の引渡しを受けています。
　しかし，AがXに本件代金債権を譲渡したなどという話は，Aからは何も聞いていません。したがって，Xの求めに応じて支払をすることはできません。

① Yの訴訟代理人として主張すべき抗弁の要件事実を答えなさい。

　──────────────────────────────
　──────────────────────────────
　──────────────────────────────

② Xの訴訟代理人として構成しうる再抗弁を答えなさい（個々の具体的な要件事実の記載は要しない）。

　──────────────────────────────
　──────────────────────────────
　──────────────────────────────

◆解説

1 抗弁

> **要件事実**
> 債務者による，債務者対抗要件が具備されるまで譲受人を債権者と認めないとの権利主張

> **記載例**
> 本件債権譲渡につき，AがYに通知し，またはYが承諾するまで，Xを債権者と認めない。

債権は原則として自由に譲渡することが認められますが，これを債務者に対抗するためには，譲渡人が債務者にそのことを**通知**するか，債務者がこれを**承諾**することを要します（民467Ⅰ）。かかる債務者に対する対抗要件（以下「**債務者対抗要件**」といいます）を欠く場合，債務者において通知・承諾が欠けていることを主張して，譲受人の債権行使を「阻止」することができます。そのため，債務者対抗要件の欠缺は，被告が主張すべき抗弁と位置づけられます。

なお，一般に，対抗要件に関する事実については，第三者の側で，ⅰみずからが対抗要件の欠缺を主張することができる正当な利益を有する第三者であることを主張立証し，かつ，ⅱ対抗要件の有無を問題として指摘し，これを争うとの権利主張をすることが必要になるとされています（権利抗弁説）。

しかし，譲受債権請求訴訟においては，対抗要件の欠缺を主張するのが債務者であり，対抗要件の欠缺を主張する正当な利益を有することが請求原因から明らかとなるため，債務者の側でⅰを主張立証することを要しません。したがって，**債務者は抗弁として，ⅱの権利主張さえすればそれで足ります**。

当該抗弁は，権利主張のみからなる権利抗弁と解されているため，これに対する認否は不要とされています（岡口・要件事実問題集151頁）。

2 再抗弁

> ① 債権譲渡の後，譲渡人が債務者に対し譲渡の通知をしたこと
> 　　　　　　　　　　　or

> ① 債務者が譲渡人または譲受人に対し承諾したこと

　債務者による対抗要件欠缺の主張は，原告による対抗要件の具備の主張により覆すことができます。すなわち，原告は，債権譲渡の後，譲渡人が債務者に対し譲渡の通知をしたこと，または，債務者が譲渡人または譲受人に対し承諾したことを主張立証することで，被告の抗弁を「消滅」させることができます。

　この点，**通知は譲渡人からなされなければならず**（大判昭5.10.10），その**タイミングは，債権譲渡の後にかぎられている**ことに注意を要します。

　承諾は譲渡人または譲受人のいずれになされてもよく（大判大6.10.2），そのタイミングも，**債権譲渡の前後を問いません**。

| Step 1 | 【攻防の棋譜 23】 二重譲渡事案，第三者対抗要件欠缺による攻防 |

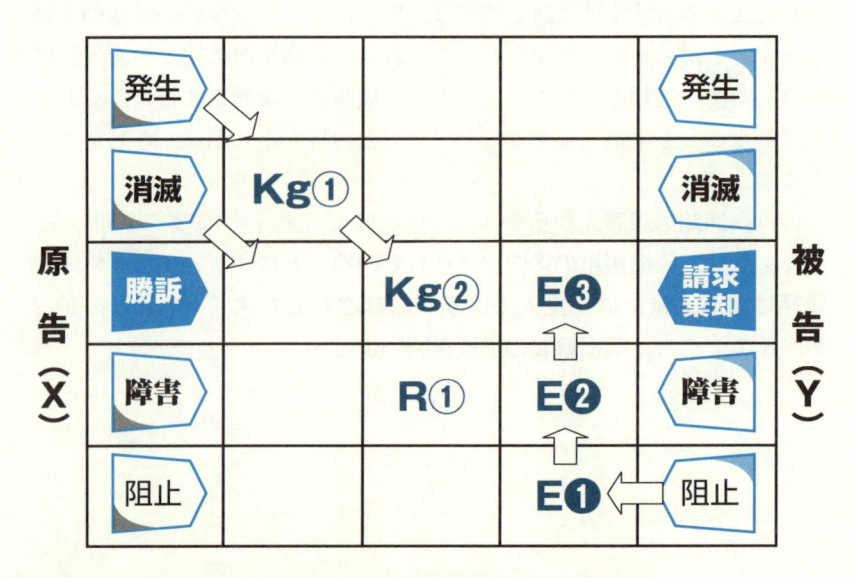

原告(X)						被告(Y)
発生					発生	
消滅	Kg①				消滅	
勝訴		Kg②	E❸	請求棄却		
障害		R①	E❷	障害		
阻止			E❶	阻止		

請求原因 譲受債権による権利主張を基礎づける要件事実
- **Kg①** 譲受債権の発生原因事実
- **Kg②** 債権取得原因事実

抗弁 債権譲渡による権利行使を「阻止」する要件事実
- **E❶** 譲渡人が第二の譲受人との間で債権譲渡契約を締結
- **E❷** 譲渡人が第二の譲受人へ債権譲渡したことを債務者に通知をしたこと
  ※ 債権譲渡の後でなければならない
  or
  譲渡人が第二の譲受人へ債権譲渡したことにつき，債務者が譲渡人または第二の譲受人に対し承諾したこと
  ※ 債権譲渡の前後を問わない
- **E❸** 債務者による，第一の譲受人が第三者対抗要件を具備するまで第一の譲受人を債権者と認めないとの権利主張

再抗弁 第三者対抗要件欠缺による抗弁を「消滅」させる要件事実

R① 債権譲渡の後，譲渡人が債務者に対し，確定日付のある証書により譲渡の通知をしたこと
　※　債権譲渡の後でなければならない
　　or
R① 債務者が第一の譲渡人または譲受人に対し確定日付のある証書により承諾したこと
　※　債権譲渡の前後を問わない

Step 2　《事例問題 3-1-3》 第三者対抗要件欠缺

【Y社の言い分】
　Xの言うとおり，当社はA社（以下「A」という）との間で，照明器具の取引をしており，また，Aからは当該債権をXに譲渡したことの通知を受け，承知しています。
　しかし，AからXに対する債権譲渡の通知を受けてからちょうど1週間後の平成24年12月9日，当該債権をBに譲渡した旨の通知をAから受けました。当社としてはわけがわからず，すぐにAに問合せをしたのですが，すでに電話の連絡がつかなくなっておりました。そこで通知書に記載のあったBの連絡先に問い合わせたところ，たしかに平成24年12月7日，Aから当該債権を代金100万円にて買い取ったとのことでした。
　このような状況下では，どちらを真の債権者とみるべきかはっきりとしないため，代金は支払えません。

① Yの訴訟代理人として主張すべき抗弁の要件事実を答えなさい。

② Xの訴訟代理人として構成しうる再抗弁を答えなさい（個々の具体的な要件事実の記載は要しない）。

◆解説

1 抗弁

要件事実
❶譲渡人が第二の譲受人との間で債権譲渡契約を締結したこと
❷譲渡人が第二の譲受人へ債権譲渡したことを債務者に通知をしたこと
　　　　or
譲渡人が第二の譲受人へ債権譲渡したことにつき，債

記載例

1　AはBに対し，平成24年12月7日，請求原因1の売買代金債権を代金100万円で売った。
2　AはYに対し，同年12月9日，1の債権譲渡を通知した。
3　請求原因2の債権譲渡につき，Aが確定日付のある証書によってYに通知し，またはYが確定日付のある証書によって承諾するまで，

> 務者が譲渡人または第二の譲受人に対し承諾したこと
> ❸債務者による，第一譲受人が第三者対抗要件を具備するまで第一譲受人債権者と認めないとの権利主張

> Xを債権者と認めない。

　債権は原則として自由に譲渡することが認められますが，これを債務者以外の第三者に対抗するためには，譲渡人が債務者にそのことを**確定日付のある証書によって通知**するか，債務者がこれを**確定日付のある証書によって承諾**することを要します（民467Ⅰ：第三者に対する対抗要件を以下「第三者対抗要件」といいます）。

　このことから，**債権が二重に譲渡されてしまった場合で，いずれの譲渡についても（確定日付のある証書によらず）単に通知または承諾がされただけの場合，第一譲受人・第二譲受人は互いに自己が債権の帰属主体であることを対抗できません**。その結果，債務者はこれ（いずれも第三者対抗要件を具備していないこと）を主張することで，いずれの譲受人の権利行使も「阻止」することができます。そのため，第三者対抗要件の欠缺は，被告が主張すべき抗弁と位置づけられます。

　要件事実❷は，債権が二重に譲渡されてしまった場合でも，いずれかの譲渡につき債務者対抗要件を欠缺していれば，債務者対抗要件を満たした者のみを債権者として扱えばよく，譲受人相互の優劣関係の問題が生じないため，そのような問題に落とし込むために必要となります。

2　再抗弁

> ①　債権譲渡の後，譲渡人が債務者に対し，確定日付のある証書により譲渡の通知をしたこと
> ②　債務者が第一の譲渡人または譲受人に対し確定日付のある証書により承諾したこと

債務者による第三者対抗要件欠缺の主張は，原告による第三者対抗要件の具備の主張により覆すことができます。すなわち，原告は，債権譲渡の後，譲渡人が債務者に対し確定日付のある証書により譲渡の通知をしたこと，または，債務者が譲渡人または譲受人に対し確定日付のある証書により承諾したことを主張立証することで，被告の抗弁の「消滅」を基礎づけることができます。

　なお，**通知は譲渡人からなされなければならず**，そのタイミングは，**債権譲渡の後にかぎられている**ことに注意を要します。**承諾は譲渡人または譲受人のいずれになされてもよく**，そのタイミングも，**債権譲渡の前後を問いません**。

Plus α

法人がする金銭債権の譲渡と債権譲渡登記

　会社などの法人がする金銭債権の譲渡などについては，その内容を債権譲渡登記所（現在，東京法務局民事行政部債権登録課にて，全国の債権譲渡登記に関する事務を取り扱っています）に登記することにより，**債務者以外の第三者に自己の権利を主張することができます**。これは，金銭債権を譲渡したことを第三者に主張するには，確定日付のある証書によって債務者へ通知するか，債務者の承諾を得なければならないとする民法の原則に対する特例として認められているもので，これにより，債務者が多数に及ぶ場合でも，簡易に第三者対抗要件を備えることができます。

　債権譲渡登記がされた場合において，譲渡人もしくは譲受人が当該債権の債務者に登記事項証明書を交付して通知をし，または債務者が承諾をしたときは，債務者についても確定日付のある証書による通知があったものとみなされ，対抗要件が具備されます。

| Step 1 | 【攻防の棋譜 24】 譲渡人に対して生じた事由による攻防 |

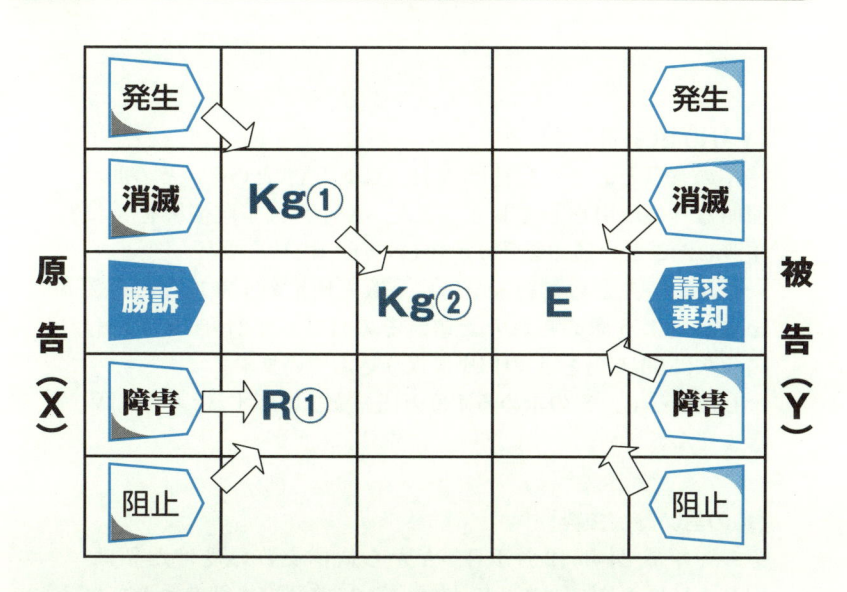

原告（X）						被告（Y）
	発生				発生	
	消滅	Kg①			消滅	
	勝訴		Kg②	E	請求棄却	
	障害	R①			障害	
	阻止				阻止	

請求原因 譲受債権による権利主張を基礎づける要件事実
- **Kg①** 譲受債権の発生原因事実
- **Kg②** 債権取得原因事実

抗弁 譲渡人に対して生じた事由をもってする抗弁
- **E** 代金支払請求権の発生を「障害」する抗弁
  錯誤無効 **or** 詐欺取消し等
- **E** 代金支払請求権の「消滅」を基礎づける抗弁
  弁済 **or** 弁済供託 **or** 消滅時効等
- **E** 代金支払請求権の行使を「阻止」する抗弁
  同時履行の抗弁 **or** 確定期限の未到来等

再抗弁 譲渡人に対して生じた事由をもってする抗弁主張を「阻止」または「障害」する再抗弁
- **R①** 異議をとどめない承諾（「阻止」）
     or
- **R①** 弁済に先立って債務者対抗要件を備えたこと（「障害」）

Step 2 《事例問題 3-1-4》 弁済

【Y社の言い分】
　Xの言うとおり，当社はA社（以下「A」という）との間で，照明器具の取引をしており，また，Aからは当該債権をXに譲渡したことの通知を受け承知しています。
　しかし，Aとの契約締結時に，販売価格の1割以上の金額を支払うよう求められたため，その日（平成24年10月1日）のうちに60万円をAの口座に振り込んでいます。
　したがって，Xの求める120万円の支払に応ずるわけにはいきません。

【Xの言い分　抜粋】
　……平成24年12月1日，Aから債権を買い受けた私は，同月3日にY社（以下「Y」という）に確認の電話を入れています。その際の確認では，Aからの通知をたしかに受けているので，間違いなく私に代金の全額を支払ってくれるということでした。しかし，年が明けた頃になって，急に，全額は支払えないという連絡が入りました。……

① Yの訴訟代理人として主張すべき抗弁の要件事実を答えなさい。

---

② Xの訴訟代理人として構成しうる再抗弁を答えなさい（個々の具体的な要件事実の記載は要しない）。

◆解説

1 抗弁

要件事実
❶債務の本旨に従った給付
❷給付と債権との結びつき

記載例

> YはAに対し，平成24年10月1日，本件代金債権の弁済として60万円を支払った。

　債権譲渡は，債権をその同一性を維持しながら移転させることを目的とする契約ですから，これにより債権の同一性は失われず，当該債権に**付着する債務者の譲渡人に対する抗弁は，すべて譲受人に対して主張することができ**ます。

　したがって，債務者が，譲渡人に対してすでに代金の一部を弁済していたのであれば，弁済による債務の一部消滅を抗弁として主張することができるのです。

2 再抗弁

> 異議をとどめない承諾があったこと

　民法468条1項により，債務者が債権譲渡につき，異議をとどめないで承諾したときは，たとえ譲渡人に対抗することができた事由があっても，これをもって譲受人に対抗することができなくなります。たとえば，債務者が債権譲渡の前に，その債務の一部を弁済していても，債権譲渡につき異議をとどめないで承諾してしまうと，譲受人に対して，一部弁済による債務の一部消滅を主張することができなくなってしまうのです。

したがって，異議をとどめないで承諾したことは，債務者の抗弁主張を「阻止」する，原告の主張立証すべき再抗弁と位置づけられます。

異議をとどめない承諾の具体的な摘示の仕方は，以下のとおりです。

要件事実
異議をとどめない承諾

記載例

> YはXに対し，平成24年12月3日，請求原因の債権譲渡を，異議をとどめないで承諾した。

Plus α

再抗弁——弁済に先立つ債務者対抗要件の具備

債務者は，債権譲渡の通知を受けた際（または承諾の際）に，その時までに譲渡人に対して生じた事由を主張しておけば，これを譲受人に対抗することができます。たとえば，売買代金債権が譲渡された旨の通知を受けた債務者は，その際に，すでに一部の弁済が済んでいる旨の主張をしておけば，これによる債権の一部消滅を譲受人に対しても主張できるのです。

しかし，逆にいえば，譲受人が債務者に対する対抗要件を備えた後に，債務者が譲渡人に対して弁済をしてみても，その効果を譲受人には対抗できません。したがって，原告は，被告の弁済の抗弁に対しては，これに先立ち債務者対抗要件を備えている事実を，債務者の抗弁主張を「障害」する再抗弁として主張立証できます。

たとえば，次のような事実がある場合に主張しえます。

> 【Y社の言い分　抜粋】
> ……平成25年2月1日，Aに対して残金の全額を弁済しました。
>
> 【Xの言い分　抜粋】
> ……平成24年12月2日，AはY社に債権譲渡の通知をしています。

そのような場合の再抗弁の具体的な摘示の仕方は，以下のとおりです。

要件事実

　弁済に先立って債務者対抗要件を備えたこと

記載例

　AはXに対し，平成24年12月2日，請求原因の債権譲渡を通知した。

Step 1 【攻防の棋譜 25】 二重譲渡事案，二重譲受人に対する弁済の攻防

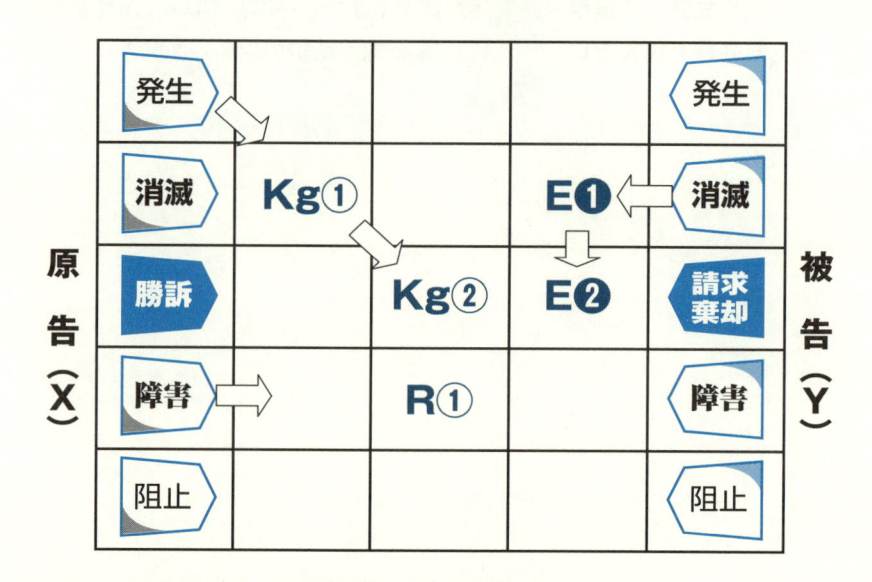

原告(X)					被告(Y)
発生				発生	
消滅	Kg①		E❶	消滅	
勝訴		Kg②	E❷	請求棄却	
障害		R①		障害	
阻止				阻止	

請求原因 譲受債権による権利主張を基礎づける要件事実
- **Kg①** 譲受債権の発生原因事実
- **Kg②** 債権取得原因事実

抗弁 債権の二重譲受人に対する弁済の抗弁（「消滅」）
- **E❶** 第二譲受人の債権譲渡者からの債権の取得原因事実
- **E❷** 債務者（被告）が第二譲受人に対し，債務の本旨に従った給付をしたこと

再抗弁 債権の二重譲受人に対する弁済の抗弁を「障害」する再抗弁
- **R①** 二重譲受人への弁済に先立って第三者対抗要件を備えたこと

Step 2　《事例問題 3-1-5》 二重譲受人に対する弁済

【Y社の言い分】
　Xの言うとおり，当社はA社（以下「A」という）との間で，照明器具の取引をしており，また，Aからは当該債権をXに譲渡したことの通知を受け承知しています。
　しかし，AからXに対する債権譲渡の通知を受けてからちょうど1週間後の平成24年12月9日，当該債権をBに譲渡した旨の通知をAから受けました。その日，Bから電話が入り，平成24年12月7日，Aから当該債権を代金100万円にて買い取ったので，すぐに代金を支払ってほしいと言われました。一度は弁済期が来るまでは支払えないと断ったのですが，その後，しつこく弁済を求めてきましたので，同月15日，Bに代金の全額（120万円）を支払いました。私としては，すでにBに弁済済みですから，Xの要求には応えられません。

① Yの訴訟代理人として主張すべき抗弁の要件事実を答えなさい。

② Xの訴訟代理人として構成しうる再抗弁を答えなさい（個々の具体的な要件事実の記載は要しない）。

◆解説

1 抗弁

要件事実
❶ BのAからの債権の取得原因事実
❷ YがBに対し，債務の本旨に従った給付をしたこと

記載例
1 AはBに対し，平成24年12月7日，請求原因の代金債権を，代金100万円で売った。
2 YはBに対し，平成24年12月15日，本件代金債権の弁済として120万円を支払った。

債権の二重譲受人Bに対して弁済すれば，譲受債権は「消滅」するため，弁済の事実は，被告の主張立証すべき抗弁と位置づけられます。

2 再抗弁

二重譲受人への弁済に先立って第三者対抗要件を備えたこと

債権の二重譲受人Bに対する弁済があっても，弁済がなされる前にXが第三者対抗要件を具備していれば，民法467条2項によりXがBに優先するため，債務者YとしてはXに対して弁済をすべきことになり（大判大8.3.28），Bへの弁済は無効となります。そのため，Xは，二重譲受人Bへの弁済に先立って第三者対抗要件を備えたことを再抗弁として主張立証することで，二重譲受人に対する弁済による債権消滅効果を「障害」することができます。

| Step 1 | **【攻防の棋譜 26】二重譲渡事案，第三者対抗要件具備による債権喪失の抗弁** |

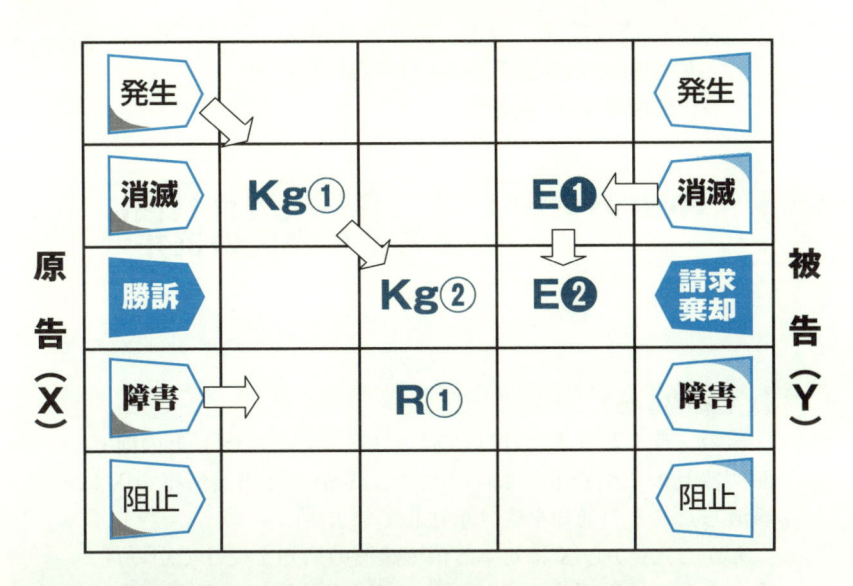

原告（X）／被告（Y）

発生				発生
消滅	Kg①		E❶	消滅
勝訴		Kg②	E❷	請求棄却
障害	⇒	R①		障害
阻止				阻止

請求原因 譲受債権による権利主張を基礎づける要件事実
- **Kg①** 譲受債権の発生原因事実
- **Kg②** 債権取得原因事実

抗弁 第三者対抗要件具備による債権喪失の抗弁（「消滅」）
- **E❶** 譲渡人が第二の譲受人との間で債権譲渡契約を締結
- **E❷** 第二の債権譲渡の後，譲渡人が債務者に対し，確定日付のある証書により第二の債権譲渡を通知したこと
  - ※ 債権譲渡の後でなければならない
  - **or**
- **E❷** 第二の債権譲渡につき，債務者が譲渡人または第二譲受人に対し確定日付のある証書により承諾したこと
  - ※ 債権譲渡の前後を問わない

再抗弁 第三者対抗要件具備による債権喪失の抗弁を「障害」する要件事実
- **R①** 第一譲受人への債権譲渡の後，譲渡人が債務者に対し，確定日

付のある証書により第一の債権譲渡を通知したこと
※　債権譲渡の後でなければならない

or

R①　第一の債権譲渡につき，債務者が譲渡人または第一譲受人に対し確定日付のある証書により承諾したこと
※　債権譲渡の前後を問わない

Step 2 《事例問題3-1-6》 第三者対抗要件具備による債権喪失の抗弁

【Y社の言い分】
　Xの言うとおり，当社はA社（以下「A」という）との間で，照明器具の取引をしており，また，Aからは当該債権をXに譲渡したことの通知を受け承知しています。
　しかし，AからXに対する債権譲渡の通知を受けてからちょうど1週間後の平成24年12月9日，当該債権を平成24年12月7日にBに譲渡した旨記載された内容証明郵便がAから届きました。そのため，私としてはXの要求には応えられません。

① Yの訴訟代理人として主張すべき抗弁の要件事実を答えなさい。

② Xの訴訟代理人として構成しうる再抗弁を答えなさい

(個々の具体的な要件事実の記載は要しない)。

―――――――――――――――――――――――――――
―――――――――――――――――――――――――――
―――――――――――――――――――――――――――
―――――――――――――――――――――――――――

◆解説

1 抗　弁

要件事実
❶譲渡人が第二の譲受人との間で債権譲渡契約を締結
❷第二の債権譲渡の後，譲渡人が債務者に対し，確定日付のある証書により第二の債権譲渡を通知したこと
　　　　　or
❷第二の債権譲渡につき，債務者が譲渡人または第二の譲受人に対し確定日付のある証書により承諾したこと

記載例
1　AはBに対し，平成24年12月7日，請求原因の代金債権を，代金100万円で売った。
2　AはYに対し，同月9日到達の内容証明郵便によって，1の債権譲渡を通知した。

　Aの債権がX, Bに二重譲渡され，Bが第三者対抗要件を備えた場合，債権者はBと確定すると同時に，AからXへの債権移転の効力は否定されXは債権者でないことが確定します。そのため，YはBが第三者対抗要件を備えたことを，Xの債権の喪失(「消滅」)を基礎づける抗弁として主張しえ

2 再抗弁

> ① Xへの債権譲渡の後，譲渡人Aが債務者Yに対し，確定日付のある証書により第一の債権譲渡を通知したこと
> ② 第一の債権譲渡につき，債務者Yが譲渡人Aまたは第一譲受人Xに対し確定日付のある証書により承諾したこと

　同一の債権について複数の譲受人が第三者対抗要件を具備している場合には，債務者は当然，優先する第三者対抗要件を具備した者に対して弁済しなければならなくなります。

　この点，**債権の二重譲渡がなされ，双方とも確定日付のある証書によって通知されたときの相互の優劣の決定基準**につき，判例は，**確定日付のある通知が債務者に到達した日付の先後**によるとします（到達時説：最判昭 49. 3. 7）。

　これを前提に，**複数の譲受人が第三者対抗要件を同時に具備した場合**，判例は，**各譲受人が，債務者に対してそれぞれの譲受債権の全額の弁済を請求することができ，譲受人の1人から弁済の請求を受けた債務者は，ほかの譲受人に対する弁済その他の消滅事由がないかぎり，弁済の責めを免れることができない**と判断しています（最判昭 55. 1. 11）。

　さらに，複数の譲受人が第三者対抗要件を具備しているが，その**対抗要件具備の先後が不明の場合**につき，判例は，「各通知は同時に第三債務者に到達したものとして取り扱う」とするため（最判平 5. 3. 30），この場合も，各譲受人は債務者に対してそれぞれの譲受債権の全額の弁済を請求することができます。

　そうすると，Xが，Xもまた第三者対抗要件を具備している事実を摘示することで，Bが第三者対抗要件を備えたことを理由とするXの債権の喪失効果を，「障害」することができます。この時，Xは自己が第三者対抗要件を具備した時点を主張することを要しません。対抗要件具備の時点をXが明らかにしなければ，BとXの対抗要件具備の先後が不明となり，Xの望む法的効果が生じるからです。なお，Bのほうが先に第三者対抗要件を具備したことは，被告が主張立証すべき再々抗弁へとまわります。

第4章 金銭請求
請負契約に基づく報酬請求権

Step 1 【攻防の棋譜27】 主たる請求と附帯請求

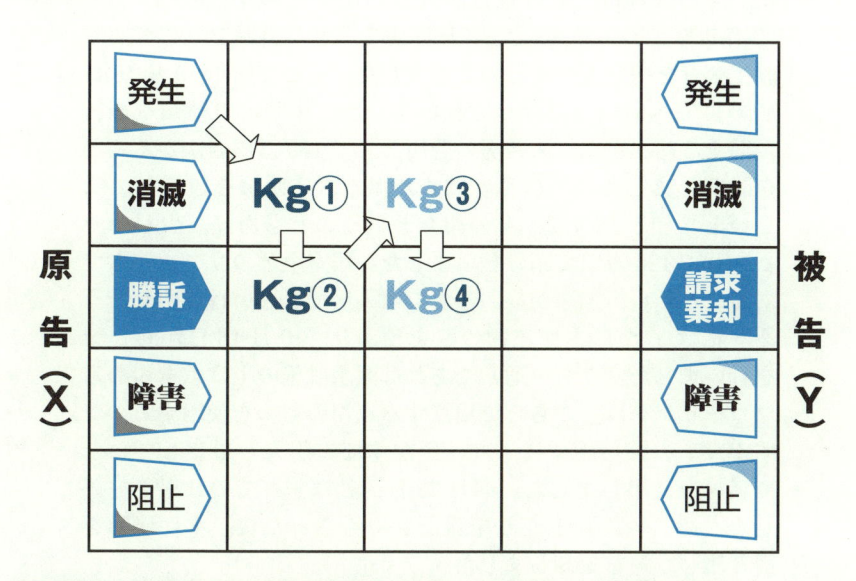

発生					発生
消滅	Kg①	Kg③			消滅
勝訴	Kg②	Kg④			請求棄却
障害					障害
阻止					阻止

原告（X） ／ 被告（Y）

請求原因 請負代金支払請求権の「発生」を基礎づける要件事実
- **Kg①** 仕事の完成約束と報酬支払約束
- **Kg②** 仕事の完成

請求原因 損害賠償請求権の「発生」を基礎づける要件事実
- **Kg①～②** 元本の発生原因事実
- **Kg③** 仕事の目的物の引渡し
- **Kg④** 損害の発生とその数額

※ すべての要件事実が満たされれば2つの「発生」の駒が裏返る。
訴訟の盤上においては，主張の分だけ駒がある。

《事例問題 4-1》 主たる請求・附帯請求

【Xの言い分】
　私は，昭和62年ころから，床暖房の施行業者をしています。平成25年10月初め，親しい友人のAからYを紹介されました。Aによれば，Yは最近購入した3LDKの中古建物（以下「本件建物」という）の全室に床暖房を入れる計画を立てており，施工業者を探しているとのことでした。そこで同年10月15日，Yの自宅へ伺い，打合せを行いました。床暖房の種類や施行に関する基本事項，床暖房の費用として130万円弱かかることを説明しました。Yは私が勧めた温水式床暖房を設置してほしいと希望したので，Aの紹介ということもあり，少しサービスして120万円で請け負いました。居室全体のリフォームであることから，工事が終わるまでは入居できない旨説明したうえ，私はYから本件建物の鍵を預かり，10月18日から作業を行いました。なお，通常であれば温水設備の上に敷きつめるフローリングは，こちらで用意する専用のものを使用するのですが，Yの強い希望により，Yがすでに購入し用意していた無垢材を使用しました。同月22日，私はすべての仕事を完了したため，Yに仕上がりを確認してもらった後，本件建物を引き渡し，鍵を返却しました。
　ところが，12月になってもYから代金が支払われなかったため，12月17日，Yに連絡を入れたところ，床暖房が機能していないので代金は支払えない，などと言って代金の支払に応じてくれませんでした。そこで，私はYに対して，代金と遅延損害金の支払を求めます。

① Xの訴訟代理人としてYに訴えを提起する場合の主たる請求および附帯請求の訴訟物を答えなさい。

② 主たる請求および附帯請求の請求の趣旨を答えなさい。

③ Xの訴訟代理人としてYに対して主張すべき主たる請求および附帯請求の請求原因事実を答えなさい。なお，主たる請求，附帯請求を分けて記載すること。

◆解　説

1　訴訟物

| 主たる請求 | 請負契約に基づく報酬請求権 |
| 附 帯 請 求 | 履行遅滞に基づく損害賠償請求権 |

　請負代金の支払を求める訴訟においては，「請負契約に基づく報酬請求権」が主たる請求の訴訟物となります。これについては，前記表示に代えて，

「請負契約に基づく請負代金支払請求権」としてもかまいません。

2　請求の趣旨

> 被告は，原告に対し，120万円およびこれに対する平成25年10月23日から支払済みまでの年6分の割合による金員を支払え。

　本事例では目的物の引渡しを要する請負が問題となることから，請負代金請求権は，Xによるマンションの引渡しがあるまでは，Yの有する同時履行の抗弁権（民633本文）により履行遅滞とはなりません。そこで，遅延損害金請求の起算日は，マンションの引渡日である平成25年10月22日の翌日，平成25年10月23日となります。

　また，本事例のXは床暖房の施工業者であり，商人にあたりますから，XY間の請負契約は商行為となります。そのため，「商行為によって生じた債務」が問題となり，商事法定利率が適用されます（商514）。このことから，**YがXに対して負う履行遅滞に基づく損害賠償債務についても，商事法定利率が適用され，年6分の割合による遅延損害金を求めることができます。**

　なお，第9回認定考査では，リフォーム業者との契約でありながら，「附帯請求については，民法所定の法定利率によるものとする」との指示があるため，「年5分の割合による」遅延損害金を求める記載をすることになります。

3　請求原因事実
（主たる請求）

要件事実
①仕事の完成約束および報酬の支払約束
②仕事の完成

記載例

1　XはYから，平成25年10月15日，本件建物について，全室に床暖房を設置する工事を，代金120万円で請け負った。
2　Xは，平成25年10月22日，上記1の工事を完成した。

請負契約は，当事者の一方（請負人）がある仕事を完成し，相手方（注文者）がその仕事の結果に対して報酬を与える契約であり（民632），役務そのものとは区別される仕事の成果に対して対価が支払われる契約類型です。このことから，請負契約においては，ⅰ請負の仕事内容と，ⅱ請負代金額（報酬額）がその成立要件となるため，原告はこれらの要件を具体的に特定して主張立証することになります（要件事実①）。

　本事例では，本件建物の全室について床暖房を設置することがⅰの要件に，代金120万円が上記ⅱの要件に該当します。

　なお，請負契約において報酬支払の合意のみがなされ，その具体的な金額が定められなかった場合には，一般的に，当事者間で「相当の報酬」を支払う旨の合意が成立したものと認められるため，具体的な金額の合意がなくとも契約自体は有効に成立します。

　民法633条本文は，請負契約における報酬は，仕事の目的物の引渡しと同時に支払わなければならないとして，仕事の目的物の引渡しと報酬の支払とが同時履行の関係に立つことを規定しています。そうすると，**仕事の目的物を引き渡しうる状態になっていること，すなわち仕事の完成が，報酬請求権を行使するための本質的要素**となります。そのため，仕事の完成を，報酬請求権を基礎づける要件事実として主張立証することを要します（要件事実②）。

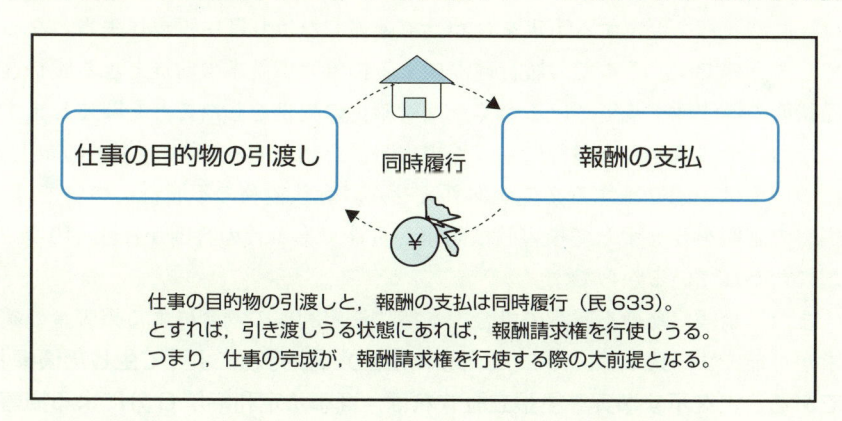

| 仕事の目的物の引渡し | 同時履行 | 報酬の支払 |

仕事の目的物の引渡しと，報酬の支払は同時履行（民633）。
とすれば，引き渡しうる状態にあれば，報酬請求権を行使しうる。
つまり，仕事の完成が，報酬請求権を行使する際の大前提となる。

　なお，仕事の目的物の引渡しを要しないときでも，仕事の完成後でなければ報酬の支払を求めることができないため（民633ただし書・624），やはりこの場合でも仕事の完成が報酬の支払を求める際の本質的要素となります。

(附帯請求)

要件事実
①仕事の完成約束および報酬の支払約束
②仕事の完成
③目的物の引渡し
④債権が商行為によって生じたこと

記載例
1　主たる請求の請求原因事実1,2を引用する。
3　Xは，平成25年10月22日，上記1の工事を完成し，同日本件建物を引き渡した。
4　Xは床暖房の施行業者である。

　要件事実①②は，報酬請求権が存在することが履行遅滞の前提となることから必要となる要件事実です。
　要件事実③は，せり上がりにより主張立証の必要が生じる事実で，履行遅滞の違法性を基礎づけるために主張します。
　すなわち，履行遅滞による損害賠償請求権が発生するためには前提として履行遅滞の状態が違法性を有することを要しますが，請求原因の事実より，報酬請求と目的物の引渡しとの同時履行が基礎づけられてしまい，これが履行遅滞の違法性を阻却するため，履行遅滞による損害賠償請求を主張するXは，同時履行を否定する事実を合わせて陳述しなければ主張自体失当となってしまうのです。そこで，履行遅滞による損害賠償請求の前提となる履行遅滞状態の違法性を基礎づけるべく，反対給付の提供をしたことを陳述します。
　なお，金銭債務の不履行に基づく損害賠償を請求する場合，「損害の発生」については主張立証する必要がありません。金銭債務の不履行については，損害の証明を要せずして損害賠償請求が可能である旨の特則が民法419条2項におかれているからです。
　また，金銭債務の不履行の場合，当然に法定利率の割合による損害金の請求が可能です（民419）。そして，**元本債権が「商行為によって生じた債権」であることを示す事実を主張立証すれば，商事法定利率年6分による損害金を求めることができます（商514）**。この点，「商行為によって生じた債権」には，以下のものがあります。

> [商行為によって生じた債権]
> i　絶対的商行為（商501）により発生した債権
> ii　営業的商行為（商502）により発生した債権
> iii　附属的商行為（商人がその営業のためにする行為：商503 I）により発生した債権

iii については，**商人の行為は営業のためにするものと推定される**ため（商503 II），年6分の商事法定利率の適用を主張したい者は，単純に，その**主体が商人であることを主張立証すれば足りる**ことになります。したがって本事例では，「Xは床暖房の施行業者である」と主張しさえすれば，Xの請負工事は営業のためになされたものと推定されるため，これにかかる請負代金債権は「商行為によって生じた債権」に該当し，年6分の商事法定利率の適用を受けるのです。

Step 1① 【攻防の棋譜 28】 瑕疵修補を求める場合の防御・攻撃

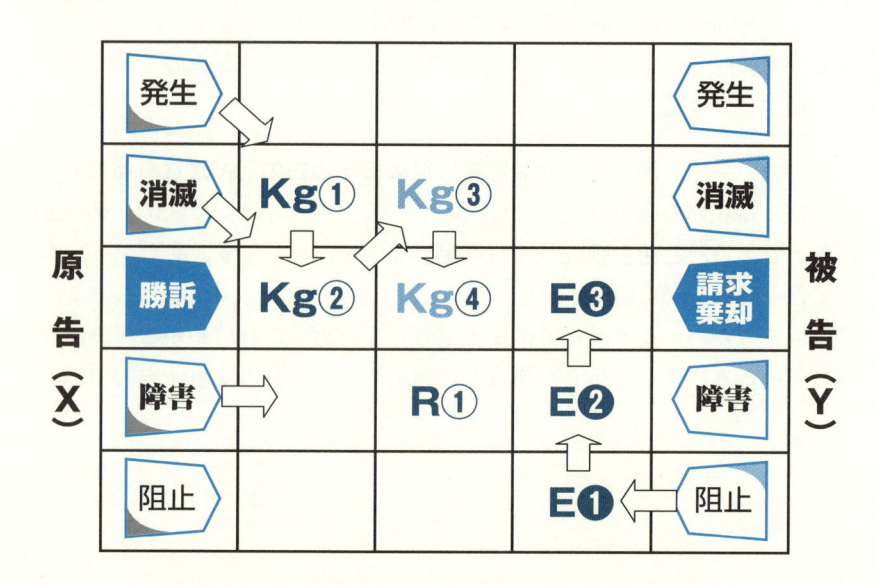

```
                              原告(X)                                    被告(Y)

                              発生                                          発生
                              消滅    Kg①   Kg③              消滅
                              勝訴    Kg②   Kg④   E❸         請求棄却
                              障害          R①    E❷         障害
                              阻止                E❶         阻止
```

抗弁	瑕疵修補による同時履行を基礎づける要件事実（「阻止」）
E❶	仕事の目的物の瑕疵
E❷	損害賠償に代えて瑕疵修補を請求する意思表示
E❸	瑕疵修補がされるまで報酬支払を拒絶する旨の権利主張
再抗弁	同時履行の権利主張を「障害」または「消滅」する要件事実
R①	仕事の目的物の瑕疵が注文者の供した材料の性質または注文者の与えた指図によって生じた（「障害」）
	or
R①	瑕疵が重要でなく，瑕疵補修に過分の費用を要する（「障害」）
	or
R①	仕事の目的物を引き渡してから1年が経過したこと（「消滅」）

Step 1② 【攻防の棋譜 29】 損害賠償を求める場合の防御・攻撃

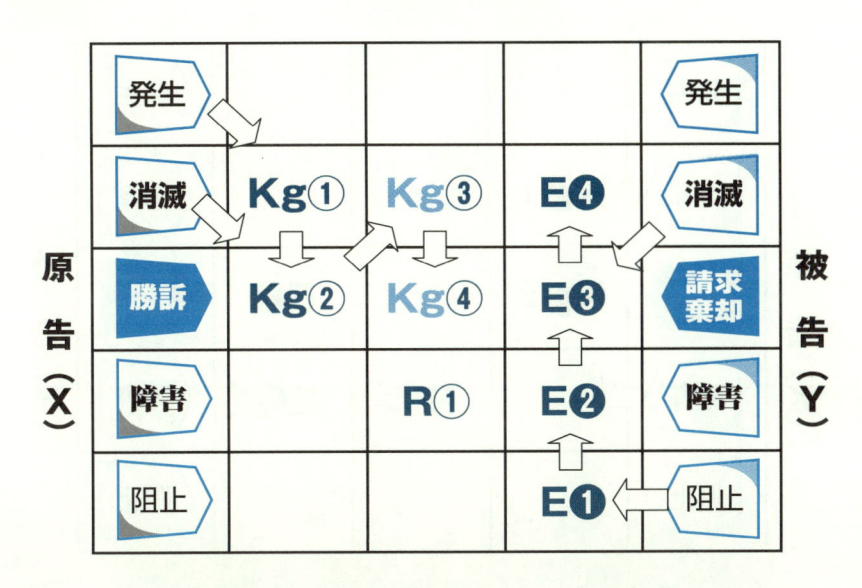

```
原告(X)                                                    被告(Y)
         発生                                    発生
         消滅  Kg①  Kg③   E④    消滅
         勝訴  Kg②  Kg④   E③    請求棄却
         障害         R①    E②    障害
         阻止                E①    阻止
```

抗弁 1 損害賠償による同時履行を基礎づける要件事実（「阻止」）
- E① 仕事の目的物の瑕疵
- E② ❶により損害が発生したことおよびその額
- E③ 瑕疵修補に代えて損害賠償を請求する旨の意思表示をしたこと
- E④ 損害賠償がなされるまで報酬支払を拒絶する旨の権利主張

抗弁 2 請負代金請求権の「消滅」を基礎づける相殺の要件事実
- E❶〜❸ 抗弁1の❶〜❸に同じ
- E④ 相殺の意思表示をしたこと

再抗弁 損害賠償請求による抗弁の「消滅」を基礎づける要件事実
- R① 仕事の目的物を引き渡してから1年が経過したこと（「消滅」）

第4章 請負契約に基づく報酬請求権

Step 1③ 【攻防の棋譜 30】 解除を求める場合の防御・攻撃

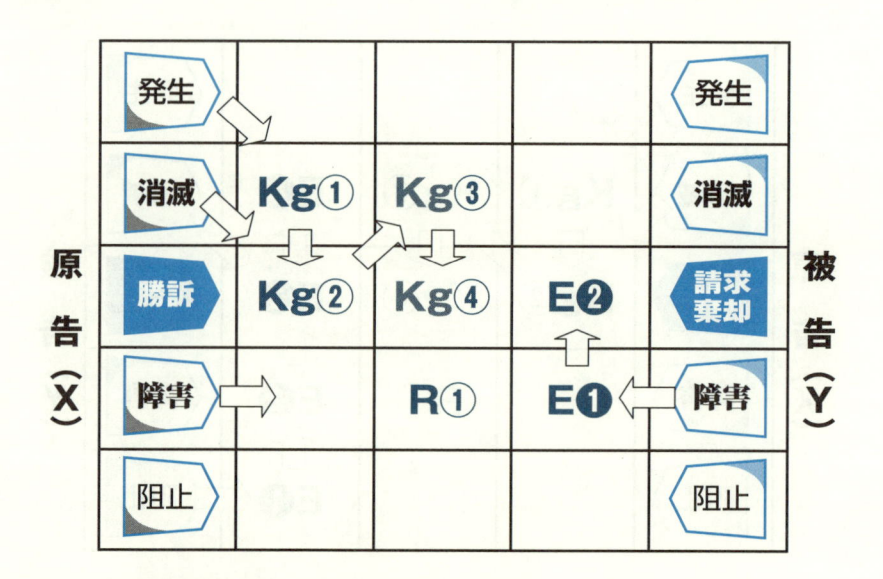

```
           発生                                   発生
原                                                          被
告  消滅   Kg①  Kg③                  消滅         告
         ↓    ↓
(X) 勝訴   Kg②  Kg④   E②   請求        (Y)
                          ↑    棄却
    障害  ⇒         R①   E① ⇐ 障害

    阻止                              阻止
```

抗弁　　解除を基礎づける要件事実（「障害」）
　E❶　　仕事の目的物の瑕疵
　E❷　　解除の意思表示とその到達

再抗弁　解除による抗弁を「障害」または「消滅」する要件事実
　R①　　瑕疵が存在しても契約の目的の達成が可能であること（「障害」）
　　　　　　or
　R①　　仕事の目的物を引き渡してから1年が経過したこと（「消滅」）

Step 2 《事例問題 4-1-1》 瑕疵修補請求・損害賠償請求・解除

【Yの言い分】
　私は，本件建物に移り住むにあたり，どうしても床暖房を導入したいと考えていました。さらに，どうせフローリングも換わるのであれば，憧れの無垢材にしたいと思い，平成25年9月下旬，北欧産のパイン材（15センチメートル幅のフローリング素材）をインターネットで注文し取り寄せました。これを使って工事を請け負ってくれる業者を探していたところ，不動産業を営むAからXを紹介されました。
　当初は，Xが仕事を丁寧にしてくれたこともあり，イメージどおりのフローリングが完成したことに満足していました。しかし，寒さが厳しくなってきた11月中旬から床暖房を実際に使用し始めたところ，これが一向に暖かくならないのです。それに追い打ちをかけるかのように，パイン材の両端がせり上がり，触れるとわかるほどに変形しはじめました。床暖房の熱が室内に伝わらないことが原因だと思います。パイン材は12万円もかけて購入したものなのに，台無しになってしまい非常に残念です。

　本件訴訟において，主たる請求に対し，Yの訴訟代理人として主張しうる抗弁の要件事実を答えなさい。なお，抗弁が複数ある場合には，抗弁ごとに分けて記載すること。また，抗弁については，平成26年4月1日の口頭弁論期日において主張がされたものとする。

◆解説

1 抗弁その1 瑕疵修補請求と同時履行の主張

要件事実
❶仕事の目的物の瑕疵
❷損害賠償に代えて瑕疵修補を請求する意思表示
❸瑕疵修補がされるまで報酬支払を拒絶する旨の権利主張

記載例

1 Xが施工した本件床暖房は,床が暖かくならず床暖房として機能していないことから,通常備えるべき品質・性質を有しないといえ,瑕疵がある。
2 YはXに対して,平成26年4月1日の本件口頭弁論期日において,上記1の瑕疵につき,損害賠償に代えて瑕疵修補を請求する旨の意思表示をした。
3 Yは,Xによる上記1の瑕疵の修補が済むまで,請負代金の支払を拒絶する。

仕事の目的物に瑕疵がある場合,注文者は,請負人に対して①**瑕疵修補の請求をすること**,②**瑕疵修補の請求に代えて損害賠償の請求をすること**,③**瑕疵修補の請求とともに損害賠償の請求をすること**を選択できます(民634)。

損害賠償と報酬請求については,明文で同時履行の関係が認められており

（民634Ⅱ後段），瑕疵修補と報酬請求についても同時履行の関係に立つと考えられています（大島・実務の基礎451〜452頁）。

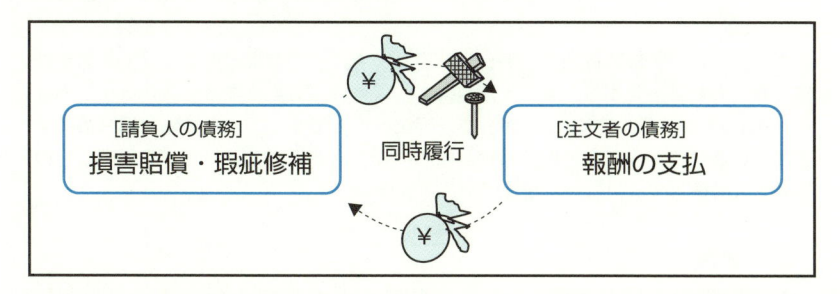

```
[請負人の債務]          [注文者の債務]
損害賠償・瑕疵修補  同時履行  報酬の支払
```

　そのため，被告である注文者は，瑕疵の補修が済むまで，請負代金の支払を拒絶することができ，これにより原告である請負人の請負代金支払請求を「阻止」することができるのです。

　要件事実❷については，**注文者が瑕疵修補請求と損害賠償請求のいずれの同時履行を求めるのかを明らかにする必要がある**ことから，求められている要件事実です（大判大8.10.1）。

　要件事実❸は，同時履行の抗弁が，権利の発生原因事実が弁論に現れていても，訴訟上その権利行使の主張がされなければ抗弁として考慮されない，いわゆる権利抗弁であるために必要となる要件事実です。

Plus α

再抗弁

　たとえ仕事の目的物に瑕疵が存在しても，その瑕疵が注文者の供した材料の性質または注文者の与えた指図によって生じたときは，請負人の担保責任（瑕疵修補請求等）は生じません（民636本文）。したがって，瑕疵が注文者の供した材料の性質または注文者の与えた指図によって生じたことは，注文者の瑕疵修補請求権の発生，およびこれに基づく同時履行の抗弁を「障害」する，請負人が主張立証すべき再抗弁と位置づけられます。

要件事実
瑕疵が注文者の供した材料の性質によって

記載例
床暖房の熱が室内に伝わらないのは，Yが供したパイン材のフローリング板

| 生じた | が，床暖房の設備に適合しない性質のものであることが原因である。 |

また，たとえ仕事の目的物に瑕疵が存在しても，その瑕疵が重要でなく，瑕疵補修に過分の費用を要するときは，請負人の担保責任（瑕疵修補請求等）は生じません（民634Ⅰただし書）。したがって，瑕疵が重要でなく，瑕疵補修に過分の費用を要することは，注文者の瑕疵修補請求権の発生，およびこれに基づく同時履行の抗弁を「障害」する再抗弁と位置づけられます。

要件事実
①目的物の瑕疵が重要なものでないこと
②瑕疵の修補に過分の費用を要すること

記載例
1　設置した床暖房の熱は，まったく室内に伝わらないわけではなく，10分程度待てば熱が伝わるのであり，当該瑕疵は重要なものではない。
2　当該瑕疵の修補のためには，フローリング材を床暖房に適合したものに交換する必要があり，そのためには材料費・施工費で20万円という過大な費用を要する。

さらに，注文者による瑕疵修補請求等は，仕事の目的物を引き渡した時から1年以内にしなければならないため（民637），仕事の目的物を引き渡してから1年が経過したことは，注文者の瑕疵修補請求等を「消滅」させるものとして，請負人側の主張立証すべき再抗弁と位置づけられます。なお，これは除斥期間と解されているため，時効とは異なり援用の意思表示を要しません。

2　抗弁その2　損害賠償との同時履行の主張

要件事実
❶仕事の目的物の瑕疵
❷❶により損害が発生したことおよびその額
❸瑕疵修補に代えて損害

記載例
1　Xが施工した本件床暖房は，床が暖かくならず床暖房として機能していないばかりか，フローリング板が床暖房の熱によってそり返るという欠陥があ

賠償を請求する旨の意思表示をしたこと
❹損害賠償がなされるまで報酬の支払を拒絶する旨の権利主張

り，通常備えるべき品質・性質を有しないといえ，瑕疵がある。
2　床暖房の欠陥が原因で，12万円で購入したフローリング板が破損した。
3　YはXに対して，平成26年4月1日の本件口頭弁論期日において，瑕疵修補に代えて12万円の損害賠償を請求する旨の意思表示をした。
4　Yは，Xによる上記3の損害賠償が済むまで，請負代金の支払を拒絶する。

　仕事の目的物に瑕疵がある場合，注文者は，請負人に対して瑕疵修補の請求に代えて損害賠償の請求をすることができます（民634Ⅱ）。そして，この損害賠償請求と報酬請求は同時履行の関係に立つため（民634Ⅱ後段），被告である注文者は，損害の賠償が済むまで，請負代金の支払を拒絶することができ，これにより原告である請負人の請負代金支払請求を「阻止」することができます。

　なお，請負代金が120万円であるのに対して，損害額は12万円と，その額にかなりの開きがありますが，そのような場合でも，請負代金全額の支払を拒むことが信義則に反すると認められるときを除き判例はその支払を同時履行の主張により拒めるとしています（最判平9.2.14）。

3　抗弁その3　損害賠償請求権による相殺主張

要件事実
❶仕事の目的物の瑕疵
❷❶により損害が発生したことおよびその額
❸瑕疵修補に代えて損害賠償を請求する旨の意思表示をしたこと

記載例
1　Xが施工した本件床暖房は，床が暖かくならず床暖房として機能していないばかりか，フローリング板が床暖房の熱によってそり返るという欠陥があり，通常備えるべき品質・性質を有しないといえ，瑕疵がある。

要件事実	記載例
❹相殺の意思表示をしたこと	2　床暖房の欠陥が原因で、12万円で購入したフローリング板が破損した。 3　YはXに対して、平成26年4月1日の本件口頭弁論期日において、瑕疵修補に代えて12万円の損害賠償を請求し、これとXの請負代金債権とをその対等額において相殺する旨の意思表示をした。

　仕事の目的物に瑕疵がある場合、注文者は、請負人に対して瑕疵修補の請求に代えて損害賠償の請求をすることができ（民634Ⅱ）、被告である注文者は、この損害賠償請求権をもって、原告である請負人の主張する請負代金支払請求権とその対等額において相殺する旨の主張をすることが可能です。

　なお、請負代金の支払と損害の賠償とは、民法634条2項後段により同時履行の関係となりますが、判例により、同時履行の抗弁が自働債権に付着していることは相殺の主張を阻害する要因となりません（最判昭53.9.21）。

4　抗弁その4　解除

要件事実	記載例
❶仕事の目的物の瑕疵 ❷解除の意思表示とその到達	1　Xが施工した本件床暖房は、床が暖かくならず床暖房として機能していないことから、通常備えるべき品質・性質を有しないといえ、瑕疵がある。 2　Yは、Xに対して、平成26年4月1日の本件口頭弁論期日において、本件請負契約を解除する旨の意思表示をした。

　仕事の目的物に瑕疵があり、そのために契約の目的を達成することができない場合、注文者は請負契約を解除することができます（民635本文）。

契約を解除すれば，契約関係が解消され，契約ははじめからなかったのと同様の効果が生じるため（民545：直接効果説），原告の主張する請負契約に基づく請負代金支払請求権の発生が「障害」されます。そのため解除は，被告たる注文者が主張立証すべき抗弁と位置づけられます。

　条文は「仕事の目的物に瑕疵があり，そのために契約をした目的を達成することができないときは，注文者は，契約の解除をすることができる」と規定するため，目的を達することができないことは，解除のための要件となり，これを主張する者が主張立証責任を負うかのように読めます。しかし，本来あってはならない「瑕疵」の存在が主張立証される場合，請負人側で「瑕疵があっても契約の目的の達成が可能であること」の主張立証責任を負うと考えるほうが，当事者間の公平からは妥当であるため，当該事実が抗弁事項ではなく，原告の再抗弁事実となると考えられています（大島・実務の基礎406～407頁，加藤・考え方と実務310頁）。

　また，民法635条ただし書において，「建物その他の土地の工作物」については解除権が否定されていますが，請求原因事実において目的物が「建物その他の土地の工作物」かどうかが明らかになるため，これについては特段の主張を要しません。

Plus α

再抗弁

　先に説明したとおり，請負人は「瑕疵があっても契約の目的の達成が可能であること」を再抗弁として主張立証することができます。これにより，解除の主張を「障害」することができます。

要件事実

　瑕疵があっても契約の目的の達成が可能であること

記載例

　設置した床暖房の熱は，10分程度待てば伝わるのであり，これにより床暖房の目的は達せられている。

第5章 金銭請求 不法行為関係訴訟

Step 1 【攻防の棋譜31】 不法行為に関する攻防

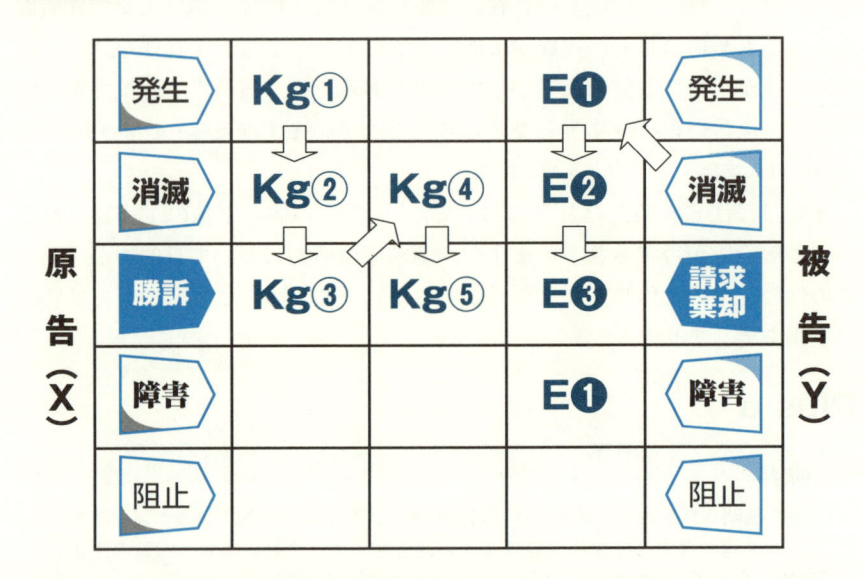

原告(X)						被告(Y)
発生	Kg①			E❶		発生
消滅	Kg②	Kg④		E❷		消滅
勝訴	Kg③	Kg⑤		E❸		請求棄却
障害				E❶		障害
阻止						阻止

請求原因 不法行為に基づく損害賠償請求権の「発生」を基礎づける要件事実
- **Kg①** Xが一定の権利・保護法益を有すること
- **Kg②** Yの上記①に対する加害（侵害）行為
- **Kg③** Yの故意または過失
- **Kg④** 損害の発生とその数額
- **Kg⑤** 加害行為と損害発生との因果関係

抗弁 不法行為債権の「消滅」を基礎づける要件事実
- **E❶** Xが損害および加害者を知ったこと

E❷	上記①の時から3年（時効期間）が経過したこと
E❸	YがXに対し時効援用の意思表示をしたこと
抗弁	不法行為債権の「障害」を基礎づける要件事実
E❶	Xに一定の損害を負担させるべき正当な事由があることを基礎づける事実（過失相殺）

Step 2 《事例問題 5-1》 主たる請求

【Xの言い分】
　平成21年8月1日の午後3時30分頃，私の運転する普通乗用自動車（X所有）にYの運転する軽自動車が突っ込んできました。場所は，東京都新宿区の駅前交差点です。状況としては，私が交差点において赤信号で停車をしていたら，Yの車が後ろから突っ込んできた，というものです。当時，交差点付近の道路状況は悪くなく，Yの前方不注視が原因のようです。それほどスピードをだしてぶつけられたわけではなかったため，幸い怪我はなかったのですが，破損した自動車の後部を修理するのに40万円かかってしまいました。そこで私は，Yに対し，自動車の修理費用40万円の支払を求めます。

① Xの訴訟代理人としてYに訴えを提起する場合の主たる請求の訴訟物を答えなさい。

------

② 請求の趣旨を答えなさい（附帯請求は除く）。

------

③ Xの訴訟代理人としてYに訴えを提起する場合の主たる請求の請求原因事実を答えなさい。

◆解説

1 訴訟物

不法行為に基づく損害賠償請求権

2 請求の趣旨

被告は，原告に対し，40万円を支払え。

Plus α

あわせて附帯請求として遅延損害金を請求する場合，遅延の起算点は，不法行為

の当日となることに注意してください。不法行為に基づく損害賠償請求権は，その発生と同時に履行期が到来し，かつ，不法行為の時から当然に遅滞になると解されているためです（大判明43.10.20, 最判昭37.9.4）。そのため，本事例において，附帯請求もあわせてする場合には，事故の発生日である平成21年8月1日から支払日までの，年5分の割合による遅延損害金の支払を求めることになります。

3 請求原因事実

要件事実
① Xが一定の権利・保護法益を有すること
② Yの上記①に対する加害（侵害）行為
③ Yの故意または過失
④ 損害の発生とその数額
⑤ 加害行為と損害発生との因果関係

記載例
1　平成21年8月1日午後3時30分頃，Xの運転するX所有の普通乗用自動車が東京都新宿区の駅前交差点で信号待ちのため一時停止をしていたところ，Yの運転する軽自動車が追突した。
2　1の事故は，Yが前方注視を怠り安全運転義務に違反した過失により発生した。
3　1の事故により，X運転車両の後部が損傷し，Xはその修理費用として40万円を負担した。

本事例では，Yの前方不注視によりX所有の普通乗用車が損傷しているため，民法709条の不法行為に基づく損害賠償請求権が問題となります。

交通事故が問題となる場合，人身事故事例では，自動車損害賠償保障法3条に基づく運行供用者責任の問題が生じるので，注意が必要です。すなわち，物損事故事例では，民法に基づき不法行為責任を追及するため，加害者の過失は被害者が主張立証しなければなりませんが，人身事故事例では，運行供用者責任を問うことができ，加害者の過失の立証責任が転換されている点に注意を要します。

要件事実①および②につき，交通事故訴訟の場合には，交通事故の発生を基礎づける事実を主張します。具体的には，ⅰ事故発生日時，ⅱ発生場所，

ⅲ加害車両・被害車両，ⅳ運行態様，ⅴ事故態様等を記載します。この点，上記記載例中1に代えて，以下のように整理してもかまいません。

記載例
1　事故の発生
　(1)　日　　時　　平成21年8月1日午後3時30分頃
　(2)　場　　所　　東京都新宿区の駅前交差点
　(3)　原告車両　　普通乗用自動車（足立○り○○○）
　　　 運転者　　X
　(4)　被告車両　　軽自動車（練馬○こ○○○）
　　　 運転者　　Y
　(5)　事故態様　　Xが信号待ちのため一時停止をしていたところ，Yの運転する車両が追突した。

　要件事実③につき，「過失」を主張する場合には，単に「過失があった」と主張するだけでは足りず，これを根拠づける具体的な事実を示します。この点，交通事故訴訟においては，取締法規（道路交通法等）の違反行為があった旨を具体的に主張立証することで，相手方の過失が基礎づけられます。本事例では，「前方注視を怠った」ことを示すことで，Yの過失を基礎づけています。

　要件事実④につき，本事例においては，X所有の普通乗用自動車が事故により損傷したことが「損害の発生」にあたり，その修理費用40万円が「その数額」となります。

　要件事実⑤については，通常は「侵害行為（事故）により損害が発生した」と記載すれば足ります。

《事例問題 5-1-1》 時効

【Yの言い分】
　Xの言うとおり，私の車がXの運転する車に追突したのは事実です。しかし，事故直後であればともかく，3年以上も経った今になって修理費を求められても，法律上これに応じる義務はないのではないでしょうか。

　Yの抗弁の要件事実を答えなさい。なお，上記Yの言い分については，平成25年4月1日にXがYに対して提起した訴えに基づき，同年4月10日の口頭弁論期日において，主張されたものとする。

◆解説

1　抗　弁

要件事実
❶ Xが損害および加害

記載例
1　Xは，平成21年8月1日，本件事

❷上記❶の時から３年（時効期間）が経過したこと
❸ＹがＸに対し時効援用の意思表示をしたこと

者を知ったこと

故により，Ｘ運転車両の後部が損傷し，Ｙが加害者であることを知った。
2　平成24年8月1日は経過した。
3　Ｙは，Ｘに対し，平成25年4月10日の口頭弁論期日において，時効を援用するとの意思表示をした。

　不法行為による損害賠償の請求権は，被害者またはその法定代理人が損害および加害者を知った時から３年間行使しないときは，時効によって消滅します（民724前段）。したがって，被害者が損害および加害者を知った時から３年間権利行使しない場合，被告はこれを主張立証したうえで時効の援用をし，損害賠償請求権の「消滅」を基礎づけることができます。
　要件事実❶中，「損害を知った」という要件については，被害者が，損害が発生したことを知れば足り，その程度や数額を知る必要はないとされています（大判大9.3.10）。

《事例問題 5-1-2》 過失相殺

【Yの言い分】
　Xの言うとおり，私の車がXの運転する車に追突したのは事実です。しかし，Xの主張には誤りがあります。事故当時，信号は青に変わっており，私は停止していた前方の車両（X乗車）が発進するであろうと期待して直進したところ，これに反してX乗車の車が停止したままであったため追突してしまったのです。ですから，追突の原因はXにもあるはずで，私が修理費用の全額をもつ必要はないのではないでしょうか。

　Yの訴訟代理人として主張すべき抗弁の要件事実を答えなさい。

◆解説

1　抗弁

要件事実
　Xに一定の損害を負担させるべき正当な事由（過失）があることを基礎づける事実

記載例
　Xは，本件事故時，交差点において，信号が青に変わった後X運転車両を発車させるべきだったのにこれを怠り，安全運転義務に違反した。

第5章　不法行為関係訴訟　213

不法行為において被害者に過失があった場合には，裁判所は，損害賠償の額を定めるにあたって，それを考慮することができます（過失相殺：民722Ⅱ）。

　被害者の過失が認定されれば，損害の全額から過失割合による減額がなされるため，過失相殺は，損害賠償請求権の発生を一部「障害」すると考えることができます。

　過失相殺を主張する際の要件事実は「被害者（側）の過失を基礎づける具体的事実」となります。

　なお，過失相殺を主張する加害者は，被害者の過失を基礎づける具体的事実を主張立証すれば足り，被害者の過失を考慮すべき旨の権利主張をする必要はありません（大判昭3.8.1参照）。

　過失相殺については，そもそも被害者側の過失を斟酌するか否かは裁判所の自由裁量に委ねられているため（最判昭34.11.26），過失の事実も含め被告による主張を要しないとする考え方もあります（大島・実務の基礎516頁）。しかし，被害者の過失は，不法行為による損害賠償請求権を数額的に少なくするための要件であり，加害者に有利な事情であるから，被害者に過失があることを示すべき事実についての加害者の主張責任は肯定すべきとする見解が有力です。

Step 1 【攻防の棋譜 32】 使用者責任による攻撃

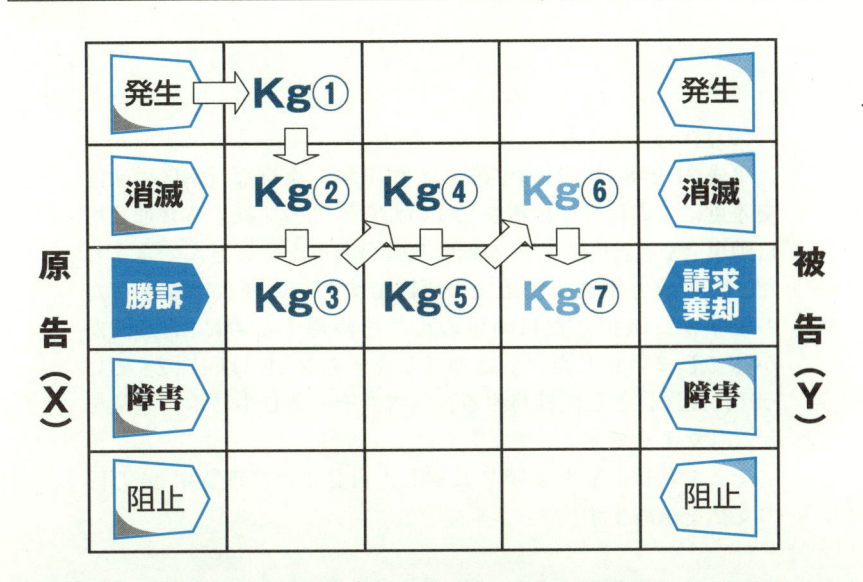

原告(X)						被告(Y)
発生 →	Kg①					発生
消滅	Kg②	Kg④	Kg⑥		消滅
勝訴	Kg③	Kg⑤	Kg⑦		請求棄却
障害						障害
阻止						阻止

請求原因 民法 709 条に基づく損害賠償請求権の「発生」を基礎づける要件事実

- **Kg①** Xが一定の権利・保護法益を有すること
- **Kg②** Yの上記①に対する加害(侵害)行為
- **Kg③** Yの故意または過失
- **Kg④** 損害の発生とその数額
- **Kg⑤** 加害行為と損害発生との因果関係

請求原因 民法 715 条に基づく損害賠償請求権の「発生」を基礎づける要件事実

- **Kg①〜⑤** Yの不法行為の事実
- **Kg⑥** Yによる加害行為以前に,Y・Z間で使用被用関係(指揮監督関係)があったこと
- **Kg⑦** 加害行為がZの事業の執行についてなされたこと

※ すべての要件事実が満たされれば2つの「発生」の駒が裏返る。
　訴訟の盤上においては,主張の分だけ駒がある。

第5章 不法行為関係訴訟

Step 2 《事例問題 5-2》 使用者責任

【Xの言い分】
　平成21年8月1日の午後3時30分頃，東京都新宿区の駅前交差点にて赤信号で停車をしていたら，私の運転する普通乗用自動車（X所有）にYの運転する軽自動車が突っ込んできました。Yの前方不注視が追突の原因です。幸い怪我はなかったのですが，破損した自動車の後部を修理するのに40万円かかってしまいました。Yは運送業を営むZ社（以下「Z」という）に配送員として勤務する社員で，その業務中に本件事故を起こしたようです。
　そこで私は，YおよびZに対し，自動車の修理費用40万円の支払を求めます。

① Xの訴訟代理人としてYおよびZに訴えを提起する場合の主たる請求の訴訟物を答えなさい。

② 請求の趣旨を答えなさい。

③ Xの訴訟代理人としてYおよびZに訴えを提起する場合の主たる請求の請求原因事実を答えなさい。

◆解説

1 訴訟物

> i XのYに対する請求の訴訟物
>   不法行為に基づく損害賠償請求権
> ii XのZに対する請求の訴訟物
>   民法715条に基づく損害賠償請求権

　特殊不法行為責任を追及する場合には，その根拠条文（e.g. 使用者責任であれば「民法715条」）を記載して訴訟物を特定するのが一般的です。

2　請求の趣旨

> 被告らは，原告に対し，連帯して40万円を支払え。

　YとZの損害賠償債務は，<u>不真正連帯債務</u>の関係にあるため（大判昭12.6.30），「連帯して」の文言をもって表現します。

3　請求原因事実（対Y）
　事例問題5-1解説参照（209頁）。

4　請求原因事実（対Z）

要件事実
① Yの不法行為の事実
② Yによる加害行為以前に，Y・Z間で使用被用関係（指揮監督関係）があったこと
③ 加害行為がZの事業の執行についてなされたこと

記載例
1　平成21年8月1日午後3時30分頃，Xの運転するX所有の普通乗用自動車が東京都新宿区の駅前交差点で信号待ちのため一時停止をしていたところ，Yの運転する軽自動車が追突した。
2　1の事故は，Yが前方注視を怠り安全運転義務に違反した過失により発生した。
3　1の事故により，X運転車両の後部が損傷し，Xはその修理費用として40万円を負担した。
4　Zは主として運送を業とする株式会社であり，YはZに配送員として勤務する会社員である。
5　上記1の事故は，Yが，Zの事業である配送業務に従事中に生じたものであり，Zの事業の執行につき発生した。

要件事実②につき，使用被用関係が認められる典型的な場合が雇用契約関係のある場合です。会社とその従業員との間には，一般的に使用被用関係（指揮監督関係）が認められます。ただし，**使用被用関係は雇用契約の有無という形式ではなく，実質的に指揮監督関係があったか否かが判断の基準となる**ことに注意を要します。すなわち，一時的なものや非営利的なものでもよく，契約に基づかなくても実質的に指揮監督関係があれば要件を満たします。

　要件事実③における**「事業の執行について」**とは，加害行為が，使用者の事業の範囲に属すること，および被用者の職務の範囲内であることを意味します。

　使用者の事業の範囲は，使用者の事業自体だけでなく，事業と密接不可分の関係にある事業も含みます。

　また，被用者の職務の範囲は，本来は内部関係から決まるはずですが，被害者保護の観点から，内部関係にとらわれず，行為の外形を標準として客観的に判断されます（外形標準説：最判昭 36.6.9，最判昭 40.11.30）。

第6章 金銭請求
不当利得関係訴訟

Step 1　【攻防の棋譜 33】　不当利得による攻撃

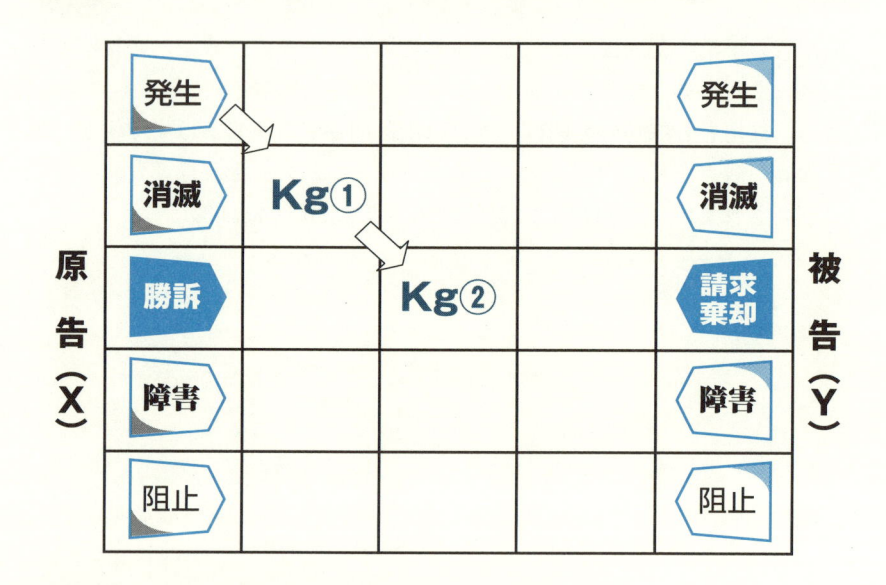

原告(X)					被告(Y)	
発生					発生	
消滅	Kg①				消滅	
勝訴		Kg②			請求棄却	
障害					障害	
阻止					阻止	

請求原因　不当利得返還請求権を基礎づける要件事実
- **Kg①**　被告の利得
- **Kg②**　原告の損失
- **Kg③**　損失と利得間の因果関係
- **Kg④**　被告の利得が法律上の原因に基づかないこと

＜利得型・給付型ケース＞
- **Kg①**　XからYへの給付
- **Kg②**　上記の給付を基礎づけていた法律関係の不存在

＜過払金ケース＞

Kg ①　YとXとが消費貸借契約を締結したこと（貸付年月日，貸付金，弁済期，利息・損害金約定を含む）
Kg ②　XがYに対して利息制限法所定の利率による利息を超える利息・損害金を支払ったこと

Step 2　《事例問題 6-1》　利得型・給付型ケース

【Xの言い分】
　平成25年2月1日，私はYからギターを代金100万円で購入し，その日のうちに代金を支払いました。しかし，購入当時，Yからは，本件ギターは日本で100本のみ販売された希少価値の高い品であるとの説明を受けたのですが，後になって調べてみれば，同モデルは当時大量生産されており，それほどの希少性はないことがわかりました。そこで私は，平成25年3月15日，Yに対して契約を白紙に戻してほしい旨申し入れたところ，Yは渋りながらもこれに応じてくれました。その際念のため，簡単な合意解除証書を作成して互いにサインをしています。
　しかし，契約が解除されたにもかかわらず，Yは私が支払った代金を返してくれないため，その支払を求めます。なお，私は解除の翌日，Yに対してギターを引き渡しています。

①　Xの訴訟代理人として，不当利得を問題としてYに訴えを提起する場合の主たる請求の訴訟物を答えなさい。

----

②　不当利得を問題とする場合の訴状に記載すべき請求の趣旨を答えなさい。

第6章　不当利得関係訴訟

③ Xの訴訟代理人として，不当利得を問題としてYに訴えを提起する場合の主たる請求の請求原因事実を答えなさい。

◆解説

1 訴訟物

不当利得返還請求権

本事例では，不当利得のほか，売買契約の合意解除による原状回復が問題となりますが，設問が不当利得を問題とするため，訴訟物は「不当利得返還請求権」となります。

2 請求の趣旨

被告は，原告に対し，100万円を支払え。

3 請求原因事実

要件事実
① XからYへの給付
② 上記の給付を基礎づけていた法律関係の不存在

記載例
1 YはXに対し，平成25年2月1日，ギターを代金100万円で売った。
2 XはYに対し，平成25年2月1日，上記1の売買契約に基づき代金100万円を支払った。
3 XとYとは，平成25年3月15日，上記1の売買契約を合意解除した。

　法律上の原因なく他人の財産によって利益を受け，そのために他人に損失を及ぼした者は，その利得を返還しなければなりません（民703）。

　そして，売買契約が合意により解除されれば，契約関係が解消され，契約ははじめからなかったのと同様の効果が生じるため，既履行の債務は法律上の原因を失い不当利得となります。

　不当利得返還請求権の「発生」を基礎づける要件事実は，ⅰ被告の利得，ⅱ原告の損失，ⅲ損失と利得間の因果関係，ⅳ被告の利得が法律上の原因に基づかないこととするのが，実務の通説です（司研・事実適示8頁）。

　記載例2の「XはYに対し，平成25年2月1日，代金100万円を支払った。」旨の記載は，上記要件事実のうち，ⅰYの利得の発生，ⅱXの損失の発生，ⅲ損失と利得間の因果関係の要件を充足します。

　さらに，合意解除の事実が，ⅳ被告の利得に法律上の原因がないことを基礎づけています。

　なお，法律上の原因がないことを基礎づけるすべての法律関係の不存在を原告に主張立証させることは，原告にとって酷であり，裁判の内容を紛争の社会実体からかけ離れた空疎なものとするため，**給付を基礎づけていた法律関係が法的には不存在であることを主張立証できれば十分**とされています（大島・実務の基礎508頁）。

　したがって，給付型の不当利得事案では，結局，①XからYへの給付，②①の給付を基礎づけていた法律関係の不存在，が要件事実となります。

《事例問題 6-2》 過払金ケース

【Xの言い分】
　平成 20 年 5 月 22 日，私は友人の Y に 100 万円を借りました。私は，父親である Z の代から 30 年続くパン屋を経営しているのですが，最近，近くにオープンした大型商業施設が原因で，急に客足が減ったために，運転資金の工面が必要となり，Y に頼ることになったのです。その時の約定で，弁済期は 1 年後の平成 21 年 5 月 22 日，利息年 2 割 5 分，となっていましたから，私は約束どおり返済期に 125 万円を Y に支払っています。
　しかし，後になって知ったのですが，どうやら法律上定められたもの以上の利息を支払っていたようなのです。そこで，法律上の基準を超えて払い過ぎた分につき，Y に対して返還を求めます。

① X の訴訟代理人として Y に訴えを提起する場合の主たる請求の訴訟物を答えなさい。

---

② 請求の趣旨を答えなさい（附帯請求は除く）。

---

③ X の訴訟代理人として Y に訴えを提起する場合の主たる請求の請求原因事実を答えなさい。

◆解説

1　訴訟物

不当利得返還請求権

2　請求の趣旨

被告は，原告に対し，10万円を支払え。

Plus α

　附帯請求として，遅延損害金を求める場合には，請求日の翌日から支払済みまでの年5分の割合による金員の支払を求めます。不当利得返還債務は，期限の定めのない債務であるため，履行の請求を受けたときから遅滞の責任を負うからです（民412Ⅲ）。

　ただし，制限利息を超過していることにつき悪意の受益者に対しては，金員交付の日から，民法704条の利息を請求できるため（大判昭2.12.26），そのような場合は金員交付の日から支払済みまでの金員の支払を求めます。

　なお，貸主が貸金業者であっても，遅延損害金の利率は年5分の割合になると解されています。なぜなら，貸金業者による貸付けは商行為として行われるものですが，過払金返還請求権自体は商行為によって生じるものではないからです。

3 請求原因事実

> **要件事実**
> ① YとXとが消費貸借契約を締結したこと（貸付年月日，貸付金，弁済期，利息・損害金約定を含む）
> ② XがYに対して利息制限法所定の利率による利息を超える利息・損害金を支払ったこと

記載例

> 1 Xは，Yから，平成20年5月22日，弁済期を平成21年5月22日，利息を年2割5分，との約定で100万円を借り入れた。
> 2 Xは，Yに対し，平成21年5月22日，1の契約に基づく元金および利息の支払として，125万円を支払った。

利息制限法の制限を超える利息（利息1参照）が支払われた場合，その超過部分は，たとえ利息・損害金として支払われていたとしても，元本に充当されます（最大判昭 39.11.18）。そして，債務者が利息制限法所定の制限を超えて任意に利息・損害金の支払を継続し，計算上元本が完済されたにもかかわらず，その後に支払ってしまった金額（いわゆる「**過払金**」）は，不当利得として返還を求めることができます（最大判昭 43.11.13）。元本と超過利息とを一時に支払った場合でも同様です（最判昭 44.11.25）。

過払金返還ケースでは，①YとXとが消費貸借契約を締結したこと（貸付年月日，貸付金，弁済期，利息・損害金約定を含む），②XがYに対して利息制限法所定の利率による利息を超える利息・損害金を支払ったことを主張立証すれば，不当利得の要件事実を満たします（加藤・考え方と実務 327 頁）。

第7章 明渡請求
賃貸借契約の終了に基づく建物明渡請求

> **Step 1 ①**　【攻防の棋譜 34】　賃貸借契約終了に基づく攻撃

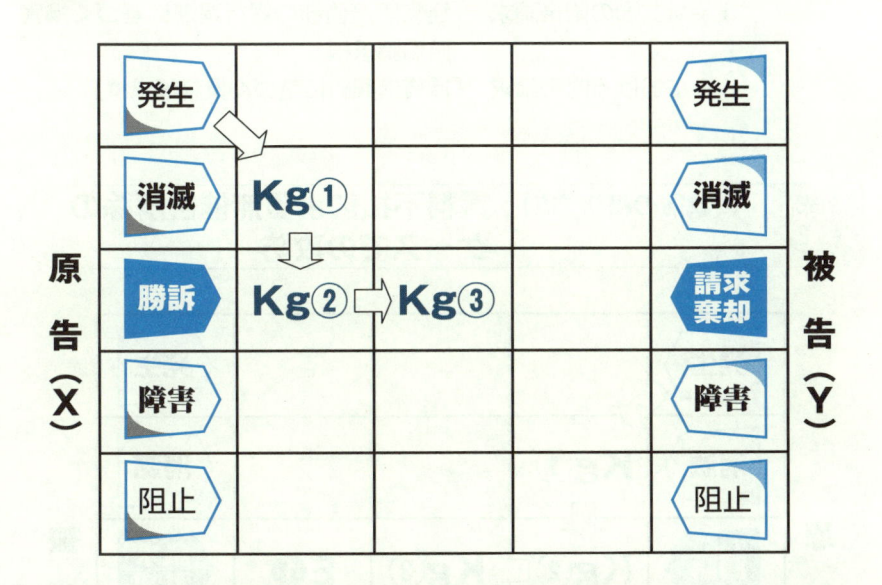

発生				発生
消滅	Kg①			消滅
勝訴	Kg② → Kg③			請求棄却
障害				障害
阻止				阻止

原告（X）／被告（Y）

請求原因　賃貸借契約の終了に基づく目的物返還請求権としての建物明渡請求権を基礎づける要件事実
- **Kg①**　賃貸借契約の締結
- **Kg②**　①の賃貸借契約に基づく建物の引渡し
- **Kg③**　①の賃貸借契約の終了原因事実

　　↓
　　i　賃料不払による無催告解除の場合　→　事例問題 7-1

ii　賃料不払による催告解除の場合　→　事例問題 7-2
　iii　無断転貸解除の場合　→　事例問題 7-3
　iv　用法遵守義務違反による解除の場合　→　事例問題 7-4
　v　賃貸借契約更新拒絶による期間満了の場合　→　事例問題 7-5
　vi　期間の定めのない賃貸借契約の解約申入れの場合　→　事例問題 7-5 + α

　i～vi共通の附帯請求　「建物明渡債務の履行遅滞に基づく損害賠償請求権」
　i ii における附帯請求　「賃貸借契約に基づく賃料請求権」

Step 1 ② 【攻防の棋譜35】 賃料不払による無催告解除のケースでの攻防

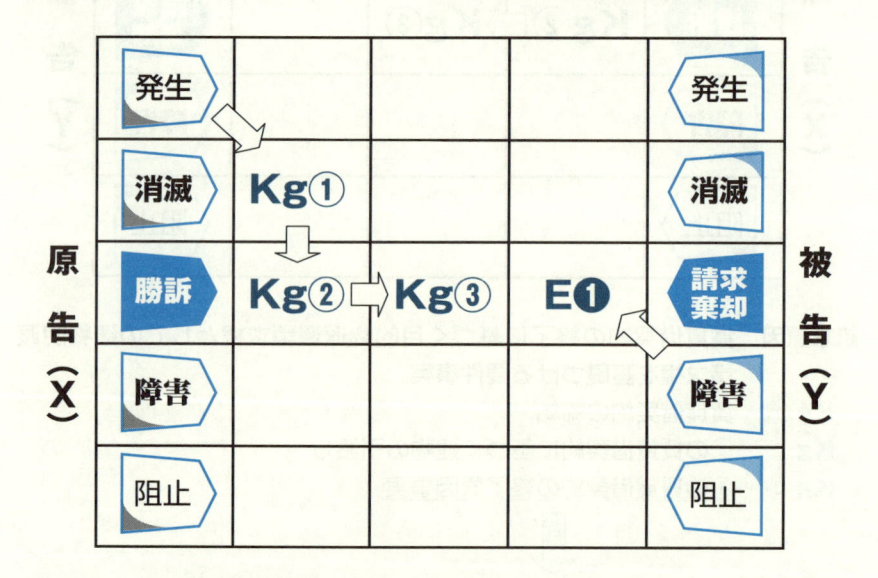

原告 (X) / 被告 (Y)

発生 → Kg① → Kg② → Kg③ → E❶ ← 請求棄却 ← 発生
消滅 / 消滅
勝訴
障害 / 障害
阻止 / 阻止

請求原因　賃貸借契約の終了に基づく目的物返還請求権としての建物明渡請求権を基礎づける要件事実

Kg ①　賃貸借契約の締結
Kg ②　①の賃貸借契約に基づく建物の引渡し
Kg ③　①の賃貸借契約の終了原因事実

⬇　賃料不払による無催告解除の場合

> ア　賃料支払債務を発生させる一定期間の経過
> イ　賃料支払時期の経過
> ウ　無催告解除特約締結の事実
> エ　背信性を基礎づける評価根拠事実
> オ　契約解除の意思表示

抗弁　　解除を「障害」する抗弁
E ❶　賃料債務の消滅を基礎づける事実（e.g. 免除，相殺）
　　　　　　or
E ❶　背信性の評価障害事実

Step 2　《事例問題 7-1》 賃料不払による無催告解除

【Xの言い分】
　私は，昭和 60 年ころ，相続税対策として賃貸用アパートを 1 棟建てました。2 階建ての小さなアパートですが，手入れのよい公園の脇に建っていることもあり，平成 10 年ころまではほとんど空室になることがない状況でした。しかし，平成 15 年ころには状況が変わり，空室が目立ってきたので，1 階部分の入居者が居なくなったのを機会に，1 階部分をテナント用に改装しました（以下，1 階部分を「本件建物」という）。私としては，学習塾でも入ればよいなと思っていたのですが，平成 16 年の春先，Yから子供向けの絵画教室を開くために本件建物を貸してほしいとの申入れがありました。そこで，平成 16 年

5月1日，私はYとの間で，賃料1か月10万円，毎月末日当月分払い，賃貸期間を平成16年5月1日から10年間とする賃貸借契約を締結し，本件建物をYに引き渡しました。なお，本賃貸借契約には，Yが2か月分以上賃料の支払を怠ったときは，何ら催告することなく，ただちに本契約を解除できる旨の特約が付されています。

　その後，教室には順調に生徒が入室した様子で，Yが賃料の支払を怠ることはありませんでした。しかし，平成24年9月分から，毎月振り込まれていた賃料が突然振り込まれなくなったのです。再三にわたり催告したにもかかわらず，これが支払われないため，私は仕方なく契約を解除することにし，平成25年3月1日，Yに電話しその旨を告げました。ところが，Yは本件建物の明渡しに応じようとしません。私としては，一刻も早く本件建物から出て行ってほしいですし，未払賃料も含め，本件建物の明渡しまでの全額を支払ってほしいと考えています。

① Xの訴訟代理人としてYに訴えを提起する場合の主たる請求および附帯請求として最も適切な訴訟物を答えなさい。

② 請求の趣旨を答えなさい（附帯請求を含む）。

③ Xの訴訟代理人としてYに対して主張すべき主たる請求の請求原因事実を答えなさい。

④ Xの訴訟代理人としてYに対して主張すべき附帯請求の請求原因事実を答えなさい。

◆解説

1　訴訟物

主たる請求	賃貸借契約の終了に基づく目的物返還請求権としての建物明渡請求権
附帯請求	ⅰ　賃貸借契約に基づく賃料請求権 ⅱ　履行遅滞に基づく損害賠償請求権

まず，主たる請求の訴訟物についてですが，賃貸借契約の終了に基づく不動産明渡請求訴訟の主たる請求の訴訟物は，1個の賃貸借契約に基づく明渡請求であるかぎり，その終了原因のいかんを問わず，訴訟物は「賃貸借契約の終了に基づく目的物返還請求権としての不動産明渡請求権」の1個となります（一元説：実務・通説）。そのため，訴訟物を表現する際には，債務不履行解除，合意解約，期間満了といった，賃貸借契約の終了原因となる事実を示す必要はありません。

次に，附帯請求の訴訟物についてですが，Xは，「未払賃料も含めて，本件建物明渡しまでの全額を支払ってほしい」と主張していますが，訴訟物という観点からは，この主張には2つの意味が含まれていることを読み取る必要があります。すなわち，当該主張は，ⅰ平成24年9月1日から平成25年3月1日までの賃貸借契約が存在していた期間の賃貸借契約に基づく賃料支払請求と，ⅱ賃貸借契約終了後，平成25年3月2日から本件建物が明け渡されるまでの履行遅滞に基づく損害賠償請求という2つの内容を含むのです。

ⅰの賃料支払請求，およびⅱの損害賠償請求は，賃貸借契約の終了に基づく建物明渡請求とともに請求する場合には主たる請求ではなく附帯請求として位置づけられます（民訴9Ⅱ）。

ⅱについては，当該訴訟物を，不当利得に基づく利得返還請求権や，不法行為に基づく損害賠償請求権として構成することも可能ですが，本事例のように，賃貸借契約の終了に基づく建物明渡請求権を主たる請求の訴訟物とする場合には，「履行遅滞に基づく損害賠償請求権」を附帯請求の訴訟物とするのが自然であるため，ここでは「履行遅滞に基づく損害賠償請求権」を附帯請求の訴訟物とすることを前提に解説します。

2　請求の趣旨

> 主たる請求　被告は，原告に対し，本件建物を明け渡せ。
> 附帯請求　　被告は，原告に対し，平成24年9月1日から本件建物の明渡し済みまで月額10万円の割合による金員を支払え。

　まず，主たる請求の請求の趣旨についてですが，本事例においては，本件建物の「引渡し」ではなく「明渡し」を求めています。

　「引渡し」とは，目的不動産に対する債務者の占有を排除し，債権者に直接支配を移転することをいい，「明渡し」とは，引渡しの一態様であるが，目的不動産等に債務者らが居住し，または物品を置いて占有している場合に，中の物品を取り除き，居住者を立ち退かせて，債権者に完全な直接的支配を移すこととされています（30講303頁）。

　そのため，本事例の主たる請求の請求の趣旨も，「引渡し」ではなく「明渡し」という表現をし，これを区別しています。

　もっとも，不動産の明渡しまたは引渡しを命じる判決が言い渡されれば，いずれにおいても，その強制執行の際，執行官が目的物でない動産を取り除くことができるとされているため，強制執行の点においては違いが生じません（民執168V）。

　次に，附帯請求の請求の趣旨についてですが，ⅰ賃貸借契約に基づく賃料支払請求と，ⅱ履行遅滞に基づく損害賠償請求とを合わせて，「被告は，原告に対し，平成24年9月1日から本件建物の明渡し済みまで月額10万円の割合による金員を支払え。」と表現すれば足ります。請求の趣旨では，給付の法的な性格や理由を記載することができない以上，ⅰに基づく月額10万円の支払と，ⅱに基づく月額10万円の支払とを，分けて記載する必要性が乏しいからです。なお，損害賠償請求における損害の数額は，損害額についての約定がある場合は格別，そうでなければ賃貸借契約終了時の賃料相当額となります。

Plus α

損害金についての約定がある場合

　損害金につき特に約定がある場合には，これに基づく損害金を請求することができます。たとえば，「契約が終了した場合の損害金は賃料倍額相当」と定めているような場合です。このようなケースにおいては，ⅰ賃貸借契約に基づく賃料請求と，ⅱ履行遅滞に基づく損害賠償請求とを分けたうえで，請求の趣旨を表現します。

　たとえば，賃料月額10万円，損害金は賃料倍額相当と定められていて，1月分から5月分までの賃料不払を理由に，6月15日に契約を解除した場合，まず，ⅰ未払賃料55万円の給付を求めます。

> 賃料10万円×5か月分＝50万円
> ＋
> 6月の日割り15日分の賃料として……
> 賃料1か月10万円×15日／30日＝5万円

　さらに，ⅱ損害金として，解除日の翌日である6月16日以降の1か月あたり20万円の割合による金員の支払を求めます。

　したがって，請求の趣旨は，「被告は，原告に対し，55万円および平成○年6月16日から明渡し済みまで，1か月あたり20万円の割合による金員を支払え。」となります。

3　請求原因事実（主たる請求）

要件事実
①賃貸借契約の締結
②①の賃貸借契約に基づく建物の引渡し
③①の賃貸借契約の終了原因事実
　ア　賃料支払債務を発生させる一定期間の経過
　イ　賃料支払時期の経

記載例

1　Xは，Yとの間で，平成16年5月1日，本件建物を，賃料月額10万円で賃貸するとの合意をした（以下「本件賃貸借契約」という）。

2　Xは，Yに対し，平成16年5月1日，本件賃貸借契約に基づき，本件建物を引き渡した。

3　平成24年9月から平成25年2月までの各月末日は経過した。

過
ウ　無催告解除特約締結の事実
エ　背信性を基礎づける評価根拠事実
オ　契約解除の意思表示

4　Xは，Yとの間で，平成16年5月1日，Yが2か月分以上賃料の支払を怠ったときは，Xは，何ら催告を要することなく，ただちに本件賃貸借契約を解除することができるとの特約を締結した。
5　Yの背信性の評価根拠事実
　(1)　Yは，6か月間という長期にわたり賃料を支払っていない。
　(2)　Yは，平成24年9月分からXに何ら事情を説明することなく突然賃料の支払を停止している。
　(3)　Yは，Xから再三にわたり催告されていたにもかかわらずこれに応じていない。
6　Xは，Yに対し，平成25年3月1日，本件賃貸借契約を解除するとの意思表示をした。

　本事例では，賃貸借契約の終了が問題となっていますが，まず，前提となる賃貸借契約の成立要件から確認します（要件事実①）。
　この点，賃貸借契約に関する冒頭規定である民法601条から，ⅰ当事者の一方がある物の使用および収益を相手方にさせることを約したこと，およびⅱ相手方がその対価として賃料を支払うことを約したことの2つが導かれます。
　そのため，前提となる賃貸借契約の成立を基礎づける要件として，上記ⅰおよびⅱを示す必要があります。記載例1にある「Xは，Yとの間で，平成16年5月1日，本件建物を，賃料月額10万円で賃貸するとの合意をした。」との記載がこれに該当します。
　なお，**民法601条には規定されていない賃貸期間の定めは賃貸借契約の成立要件ではない**と解されるので，賃貸借契約の締結を示す事実として，賃

貸期間（「平成16年5月1日から10年間」）を摘示する必要はありません。また，賃貸人が目的物を所有すること，賃料の支払時期の合意（「毎月末日当月分払い」），敷金契約の合意等についても，賃貸借契約の成立要件ではない以上，その記載を要しません。

次に，要件事実②についてですが，この要件は，契約の終了に基づいて目的物の返還を請求するためには，その前提として，契約に基づき目的物がすでに引き渡されていることを要するために要求されるものです。言い方を換えれば，契約の終了に基づく目的物の返還請求権は，目的物をその契約に基づき引き渡すことではじめて基礎づけられることから，要件事実②が必要となります。

かりにまったく別の理由で目的物が相手方に引き渡された場合，賃貸借契約に基づく目的物の返還請求権の発生は基礎づけられません。そのため，主張の際には記載例中の2のように，「本件賃貸借契約に基づき」という表現をしなければなりません。

要件事実③は，目的物の返還請求が認められるためには，賃貸借契約が終了していることを要するために要求されるものです。当事者間での賃貸借契約が継続している間は，賃貸人は目的物を賃借人に使用収益させる義務を負っているため，目的物返還請求権の発生には契約の終了を要するのです。

この点，**契約の終了原因は1つではなく，さまざまな態様が想定される**ため，契約の終了を基礎づける**要件事実もその態様により変化**します。

本事例においては，賃料不払による無催告解除が問題となっているため，そのケースにおける要件事実を検討していきます。

結論としては，以下の事実が，賃料不払による無催告解除を原因とする賃貸借契約の終了を基礎づけます。

ア　賃料支払債務を発生させる一定期間の経過
イ　賃料支払時期の経過
ウ　無催告解除特約締結の事実
エ　背信性を基礎付ける評価根拠事実
オ　契約解除の意思表示

まず，賃料債務の発生が賃料不払の前提となることから，賃料債務の発生を基礎づける要件事実の主張を要します。この点，賃料は，目的物を一定期間使用・収益しうる状態においたことに対する対価であるため，一定期間の経過が賃料債務の発生要件となります（上記ア）。
　そして，賃料不払による無催告解除は，賃料債務の履行遅滞を問題とするものであるため，履行遅滞を基礎づける支払時期の経過を要します（上記イ）。本事例では，「毎月末日当月分払い」の約定がありますが，民法614条所定の支払時期と同じであることから，特に約定がある旨を考慮せず，単純に「平成24年9月から平成25年2月までの各月末日は経過した。」と摘示しています。
　なお，債務の発生を基礎づける一定期間の経過（上記ア）と，履行遅滞を基礎づける支払時期の経過（上記イ）とは，法律上の意味は異なるものの，事実主張としては重なるため，支払時期の経過の事実さえ主張すれば，両事実を主張したことになります。
　上記ウの無催告解除特約締結の事実は，無催告解除が許容される根拠として必要となります。
　しかし，判例は無催告解除の特約が締結されている場合でも，賃貸人の側で，「賃借人の賃貸人に対する信頼関係を破壊する背信性」を主張立証しなければ無催告解除の効果は認められないとしています（最判昭43.11.21〔借家で5か月の不払で解除を認めた事案〕）。つまり，契約を解除するにあたり催告をしなくても不合理とは認められない事情（賃借人の背信性）がなければ，無催告解除の効果は認められないとするのです。そのため，無催告解除が許容される根拠としては，上記ウだけでは足りず，賃借人の「背信性」が必要です。この点，「背信性」は規範的要件であるため，単純に「被告に背信性がある」と主張するだけでは足りず，背信性があると評価しうる具体的事実を主張立証しなければなりません（上記エ）。たとえば，「賃借人は解除原因となる履行遅滞以前にも，相当の回数にわたって賃料を支払っていなかった」という事実があげられます。
　本事例では，①賃料不払が6か月間という長期にわたること，②Yは何らの事情を説明することもなく賃料の支払を停止していること，③Xから再三の催告を受けていたにもかかわらずこれに応じていないこと，を示すこ

とで，背信性を基礎づけることができます。

上記オの解除の意思表示は，民法540条が「解除は，相手方に対する意思表示によってする」と規定するために必要となる要件です。

4 請求原因事実
（附帯請求　賃貸借契約に基づく賃料請求権）

要件事実
①賃貸借契約の締結
②①の賃貸借契約に基づく建物の引渡し
③賃料支払期の到来

記載例
1　主たる請求の1,2に同じ。
2　平成24年9月から平成25年2月までの各月末日は到来した。

要件事実③につき，賃料債権は，賃料の支払期が「到来」すれば行使しうるため，賃料債権の発生を基礎づける事実としては支払期の「到来」で十分となります。

支払期については，これを特に定めなければ民法614条により毎月末日が当月分の支払期となります。その場合には，毎月末日の到来を主張します。

これに対して，毎月末日に翌月分を支払う前払特約がある場合には，毎月末日が翌月分の支払期となります。その場合には，前払特約の存在を摘示したうえで，支払期の到来を主張します。

本事例では，「毎月末日当月分払い」の約定がありますが，民法614条所定の支払時期と同じであることから，特に約定がある旨を考慮せず，単純に「平成24年9月から平成25年2月までの各月末日は到来した。」と摘示します。

（附帯請求　履行遅滞に基づく損害賠償請求権）

要件事実
①賃貸借契約の締結
②①の賃貸借契約に基づ

記載例
1　主たる請求の1から6に同じ。
2　平成25年3月2日以降の本件建物

く建物の引渡し
③①の賃貸借契約の終了
　　原因事実
④損害の発生とその数額

の相当賃料額は，1か月10万円である。

　Yには，賃貸借契約終了に基づく目的物返還義務としての建物明渡義務があるのに，これを履行しない債務不履行（履行遅滞）があるため，履行遅滞に基づく損害賠償請求を求めることが可能です。賃貸借契約終了に基づく目的物返還義務に債務不履行があることを問題とするため，要件事実①から③までが必要となります。

　要件事実④につき，損害の数額は，損害額についての約定がある場合は格別，そうでなければ賃貸借契約終了後の賃料相当額となります。

　損害の発生については，明渡請求の対象となる目的物がいかなる用途にも用いることができない無価値物である場合以外は，特に主張立証を要しません。

《事例問題 7-1-1》 免除・相殺・信頼関係不破壊の抗弁

【Yの言い分】
　私はかれこれ30年近く絵描きをしています。主に銀座やデパートのギャラリーで個展を開く活動をしているのですが，安定収入を確保する必要もあり，絵描きになった当初から絵画教室を開いています。平成16年からは教室を本件建物に移したのですが，公園が脇にあることでデッサンの素材も尽きず，かなり気に入っています。ところで，平成24年の8月に本州を直撃し，多くの被害をもたらした大型台風により本件建物も被害を受け，雨漏りがするようになりました。画材が濡れては大

変だと思い，同月25日，すぐに修繕業者を呼んで必要な修繕をしてもらったのですが，築30年近い木造の建物だったため傷みが激しく，修繕するのに60万円もかかってしまいました。もちろん，費用の負担は当然私ではなくXがすべきものと知っていましたが，急なことだったので，いったん立て替えておくつもりで翌日費用を業者に振り込みました。同月28日，Xにこのことを報告したところ，修繕にかかった費用を負担するかわりに，本件賃貸借契約の9月分から翌年2月分までの賃料60万円を免除しようと言ってくれました。しかし，3月1日，突然Xから電話が入り，「6か月分も賃料を滞納するようではこれ以上本件建物を貸すことはできない。契約を解除する。」と言ってきたのです。Xが何か勘違いしていては困ると思い，私は念のため，修繕費用60万円と，賃料60万円とを相殺する旨の内容証明郵便を送りました。配達記録によれば同月4日にXに配達されています。なお，平成24年3月分以降の賃料は，Xが受け取ってくれないので支払っておりませんが，いつでも支払えるように準備はしてあります。

　Yの訴訟代理人として主張すべき抗弁の要件事実を答えなさい。なお，抗弁が複数ある場合には，抗弁ごとに分けて記載すること。

◆解説

1 免除の抗弁

> **要件事実**
> XはYに対し、請求原因である賃料債務を免除する意思表示をしたこと

> **記載例**
> Xは、Yに対し、平成24年8月28日、平成24年9月分から平成25年2月分までの、60万円分の賃料債務を免除するとの意思表示をした。

免除は、債権の消滅事由のひとつで、債権者の債務者に対する一方的意思表示によってなされます（民519）。

そのため、本事例において、Yの賃料債務が、解除に先立ち、Xにより免除されたことが認められれば、賃料不払の事実は否定されます。更には、債務不履行の存在を前提とする契約解除の効力も「障害」されます。

そのため、賃料債務の免除は、被告が主張立証すべき抗弁と位置づけられます。

2 相殺の抗弁

> **要件事実**
> ❶自働債権の発生原因事実
> ❷受働債権（訴求債権）につき、Yが、Xに対し、一定額について相殺の意思表示をしたこと

> **記載例**
> 1 本件建物について、Yは、平成24年8月25日、修繕業者に雨漏りの修繕工事を行わせた。
> 2 Yは、修繕業者に対し、平成24年8月26日、上記1の修繕費用60万円を支払った。
> 3 Yは、Xに対し、平成25年3月4日、修繕費用債権をもって、平成24年9月から平成25年2月までの6か月分のXの賃料債権とその対当額において相殺するとの意思表示をした。

第7章 賃貸借契約の終了に基づく建物明渡請求

本事例において，Yの賃料債務が，YのXに対する修繕費用の償還請求権と相殺されたことが認められれば，賃料不払の事実が否定されるため，この相殺は被告が主張立証すべき抗弁と位置づけられます。

　本事例での自働債権は，民法608条に基づく必要費償還請求権として構成することができます。そのため，要件事実❶は，民法608条1項に基づく費用償還請求権の発生原因事実となります。

　この点，当該請求権の発生要件は，ⅰ賃貸借契約の成立，ⅱ賃貸借契約に基づく引渡し，ⅲ賃借物について現状を維持しもしくは回復し，または通常の使用収益に適する状態におくために必要な行為をしたこと，ⅳ上記ⅲの行為について費用を支出したことおよびその額とされています（大判昭12.11.16参照）。

　これらのうち，ⅰⅱはXの請求原因から明らかであるため，Yが重ねて主張することを要せず（主張共通の原則），結局Yは，自働債権たる費用償還請求権の発生原因事実として，ⅲⅳのみを主張立証すれば足りることになります。

3　背信性不存在の抗弁

要件事実
　背信性の評価障害事実

記載例

　背信性の評価障害事実
　1　Yは，Xに対し，平成16年5月1日から平成24年8月30日まで，賃料の支払を怠ったことはない。
　2　Yには，賃料をいつでも支払う意思があり，また支払う能力もある。
　3　Xは，Yに対し，平成24年3月1日に至るまで賃料の支払の催告をしていない。

　請求原因のうち，規範的要件であるYの**背信性**を基礎づける**評価根拠事実**の主張に対しては，**背信性の評価障害事実**の主張が抗弁となります。背信

性の評価が障害されれば，これに基づく解除の効力も「障害」されるからです。

　背信性の評価障害事実は，上記記載例のように具体的事実を摘示することが必要です。

| Step 1 | 【攻防の棋譜 36】 賃料不払による催告解除の ケースでの攻防 |

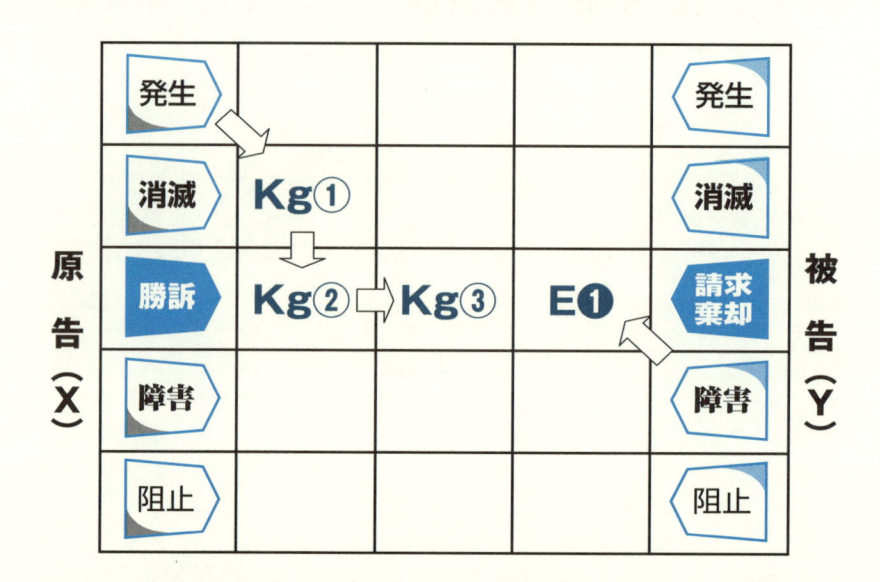

原告(X)	発生				発生	被告(Y)
	消滅	Kg①			消滅	
	勝訴	Kg②	Kg③	E❶	請求棄却	
	障害				障害	
	阻止				阻止	

請求原因 賃貸借契約の終了に基づく目的物返還請求権としての建物明渡請求権を基礎づける要件事実

Kg① 賃貸借契約の締結
Kg② ①の賃貸借契約に基づく建物の引渡し
Kg③ ①の賃貸借契約の終了原因事実

↓ 賃料不払による催告解除の場合

> ア 賃料支払債務を発生させる一定期間の経過
> イ 賃料支払時期の経過
> ウ イ後の賃料支払催告
> エ ウの催告後相当期間の経過
> オ エの後の解除の意思表示
>   or
> オ ウの催告の際，催告期間が経過した時に契約を解除するとの意思表示をしたこと

抗弁 解除の効果を「障害」する要件事実
E ❶ 　解除前の弁済の提供
　　　　　　　or
E ❶ 　背信性の不存在の評価根拠事実（信頼関係不破壊の抗弁）

Step 2 《事例問題 7-2》 賃料不払による催告解除

【Xの言い分】
　平成16年5月1日，私はYとの間で，自己が所有するアパートの1階部分（以下「本件建物」という）を，賃料1か月10万円，毎月末日翌月分払い，賃貸期間を平成16年5月1日から5年間とする賃貸借契約を締結し，同日，本件建物をYに引き渡しました。
　その後，Yが賃料の支払を怠ることはありませんでしたが，平成24年9月分から，毎月振り込まれていた賃料が突然振り込まれなくなりました。私は再三にわたり支払を催告したのですが，これが支払われないため，私は仕方なく契約を解除することにしました。私は，平成25年2月14日，Yに対し内容証明郵便を送り，9月分以降の賃料60万円を2月28日までに支払うよう求めるとともに，同日までに支払がないときは，本件賃貸借を解除する旨の通知をしています。当該内容証明郵便は，2月15日，Yのところに届いたようです。ところが，同月28日を過ぎてもYからの賃料の支払はありません。私としては，一刻も早く本件建物から出て行ってほしく，また，未払賃料も含め，本件建物の明渡しまでの全額を支払ってほしいと考えています。

① Xの訴訟代理人としてYに訴えを提起する場合の最も適

切な主たる請求および附帯請求の訴訟物を答えなさい。

② 請求の趣旨を答えなさい（附帯請求を含む）。

③ Xの訴訟代理人としてYに対して主張すべき主たる請求および附帯請求の請求原因事実を答えなさい。

◆解説

1 訴訟物

主たる請求	賃貸借契約の終了に基づく目的物返還請求権としての建物明渡請求権
附帯請求	ⅰ 賃貸借契約に基づく賃料請求権 ⅱ 建物明渡債務の履行遅滞に基づく損害賠償請求権

2 請求の趣旨

主たる請求	被告は，原告に対し，本件建物を明け渡せ。
附帯請求	被告は，原告に対し，平成24年9月1日から本件建物の明渡し済みまで月額10万円の割合による金員を支払え。

3 請求原因事実
（主たる請求および附帯請求）

要件事実
① 賃貸借契約の締結
② ①の賃貸借契約に基づく建物の引渡し
③ 法定更新の事実
④ ①の賃貸借契約の終了原因事実
　ア　賃料支払債務を発生させる一定期間の経過
　イ　賃料支払時期の経過
　ウ　イ後の賃料支払催告
　エ　ウの催告後相当期間の経過
　オ　ウの催告の際，催告期間が経過した時に契約を解除するとの意思表示をしたこと
⑤ 損害の発生とその数額

記載例

1　Xは，Yとの間で，平成16年5月1日，本件建物を，賃料月額10万円，毎月末日翌月分払い，で賃貸するとの合意をした（以下「本件賃貸借契約」という）。
2　Xは，Yに対し，平成16年5月1日，本件賃貸借契約に基づき，本件建物を引き渡した。
3　XとYは，1の際，賃貸期間を平成16年5月1日から平成21年4月30日までの5年間とする合意をした。
4　1の賃貸借契約は，平成21年5月1日，賃貸期間5年が経過したことにより，法定更新され期間の定めがない賃貸借契約となった。
5　平成24年8月から平成25年1月までの各月末日は経過した。
6　Xは，Yに対して，平成25年2月15日，平成24年9月分から平成25年2月分までの賃料合計60万円の支払を催告した。
7　Xは，Yに対し，6の際，平成25年2月28日が経過したときは，1の契約を解除するとの意思表示をした。
8　平成25年2月28日は経過した。
9　平成25年3月1日以降の本件建物の相当賃料額は，1か月10万円である。

要件事実③の**法定更新**（借地借家26 I）の事実は，法定更新が済んだ後

に契約終了事由が生ずる場合に，前提となる**契約が継続していることを明らかにするため摘示**します。**このような場合には，賃貸期間の定め**（平成16年5月1日から5年間）**を摘示する**ことを要します。

なお，賃貸借契約の目的物が建物である場合には，当然に借地借家法の適用があるため，借地借家法の適用を考慮することを忘れないように注意してください。

要件事実④の賃貸借契約の終了原因事実につき，本事例においては，賃料不払による催告解除が問題となっているため，このようなケースにおける要件事実を検討していきます。

結論的には，以下の事実が，賃料不払による催告解除を原因とする賃貸借契約の終了を基礎づけます。

> ア　賃料支払債務を発生させる一定期間の経過
> イ　賃料支払時期の経過
> ウ　イの後の賃料支払催告
> エ　ウの催告後相当期間の経過
> オ　エの後の解除の意思表示
> 　　　　　or
> オ　ウの催告の際，催告期間が経過した時に契約を解除するとの意思表示をしたこと

まず，賃料債務の発生を基礎づける要件事実として，一定期間の経過を要します（上記ア）。

次に，履行遅滞を基礎づける要件事実として，支払時期の経過を要します（上記イ）。この点，アとイは，事実主張としては重なるため，支払時期の経過の事実を示せばそれで足ります。

本事例では，「毎月末日翌月分払い」の約定があるため，「平成24年8月から平成25年1月までの各月末日は経過した。」と摘示しています（記載例5）。しかし，本事例では，平成24年9月から平成25年2月までの6か月分の賃料については，すでに民法614条所定の支払時期（平成24年9月から平成25年2月までの各月末日）が経過していることから，XY間の賃料前払特約の存在を主張しても実益はなく，同条所定の支払時期（毎月末日）の経過

の事実を主張すれば足りると解することも可能です。

上記ウの要件は，民法541条が「相手方が相当の期間を定めてその履行の催告をし，その期間内に履行がない」ことを履行遅滞による法定解除の要件としているため必要となります。なお，判例により，**相当の期間を定めずに催告しても，催告の時から相当期間を経過すればよく**（最判昭29.12.21），また，たとえ**不相当な期間を催告の際に告げたとしても，客観的に相当と認められる期間を経過しさえすれば，解除権の発生が基礎づけられます**（最判昭31.12.6）。

上記エの要件につき，履行すべき債務の性質，その他客観的事情によって決まり，その相当期間の判断は事案によって一様ではありませんが，通常は1週間から10日ぐらいが選択されています。

上記オの解除の意思表示は，民法540条が「解除は，相手方に対する意思表示によってする」と規定するために必要となる要件です。

催告の際，停止期限付解除の意思表示をしているケースにおいては，催告期間経過後に改めて解除の意思表示をすることを要しません。

《事例問題 7-2-1》 弁済の提供

【Yの言い分】

Xが主張するとおり，私は平成24年9月分から賃料を滞納しておりました。しかし，Xからの内容証明郵便が平成25年2月中旬に届いたため，同月17日，私は大急ぎで滞納していた60万円を用意し，菓子折を持ってX宅に持参しました。そしてXに，今後もこれまでどおり本件建物を貸してほしいと頼んだのですが，Xはこれを断り，金銭の受取りもしてもらえませんでした。私は催告の期間内にお金を用意したわけですから，本件建物を出て行く必要はないのではないでしょうか。

Yの訴訟代理人として主張すべき抗弁の要件事実を答えなさい。

◆解説

1 抗弁

要件事実
解除前の弁済の提供

記載例

Yは，平成25年2月17日，平成24年9月分から平成25年2月分までの賃料合計60万円をX宅へ持参し，その受領を求めた。

YはXに対し，賃料債務の弁済の提供をしたことを主張しています。弁済の提供があれば，債務者は，弁済の提供の時から，債務の不履行によって生ずべきいっさいの責任を免れます（民492）。そのため，弁済の提供によりYの債務不履行状態は解消され，これに伴いXの解除権の発生は「障害」されます。

そのため，解除前に弁済の提供をしたことは，被告が主張立証すべき抗弁と位置づけられます。

なお，弁済すべき金額につき，弁済期到来済みの賃料額だけでは足りず，それに対する遅延損害金債務も付加して提供しなければ適法な提供とはいえないとする考え方もあります。しかし，催告された金額を提供しても解除の効力が発生するという結論は不当であると考えられるため，解答においては，

催告された金額のみの弁済で足りることを前提にしています（30講230頁）。

Plus α

> **信頼関係不破壊の抗弁**
>
> 　賃貸借契約は継続的な契約であるため，売買等と異なり，長期にわたる契約関係により形成された信頼関係が破壊されなければ解除権は発生しないと考えられています。いわゆる「信頼関係破壊の理論」です。
>
> 　そのため，賃料債務の履行遅滞に基づく催告解除（民541）に対して，被告である賃借人は，賃料債務の履行遅滞によっても，Xに対する信頼関係が破壊されていないことを基礎づける具体的事実（＝背信性の不存在の評価根拠事実）を抗弁として主張することができます。いわゆる「信頼関係不破壊の抗弁」です。

| Step 1 | 【攻防の棋譜37】 無断転貸解除のケースでの攻防 |

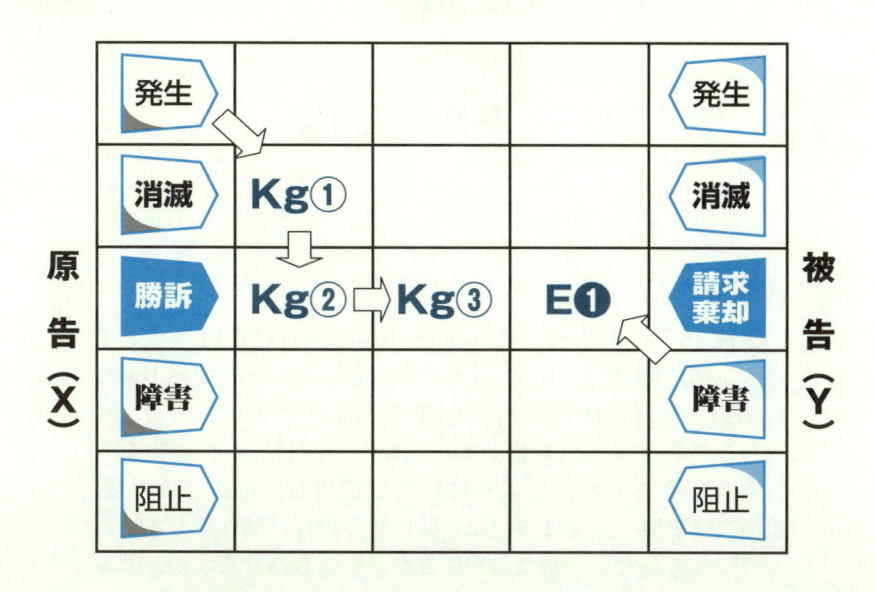

```
         発生                                    発生
         消滅    Kg①                            消滅
原            ↓
告  勝訴    Kg② → Kg③    E❶    請求
(X)                                              棄却    被
         障害                                    障害    告
                                                        (Y)
         阻止                                    阻止
```

請求原因 賃貸借契約の終了に基づく目的物返還請求権としての建物明渡請求権を基礎づける要件事実
Kg① 賃貸借契約の締結
Kg② ①の賃貸借契約に基づく建物の引渡し
Kg③ ①の賃貸借契約の終了原因事実

　　　　↓　無断転貸解除の場合

> ア　Yが第三者と転貸借契約を締結した事実
> イ　第三者が，アの契約に基づき建物の引渡しを受け，建物を使用収益した事実
> ウ　解除の意思表示

抗弁 解除の効果を「障害」する要件事実
E❶ 承諾の明示
　　　　　　or

第7章　賃貸借契約の終了に基づく建物明渡請求

E❶　黙示の承諾と評価しうる具体的事実
　　　　or
E❶　背信性の不存在の評価根拠事実

Step 2　《事例問題 7-3》　無断転貸解除

【Xの言い分】
　平成16年5月1日，私はYとの間で，自己が所有するアパートの1階部分（以下「本件建物」という）を，賃料1か月10万円，毎月末日翌月分払い，賃貸期間を平成16年5月1日から5年間とする賃貸借契約を締結し，同日，本件建物をYに引き渡しました。Yは本件建物を使用し，週に3日程度，絵画教室を開き，生徒のいない時は自分の作品制作をしているとのことでした。子供たちがにぎやかな時もありますが，基本的にはそれほど物音はせず，特に問題はありませんでした。しかし，平成24年4月ころから急に，ノコギリを引く音や，金槌でたたく音が聞こえるようになったのと同時に，知らない男性が頻繁に出入りするのを見かけるようになりました。不審に思った私は，同年8月の初め，その男性に声をかけ，話を聞いてみたところ，Yの作家仲間のZで，4月10日ごろから1か月3万円の約定で本件建物をYから借してもらい，彫刻を作っているというのです。そんな話，Yからは何も聞いていませんでしたし，承服しがたいことであったため，9月の初めにZには出て行ってもらうようYに告げました。しかし，改善がみられなかったので，平成24年12月1日，Yに本件建物の賃貸借契約を解除する旨を口頭で告げました。残念なことですが，私としては，一刻も早く本件建物から出て行ってほしいと考えています。

① Xの訴訟代理人としてYに訴えを提起する場合の主たる請求および附帯請求の訴訟物を答えなさい。

------

② 請求の趣旨を答えなさい（附帯請求を含む）。

------

③ Xの訴訟代理人としてYに対して主張すべき主たる請求および附帯請求の請求原因事実を答えなさい。

◆解説

1 訴訟物

主たる請求	賃貸借契約の終了に基づく目的物返還請求権としての建物明渡請求権
附帯請求	建物明渡債務の履行遅滞に基づく損害賠償請求権

　賃借人が賃貸人の承諾を得ずに賃貸目的物を第三者に転貸した場合（あるいは，賃借権を譲渡した場合）には，賃貸人は，民法612条2項に基づき，賃貸借契約を解除することができます。そこで，本事例では，Yの無断転貸を理由とする賃貸借契約の解除を終了原因として，賃貸借契約の終了に基づく建物の明渡請求をすることが考えられます。このような賃貸借契約の終了に基づく建物明渡請求訴訟の主たる請求の訴訟物は，「賃貸借契約の終了に基づく目的物返還請求権としての建物明渡請求権」となります。

　次に，附帯請求についてですが，賃貸借契約の終了に基づく建物明渡請求では，通常，附帯請求として，賃貸借契約終了後建物明渡しまでの間の賃料相当額の損害賠償があわせて請求されます。当該請求がなされる場合には，「建物明渡債務の履行遅滞に基づく損害賠償請求権」は，建物明渡請求権とは別個独立の訴訟物となります。

　なお，本事例では，賃料の未払は特に問題となっていないため，附帯請求の訴訟物として「賃料請求権」を考慮する必要はありません。

2　請求の趣旨

主たる請求	被告は，原告に対し，本件建物を明け渡せ。
附帯請求	被告は，原告に対し，平成25年1月1日から本件建物の明渡し済みまで月額10万円の割合による金員を支払え。

　附帯請求の請求の趣旨は，「"平成25年1月1日から"本件建物の明渡し済みまで月額10万円の割合による金員を支払え。」となります。本事例では，「毎月末日翌月分払い」の賃料前払特約があり，かつ，Yの賃料不払の事実は示されていないため，平成24年12月分の賃料は11月末日に支払われているはずだからです。

3　請求原因事実

要件事実
①賃貸借契約の締結
②①の賃貸借契約に基づく建物の引渡し
③法定更新の事実
④①の賃貸借契約の終了原因事実
　ア　Yが第三者と転貸借契約を締結した事実
　イ　第三者が，アの契約に基づき建物の引渡しを受け，建物を使用収益した事実
　ウ　解除の意思表示の各事実

記載例
1　Xは，Yに対し，平成16年5月1日，本件建物を，賃料1か月10万円で賃貸した。
2　Xは，Yに対し，平成16年5月1日，1の賃貸借契約に基づき，本件建物を引き渡した。
3　XとYは，1の際，賃貸期間を平成16年5月1日から平成21年4月30日までの5年間とする合意をした。
4　1の賃貸借契約は，平成21年5月1日，賃貸期間5年が経過したことにより，法定更新され期間の定めがない賃貸借契約となった。
5　Yは，Zに対し，平成24年4月10日，本件建物を，賃料1か月3万円で

⑤損害の発生とその数額
　（附帯請求）

> 賃貸した。
> 6　Zは，Yから，平成24年4月10日，5の賃貸借契約に基づいて本件建物の引渡しを受け，以降これを使用した。
> 7　Xは，Yに対し，平成24年12月1日，口頭で，4の建物賃貸借契約を解除するとの意思表示をした。
> 8　平成25年1月1日以降の本件建物の相当賃料額は，1か月10万円である。

　本事例では，賃貸借契約の終了が問題となっていますが，まずは前提となる賃貸借契約の成立要件として，ⅰ目的物の使用収益約束，およびⅱ賃料支払約束に該当する主要事実を主張します（民601）。

　なお，同条には規定されていない賃貸期間の定めは賃貸借契約の成立要件ではないと解されますが，後述するように本事例では法定更新の事実を摘示する必要があるため，賃貸期間（平成16年5月1日から5年間）を記載します。

　要件事実②は，目的物の返還請求権は，目的物をその契約に基づき引き渡してはじめて基礎づけられることから主張すべき要件事実です。ここでは記載例2のように，「1の賃貸借契約に基づき」と摘示することが重要です。

　要件事実③の法定更新（借地借家26Ⅰ）の事実は，法定更新が済んだ後に契約終了事由が生ずる場合に，前提となる契約が継続していることを明らかにするため適示します。

　要件事実④は，目的物の返還請求が認められるためには，賃貸借契約が終了していることを要するために要求される要件事実です。ここでは，本事例が無断転貸による解除の問題であるため，このようなケースにおける要件事実を検討します。

　結論的には，以下の事実が，無断転貸による解除を原因とする賃貸借契約の終了を基礎づけます（民612Ⅱ，540Ⅰ）。

> ア　Yが第三者と転貸借契約を締結した事実
> イ　第三者が，アの契約に基づき建物の引渡しを受け，建物を使用収益

した事実
　ウ　解除の意思表示

　上記イについては，第三者が上記アの契約に基づき目的物の引渡しを受け，**1日でも使用すればその要件を満たす**ため，かりに建物が賃借人に返還されている等，解除時に建物が原状に復しているような場合であっても，イの要件を充足しえます。また，賃貸目的物の一部についての転貸であっても，賃貸借契約の全部についての解除権が発生します（最判昭28.1.30等）。

　上記ウの解除の意思表示は，民法540条1項が「解除は，相手方に対する意思表示によってする」と規定するために必要となる要件です。

　無断転貸の場合，一般的に賃借人Yの背信性が強く，信頼関係が破壊されていると評価できる行為であるため，**無催告解除をすることができます。**

　要件事実⑤は，附帯請求として建物明渡債務の履行遅滞に基づく損害賠償請求を主張する場合に摘示します。

《事例問題7-3-1》　承諾・信頼関係不破壊の抗弁

【Yの言い分】
　Xの言うとおり，私は平成24年4月10日から，作家仲間である彫刻家Zに本件建物を1か月3万円で貸しました。しかし，私は4月1日，Xに対し，作業場にしていた木材加工場が急に閉鎖され困っている彫刻家Zがいるから，適当な作業場が見つかるまで，週に3日程度Zに本件建物を提供してはだめかと相談し，Xは「そういうことならいいですよ。」と承諾してくれたはずです。かりに，Xが承諾してくれたというのが私の思い込みであったとしても，Zの話によれば，XとZは頻繁に顔を合わせ，また，Zが彫刻の材料となる木材を本件建物に

持ち込むところや，彫刻を表に出して出来栄えを確認しているところも見ていたとのことですので，Zが本件建物を使用して彫刻の制作をしていたことはわかっていたはずです。しかし，Zがいる間，Xからは，無断で貸したとか，本件賃貸借契約を解除するなどということは言われていません。それにもかかわらず，12月1日になって突然，無断で貸したから解除すると言ってきたのです。Zへの賃貸は，9月15日にすでに終了しており，Xが本件賃貸借契約を解除すると言った時には，Zは制作の拠点を千葉へ移していたにもかかわらずです。

　Yの訴訟代理人として主張すべき抗弁の要件事実を答えなさい。なお，抗弁が複数ある場合には，抗弁ごとに分けて記載すること。

◆解説

1　明示の承諾の抗弁

要件事実
承諾の明示

記載例
Xは，Yに対し，平成24年4月1日，本件建物の転貸について口頭で承諾の意思表示をした。

　民法612条1項により，目的物の転貸につき賃貸人の承諾があれば，解除権の発生は「障害」されるため，承諾の事実は，被告が主張立証すべき抗弁と位置づけられます。

　賃貸人による承諾は，賃貸借契約を解除する旨の意思表示の前までになさ

れる必要がありますが，承諾の意思表示の相手方は，賃借人と転借人のどちらでもかまわないとされています（最判昭 31.10.5）。

2 黙示の承諾の抗弁

要件事実
黙示の承諾と評価しうる具体的事実

記載例

1 Xは，平成 24 年 4 月ころから，Zと頻繁に顔を合わせ，また，Zが彫刻の材料となる木材を本件建物に持ち込むところや，彫刻を表に出して出来栄えを確認しているところを見ており，YZ間の賃貸借を知っていた。
2 Xは，同年 12 月 1 日にいたるまでの長期に渡り，何らの異議を申し立てなかった。

民法 612 条 1 項における「承諾」には，黙示の承諾も含まれるため，賃貸人の黙示の承諾があれば，解除権の発生は「障害」されます。

黙示の意思表示の要件事実は，黙示の承諾の存在を基礎づける個々の具体的事実になります。

3 信頼関係不破壊の抗弁

要件事実
背信性の不存在の評価根拠事実

記載例

1 Zへの転貸は，週に 3 日程度の限定されたものであり，かつ，その期間は短期間である。
2 Zへの転貸は，平成 24 年 9 月 15 日に終了している。
3 上記 1，2 により，YがZに本件建物を使用させたことについてXに対す

第 7 章 賃貸借契約の終了に基づく建物明渡請求

> る背信行為と認めるに足りない特段の
> 事情がある。

　賃借人が賃貸人の承諾なしに賃貸目的物を転貸したとしても，当該転貸に「賃貸人に対する背信行為と認めるに足りない特段の事情」があるときは，賃貸人の無断転貸を理由とする解除権の発生は「障害」されるため（最判昭28.9.25），背信性の不存在の評価根拠事実は，被告が主張立証すべき抗弁と位置づけられます。

　本事例では，背信性の不存在を根拠づける具体的事実として，転貸が週に3日程度の限定されたものであり，かつ，転貸の期間が短期であったという転貸の程度の軽微性を基礎づける事実を主張しえます。

　また，いったんなされた無断転貸が，すでに原状に復し，現時点では当該事実がないことも主張しえます。

　なお，背信性の不存在の評価根拠事実として記載例1, 2を主張すれば足りるため，3は省略することもできます。

Step
1

【攻防の棋譜38】 用法遵守義務違反による解除に対する攻防

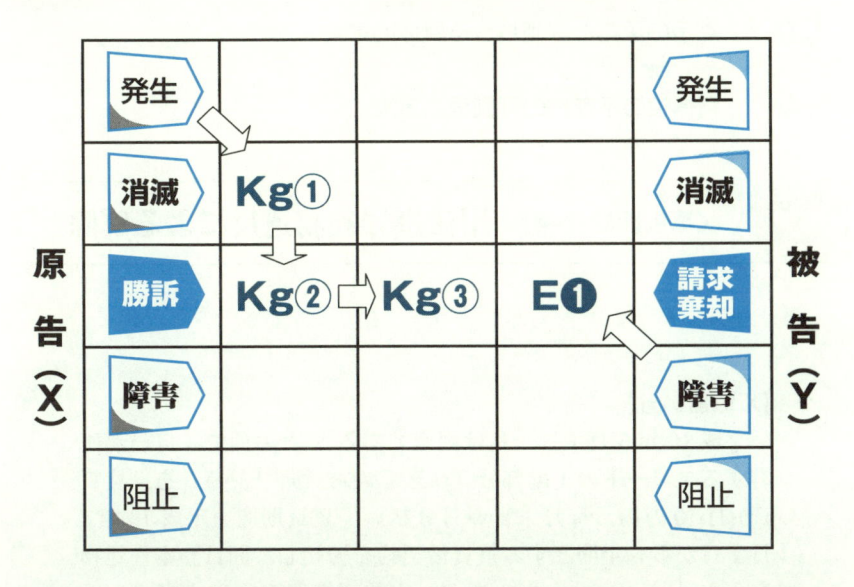

	発生				発生	
原告(X)	消滅	Kg①			消滅	被告(Y)
	勝訴	Kg②	Kg③	E❶	請求棄却	
	障害				障害	
	阻止				阻止	

請求原因 賃貸借契約の終了に基づく目的物返還請求権としての建物明渡請求権を基礎づける要件事実

Kg① 賃貸借契約の締結
Kg② ①の賃貸借契約に基づく建物の引渡し
Kg③ ①の賃貸借契約の終了原因事実

　　　　↓ 用法遵守義務違反による解除の場合

ア	目的物の使用収益方法についての合意
イ	アの合意により定まる用法とは異なる使用収益
ウ	イの使用収益の停止を求める催告
エ	ウの後相当期間内にイの使用収益を止めなかったこと
オ	ウの後相当期間の経過
カ	契約解除の意思表示

抗弁　　解除の効果を「障害」する要件事実
E❶　　承諾の明示
　　　　　　or
E❶　　黙示の承諾と評価しうる具体的事実
　　　　　　or
E❶　　背信性の不存在の評価根拠事実

Step 2　《事例問題 7-4》用法遵守義務違反による解除

【Xの言い分】
　平成16年5月1日，私は画家であるYとの間で，自己が所有するアパートの1階部分（以下「本件建物」という）を，賃料1か月10万円，毎月末日翌月分払い，賃貸期間を平成16年5月1日から5年間とする賃貸借契約を締結し，同日，本件建物をYに引き渡しました。なお，本賃貸借契約はYが子供向けの絵画教室を開く目的のために締結されたもので，契約条項のなかには，本件建物は絵画教室として使用するとの合意があります。
　その後，教室には順調に生徒が入室した様子で，本件建物に隣接する公園でデッサンをしている姿などを時々見かけました。しかし，平成24年4月ころから急に子供たちの姿を見かけなくなり，代わりに，不特定多数の大人が本件建物に出入りするのを見かけるようになりました。不審に思った私は，同年6月の初め，Yに問い詰めたところ，3月末に教室を閉め，4月10日からは，個展を開くためのギャラリーとして使用しているというのです。私は，それでは約束が違うと思い，6月25日，すぐにギャラリーとしての使用をやめるようYに告げました。しかし，改善がみられなかったので，本件建物の賃貸借契約を

解除する旨を平成24年7月25日到着の内容証明郵便で告げました。Yには、一刻も早く本件建物から出て行ってほしいですし、本件建物の明渡しまでの賃料相当額についても支払ってもらいたいと考えています。

① Xの訴訟代理人としてYに訴えを提起する場合の主たる請求および附帯請求の訴訟物を答えなさい。

----

② 請求の趣旨を答えなさい（附帯請求を含む）。

----

③ Xの訴訟代理人としてYに対して主張すべき主たる請求および附帯請求の請求原因事実を答えなさい。

◆解説

1　訴訟物

　　主たる請求　　賃貸借契約の終了に基づく目的物返還請求権としての建物明渡請求権
　　附帯請求　　　建物明渡債務の履行遅滞に基づく損害賠償請求権

　賃借人が，契約によって定まった用法に違反する使用・収益をした場合，賃貸人は，賃貸借契約を解除することができます（民法616・594ⅠⅢ）。そこで，本事例では，Yの用法遵守義務違反を理由とする賃貸借契約の解除を終了原因として，賃貸借契約の終了に基づく建物の明渡請求をすることが考えられます。賃貸借契約の終了に基づく建物明渡請求訴訟ですので，主たる請求の訴訟物は，「賃貸借契約の終了に基づく目的物返還請求権としての建物明渡請求権」となります。

　また，附帯請求として，賃貸借契約終了後建物明渡しまでの間の賃料相当額の損害賠償を請求でき，この訴訟物は，「建物明渡債務の履行遅滞に基づく損害賠償請求権」となります。

2 請求の趣旨

> 主たる請求　被告は，原告に対し，本件建物を明け渡せ。
> 附帯請求　　被告は，原告に対し，平成24年8月1日から本件建物の明渡し済みまで月額10万円の割合による金員を支払え。

　附帯請求の請求の趣旨は，「"平成25年8月1日から"本件建物の明渡し済みまで月額10万円の割合による金員を支払え。」となります。本事例では，「毎月末日翌月分払い」の賃料前払特約があり，かつ，Yの賃料不払の事実は示されていないため，平成24年7月分の賃料は6月末日に支払われているはずだからです。

3 請求原因事実

要件事実
①賃貸借契約の締結
②①の賃貸借契約に基づく建物の引渡し
③法定更新の事実
④①の賃貸借契約の終了原因事実
　ア　目的物の使用収益方法についての合意
　イ　アの合意により定まる用法とは異なる使用収益
　ウ　イの使用収益の停止を求める催告
　エ　ウの後相当期間内にイの使用収益を止

記載例
1　Xは，Yに対し，平成16年5月1日，本件建物を，賃料1か月10万円で賃貸した。
2　Xは，Yに対し，平成16年5月1日，1の賃貸借契約に基づき，本件建物を引き渡した。
3　XとYは，1の際，賃貸期間を平成16年5月1日から平成21年4月30日までの5年間とする合意をした。
4　1の賃貸借契約は，平成21年5月1日，賃貸期間5年が経過したことにより，法定更新され期間の定めがない賃貸借契約となった。
5　XとYは，1の契約締結の際，本件建物を絵画教室として使用するとの合

第7章　賃貸借契約の終了に基づく建物明渡請求

めなかったこと
　　オ　ウの後相当期間の
　　　　経過
　　カ　契約解除の意思表
　　　　示
　⑤損害の発生とその数額
　　（附帯請求）

意をした。
6　Yは，平成24年4月10日から，本件建物をギャラリーとして使用した。
7　Xは，Yに対し，平成24年6月25日，6の使用を止めるよう催告した。
8　Yは，7の催告の後，平成24年7月24日までの間，6の使用を継続した。
9　平成24年7月24日は経過した。
10　Xは，Yに対し，平成24年7月25日到達の内容証明郵便により，4の建物賃貸借契約を解除する意思表示をした。
11　平成24年8月1日以降の本件建物の相当賃料額は，1か月10万円である。

　本事例では，賃貸借契約の終了が問題となっていますが，まずは前提となる賃貸借契約の成立要件として，ⅰ目的物の使用収益約束，およびⅱ賃料支払約束に該当する主要事実を主張します（民601）。
　なお，同条には規定されていない賃貸期間の定めは賃貸借契約の成立要件ではないと解されますが，後述するように本事例では法定更新の事実を摘示する必要があるため，賃貸期間（平成16年5月1日から5年間）を記載します。
　要件事実②は，目的物の返還請求権は，目的物をその契約に基づき引き渡してはじめて基礎づけられることから主張すべき要件事実です。ここでは記載例2のように，「1の賃貸借契約に基づき」と摘示することが重要です。
　要件事実③の法定更新（借地借家26Ⅰ）の事実は，法定更新が済んだ後に契約終了事由が生ずる場合に，前提となる契約が継続していることを明らかにするため適示します。
　要件事実④は，目的物の返還請求が認められるためには，賃貸借契約が終了していることを要するために要求される要件事実です。ここでは，本事例が用法遵守義務違反による解除の問題であるため，このようなケースにおけ

る要件事実を検討します。

結論的には，以下の事実が，用法遵守義務違反による解除を原因とする賃貸借契約の終了を基礎づけます（民616・594ⅠⅢ）。

> ア　目的物の使用収益方法についての合意
> イ　アの合意により定まる用法とは異なる使用収益
> ウ　イの使用収益の停止を求める催告
> エ　ウの後相当期間内にイの使用収益を止めなかったこと
> オ　ウの後相当期間の経過
> カ　契約解除の意思表示

上記アについては，使用収益方法についての合意がない場合も考えられ，その場合は「その目的物の性質によって定まった用法」をすることが賃借人に義務づけられます。そのため，これに違反すれば，合意がない場合も解除の対象となります（民616・594ⅠⅢ）。

上記ウからオは，賃貸借契約の解除が，民法612条の無断譲渡・転貸を除いて，同法540条以下の法定解除の規定によるべきと考えられるため，同法541条に基づく催告として要求される要件事実です（加藤・考え方と実務177頁）。

もっとも，**賃借人の義務違反が賃貸借契約の継続を著しく困難にする背信行為にあたる場合には，無断転貸に基づく解除と同様，無催告で解除できる**とされています（最判昭27.4.25，最判昭38.9.27，最判昭47.11.16）。

要件事実⑤は，附帯請求として建物明渡債務の履行遅滞に基づく損害賠償請求を主張する場合に摘示します。

Plus α

用法遵守義務違反で無催告解除できるケース

用法遵守義務違反が賃貸借契約の継続を著しく困難にする背信行為にあたるとして無催告解除できる具体的な例として，無断増改築という用法遵守義務違反がある場合があげられます。

無断増改築がなされた場合，通常その結果の除去は社会通念上不能であるため，

賃借人の義務違反が賃貸借契約の継続を著しく困難にする背信行為があると評価できます。

この場合，催告等の事実（前記ウからオ）に代えて，無断増改築行為が背信行為に該当する旨の具体的事実を主張立証することになります（最判昭38.9.27）。

《事例問題 7-4-1》 明示の承諾・黙示の承諾

【Yの言い分】
　Xの言うとおり，私は平成24年4月10日から，本件建物をギャラリーとして使用しています。
　しかし，私は4月1日，Xに対して，しばらくギャラリーとして使用することを承諾してほしいと相談しており，Xは「かまいませんよ」と言ってくれたはずです。
　かりに，Xが承諾してくれたというのが私の思い込みであったとしても，4月10日からは，本件建物の表に「アートギャラリーY」という看板を設置しており，毎日本件建物の前を通るXの目には当然入っていたはずです。それにもかかわらず，2か月以上経過した6月25日までXは何らの異議を述べていなかったのですから，遅くとも6月中旬には承諾していたはずです。

　Yの訴訟代理人として主張すべき抗弁の要件事実を答えなさい。なお，抗弁が複数ある場合には，抗弁ごとに分けて記載すること。

◆解説

1 明示の承諾の抗弁

要件事実
承諾の明示

記載例

Xは，Yに対し，平成24年4月1日，本件建物をギャラリーとして使用することにつき，口頭で承諾の意思表示をした。

2 黙示の承諾の抗弁

要件事実
黙示の承諾と評価しうる具体的事実

記載例

1 Yは，平成24年4月10日から本件建物をギャラリーとして使用し，本件建物の表に看板を設置している。
2 Xは，本件建物の前を毎日通行するため，本件建物がギャラリーとして使用されていることは知っていたにもかかわらず，平成24年6月25日まで一度も異議を述べたことがない。
3 上記1, 2により，遅くとも6月中旬には，XはYに対し黙示の承諾の意思表示をした。

　賃貸人の承諾があれば，用法遵守義務違反とはならないため，賃貸人が承諾した事実は解除権の発生を「障害」する，被告が主張立証すべき抗弁と位置づけられます。

Plus α

信頼関係不破壊の抗弁

　賃借人が賃貸人の承諾なしに用法遵守義務に違反したとしても，「賃貸人に対する背信行為と認めるに足りない特段の事情」があるときは，賃貸人の用法遵守義務違反を理由とする解除権の発生は「障害」されるため（最判昭41.4.21），背信性の不存在の評価根拠事実は，被告が主張立証すべき抗弁と位置づけられます。

Step 1① 【攻防の棋譜 39】 賃貸借契約更新拒絶のケースでの攻防

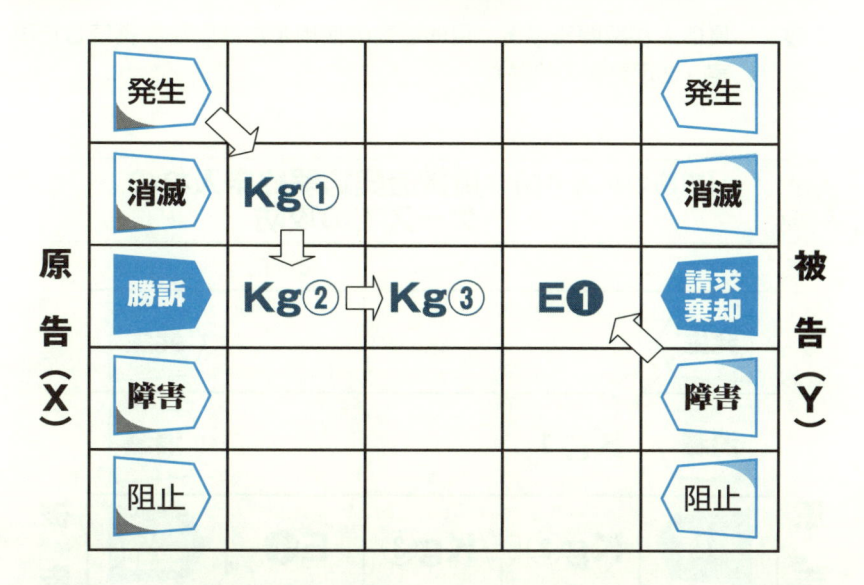

原告（X）						被告（Y）
発生					発生	
消滅	Kg①				消滅	
勝訴	Kg②	→ Kg③	E❶	請求棄却		
障害					障害	
阻止					阻止	

請求原因 賃貸借契約の終了に基づく目的物返還請求権としての建物明渡請求権を基礎づける要件事実
- **Kg①** 賃貸借契約の締結
- **Kg②** ①の賃貸借契約に基づく建物の引渡し
- **Kg③** ①の賃貸借契約の終了原因事実

↓ 賃貸借契約更新拒絶による期間満了の場合

> ア　賃貸期間の定め
> イ　存続期間の経過
> ウ　期間満了の1年前から6か月前までの間に相手方に対して更新をしない旨の通知をしたこと
> エ　更新拒絶について正当の事由があったこと

抗弁 建物明渡請求権の発生を「障害」する要件事実
- **E❶** 正当事由の評価障害事実
  　　　or
- **E❶** 賃借人が期間経過後，目的建物の使用または収益を継続した事実（法定更新の抗弁）

Step 1 ② 【攻防の棋譜 40】 賃貸借契約解約申入れのケースでの攻防

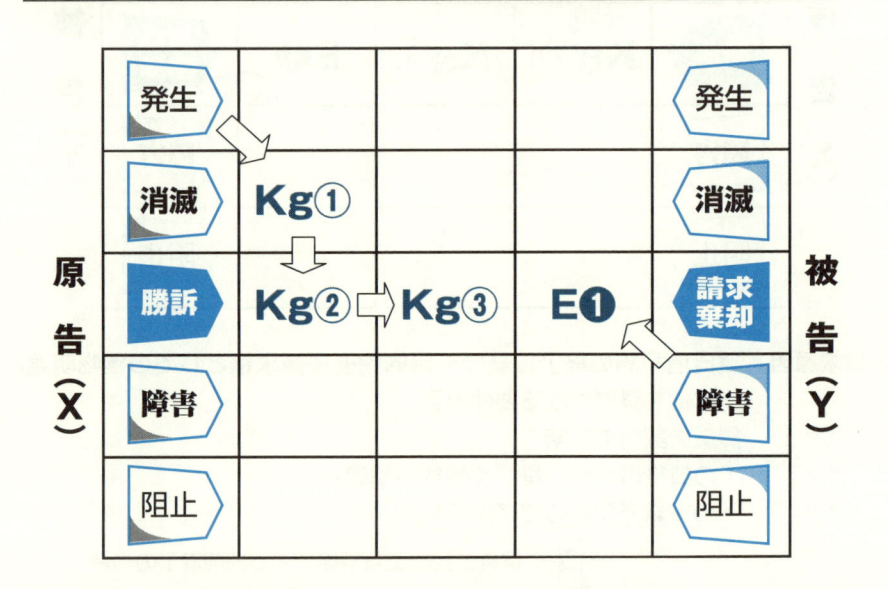

原告(X)					被告(Y)
発生					発生
消滅	Kg①				消滅
勝訴	Kg②	Kg③	E❶		請求棄却
障害					障害
阻止					阻止

請求原因 賃貸借契約の終了に基づく目的物返還請求権としての建物明渡請求権を基礎づける要件事実
- **Kg①** 賃貸借契約の締結
- **Kg②** ①の賃貸借契約に基づく建物の引渡し
- **Kg③** ①の賃貸借契約の終了原因事実
　　　　↓ 賃貸借契約解約申入れによる満了の場合

ア　法定更新により賃貸借契約が期間の定めのない賃貸借
　　　となったこと
　　イ　賃貸借契約の解約申入れの意思表示
　　ウ　解約申入れについて正当の事由があったこと
　　エ　イの後，6か月が経過したこと

抗弁　　建物明渡請求権の発生を「障害」する要件事実
E❶　正当事由の評価障害事実
　　　　　　　　or
E❶　賃借人が，解約申入れがなされ，6か月の期間経過後に，目的
　　建物の使用または収益を継続した事実（法定更新の抗弁）

Step 2　《事例問題 7-5》 **賃貸借契約更新拒絶**
　　　　　　　　　　　　（期間の定めのある場合）

【Xの言い分】
　平成15年2月1日，私は画家であるYとの間で，自己が所有するアパートの1階部分（以下「本件建物」という）を，賃料1か月10万円，毎月末日翌月分払い，賃貸期間を平成15年2月1日から5年間とする賃貸借契約を締結し，同日，本件建物をYに引き渡しました。5年が経った平成20年1月31日には，従前と同じ，賃料1か月10万円，賃貸期間を平成20年2月1日から5年間として契約を更新しています。
　ところで，私は昭和55年ころから東京都台東区のAビルの1階フロアを借り，おもちゃ屋を営んでいます。これまで何とかやってきたのですが，同業他社との競争が激しさを増し，平成20年ころからは赤字をだすようになりました。平成23年10月からはテナント料30万円もまかなえないほど売上げが低迷し，今現在は貯金を切り崩して凌いでいる状態です。このま

まいけば，経済的に破綻し，破産手続申立てを余儀なくされるおそれすらあります。そこで，平成25年の1月末でYとの賃貸期間が終わるため，Yには本件建物から出て行ってもらい，本件建物に自分の店を移転することを決意しました。平成24年7月7日到達の内容証明郵便で，Yには賃貸借契約を更新しない旨伝えています。しかし，Yは賃貸期間が終了した現在も本件建物から退去していません。たしかにYには悪い気もしますが，私は本件建物以外に不動産を所有しておらず，仕方なく決断したことですので，Yには一刻も早く立ち退いてもらうと同時に，明渡しまでの賃料相当額については支払ってもらいたいと思っています。

① Xの訴訟代理人としてYに訴えを提起する場合の主たる請求および附帯請求の訴訟物を答えなさい。

② 請求の趣旨を答えなさい（附帯請求を含む）。

③ Xの訴訟代理人としてYに対して主張すべき請求の請求原因事実を答えなさい。

④ Yの訴訟代理人として構成しうる抗弁を答えなさい（個々の具体的な要件事実の記載は要しない）。

◆解説

1 訴訟物

主たる請求	賃貸借契約の終了に基づく目的物返還請求権としての建物明渡請求権
附帯請求	建物明渡債務の履行遅滞に基づく損害賠償請求権

　本事例は，賃貸借契約の期間満了と，その更新の拒絶による契約関係の解消に基づき，建物の明渡しを求めている事案です。賃貸借契約の終了に基づく建物明渡請求訴訟ですので，主たる請求の訴訟物は，「賃貸借契約の終了に基づく目的物返還請求権としての建物明渡請求権」となります。

　また，附帯請求として，賃貸借契約終了後建物明渡しまでの間の賃料相当額の損害賠償を請求でき，かかる附帯請求の訴訟物は，「建物明渡債務の履行遅滞に基づく損害賠償請求権」となります。

2 請求の趣旨

主たる請求	被告は，原告に対し，本件建物を明け渡せ。
附帯請求	被告は，原告に対し，平成25年2月1日から本件建物の明渡し済みまで月額10万円の割合による金員を支払え。

3 請求原因事実

要件事実	記載例
①賃貸借契約の締結 ②①の賃貸借契約に基づく建物の引渡し ③合意による契約更新の事実	1　Xは，Yに対し，平成15年2月1日，本件建物を，賃料1か月10万円として賃貸した。 2　Xは，Yに対し，平成15年2月1日，1の賃貸借契約に基づき，本件建

④①の賃貸借契約の終了原因事実
　ア　賃貸期間の定め
　イ　存続期間の経過
　ウ　期間満了の1年前から6か月前までの間に相手方に対して更新をしない旨の通知をしたこと
　エ　更新拒絶について正当の事由があったこと
⑤損害の発生とその数額
　（附帯請求）

物を引き渡した。
3　XとYは，1の際，賃貸期間を平成15年2月1日から平成20年1月31日までの5年間とする合意をした。
4　XとYは，平成20年1月31日，上記賃貸借契約を，賃貸期間同年2月1日から5年，賃料1か月10万円の約定で更新することを合意した。
5　平成25年1月31日は経過した。
6　XはYに対して，平成24年7月7日到達の内容証明郵便で，上記賃貸借契約を更新しないとの意思表示をした。
7　更新拒絶について正当の事由があったことの評価根拠事実
　(1)　Xは昭和55年ころから東京都台東区のAビル1階フロアを借り，おもちゃ屋を営んでいる。
　(2)　ところが，平成20年ころから売上げが低下し，赤字を出すようになった。
　(3)　平成23年10月からはテナント料30万円もまかなえないほど売上げが低迷している。
　(4)　今現在は貯金を切り崩して凌いでいる状態であり，この状況が続けばXは経済的に破綻し，破産手続申立てを余儀なくされる恐れがある。
　(5)　Xは，本件建物以外に不動産を所有していない。
以上のとおり，Xには自己使用の必

> 要性が強く，更新拒絶には正当事由が存する。
> 8 平成25年2月1日以降の本件建物の相当賃料額は，1か月10万円である。

　本事例では，賃貸借契約の終了が問題となっていますが，まずは前提となる賃貸借契約の成立要件として，ⅰ目的物の使用収益約束，およびⅱ賃料支払約束に該当する主要事実を主張します（民601）。

　なお，同条には規定されていない賃貸期間の定めは賃貸借契約の成立要件ではないと解されますが，後述のとおり本事例では契約更新の事実を摘示する必要があるため，賃貸期間（平成16年5月1日から5年間）を記載します。

　要件事実②は，目的物の返還請求権は，目的物をその契約に基づき引き渡してはじめて基礎づけられることから主張すべき要件事実です。ここでは記載例2のように，「1の賃貸借契約に基づき」と摘示することが重要です。

　要件事実③の合意による契約更新の事実は，契約の更新により，平成25年1月末日までの賃貸期間の定めがあることを明らかにするために必要となる要件事実です。

　なお，合意による契約更新の事実がなくとも，賃貸期間の満了の事実があれば，法定更新が基礎づけられますが（借地借家26Ⅰ本文），法定更新後の賃貸借契約は，期間の定めのない賃貸借となり（同条Ⅰただし書），主張立証すべき要件事実が変わってしまうため，7-5の事例では，合意による契約更新の事実を主張せずに，法定更新の事実を主張することは誤りということになります。

　要件事実④は，目的物の返還請求が認められるためには，賃貸借契約が終了していなければならないために要求される要件事実です。ここでは，本事例が賃貸借契約の更新を拒絶したことによる期間満了の問題であるため，この場合のケースにおける要件事実を検討していきます。

　結論的には，以下の事実が要件事実となります。

> ア　賃貸期間の定め

> イ　存続期間の経過
> ウ　期間満了の1年前から6か月前までの間に相手方に対して更新をしない旨の通知をしたこと
> エ　更新拒絶について正当の事由があったこと

　民法上の期間の定めのある賃貸借は，契約に定める期間の満了をもって終了するはずです。しかし，建物を目的とする賃貸借契約については，**借地借家法26条1項**によりこれが修正されています。すなわち，契約の更新を望まない当事者が，ⅰ「**期間満了の1年前から6か月前までの間に相手方に対して更新をしない旨の通知**」，またはⅱ「**期間満了の1年前から6か月前までの間に……条件を変更しなければ更新をしない旨の通知**」をしなければ，従前の契約と同一の条件で契約を更新したものとみなされてしまうのです（法定更新）。そのために，上記ウが契約の終了を基礎づける要件事実となります。

　また，上記ⅰⅱの通知は，「正当の事由」があると認められる場合でなければすることができないとされています（借地借家28）。そのために，上記エが契約の終了を基礎づける要件事実となります。「正当の事由」が要件となる趣旨は，賃借建物が生活や営業の本拠となっていることが多いため，貸主側の一方的な都合で借主の生活の基盤が失われることを防ごうという点にあります。

　「正当の事由」は規範的要件であるため，単に「正当の事由があった」と指摘するだけでは足りず，「正当の事由」があったと評価しうる根拠を具体的に記載する必要があります。正当事由の存在を基礎づける事実としては，賃貸人が建物の使用を必要とする事情，建物賃貸借に関する従前の経過，建物の利用状況，建物の現況，および賃貸人からの立退料の申出等がこれにあたります（借地借家28）。

　要件事実⑤は，附帯請求として建物明渡債務の履行遅滞に基づく損害賠償請求を主張する場合に摘示します。

4 抗弁

> ❶ 正当事由の評価障害事実
> ❷ 期間経過後の継続使用（法定更新の抗弁）

(1) 抗弁──正当事由の評価障害事実（「障害」）

正当事由の評価障害事実は，建物明渡請求権の発生を「障害」する，被告が主張立証すべき抗弁となります。**正当事由の評価障害事実は，正当事由の評価根拠事実と両立しつつ，その評価をマイナス方向へ基礎づける事実であることを要します。**たとえば，賃借人側の使用の継続の必要性などがこれに該当します。

(2) 抗弁──期間経過後の継続使用（「障害」）

更新拒絶の通知がなされたとしても，期間満了後に賃借人が目的建物の使用収益を継続している場合に，賃貸人が遅滞なく異議を述べないときには，従前の賃貸借と同一の条件で賃貸借契約が締結されたものとみなされます（借地借家26Ⅱ）。そのため，賃借人が期間経過後，目的建物の使用または収益を継続した事実が，建物明渡請求権の発生を「障害」する抗弁と位置づけられます。

Plus α

> **解約申入れ（期間の定めのない場合［法定更新］）**
>
> 　事例問題7-5では，XとYとの合意により賃貸借契約が更新されているケースを確認しました。ここでは，当事者の合意により契約が更新されず，法定更新されたケースについて検討します。
> 　当初の賃貸期間の満了により，契約が法定更新された場合，法定更新後の賃貸借契約は，期間の定めのない賃貸借となります（借地借家26Ⅰただし書）。
> 　期間の定めのない賃貸借の場合，当事者による解約の申入れによって，契約関係の解消が認められます。そして，民法617条により，**各当事者はいつでも解約の申入れをすることが可能です。**
> 　しかし，借地借家法の適用を受ける建物賃貸借の場合，この解約の申入れには，

正当の事由がなくてはなりませんし（借地借家28），また，解約の申入れが認められる場合であっても，賃貸借契約が解消されるには，解約の申入れの日から6か月を経過することが必要です（借地借家27Ⅰ）。
　そのため，賃貸借契約の終了原因として主張立証が必要になる要件事実は，以下のとおりとなります。

ア　法定更新により賃貸借契約が期間の定めのない賃貸借となったこと
イ　賃貸借契約の解約申入れの意思表示
ウ　解約申入れについて正当の事由があったこと
エ　イの後，6か月が経過したこと

　事例問題7－5において，当事者の合意による契約更新の事実がなく，また，平成24年7月7日到達の内容証明郵便の内容が解約の申入れであった場合を想定して要件事実を記載すると以下のとおりとなります。

要件事実
①賃貸借契約の締結
②①の賃貸借契約に基づく建物の引渡し
③法定更新の事実
④①の賃貸借契約の終了原因事実
　ア　法定更新により賃貸借契約が期間の定めのない賃貸借となったこと
　イ　賃貸借契約の解約申入れの意思表示
　ウ　解約申入れについて正当の事由があったこと

記載例
1　Xは，Yに対し，平成15年2月1日，本件建物を，賃料1か月10万円として賃貸した。
2　Xは，Yに対し，平成15年2月1日，1の賃貸借契約に基づき，本件建物を引き渡した。
3　1の賃貸借契約は，平成20年2月1日，賃貸期間5年が経過したことにより，法定更新され期間の定めがない賃貸借契約となった。
4　XはYに対して，平成24年7月7日到達の内容証明郵便で，上記賃貸借契約の解約申入れの意思表示をした。
5　解約申入れについて正当の事由があったことの評価根拠事実

第7章　賃貸借契約の終了に基づく建物明渡請求

| エ　イの後，6か月が経過したこと | 6　平成25年1月7日は経過した。 |

　この場合，被告は，正当事由の評価障害事実や，期間経過後の継続使用（借地借家27Ⅱ・26Ⅱ）を，建物明渡請求権の発生を「障害」する抗弁として主張立証しえます。

Step 1 【攻防の棋譜41】 建物収去土地明渡請求の事案における攻防

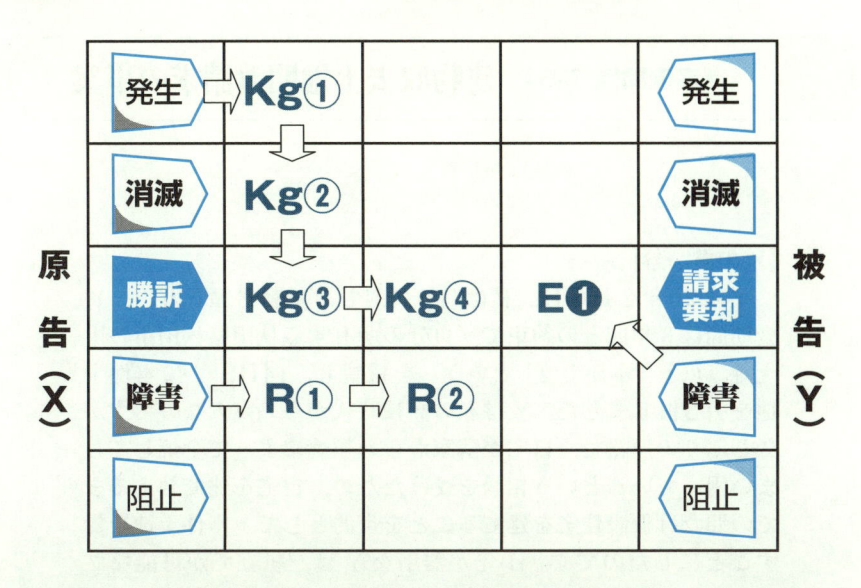

原告(X)						被告(Y)
発生	⇒ Kg①				発生	
消滅	Kg②				消滅	
勝訴	Kg③	⇒ Kg④	E❶	請求棄却		
障害	⇒ R①	⇒ R②			障害	
阻止					阻止	

請求原因 賃貸借契約の終了に基づく目的物返還請求権としての建物収去土地明渡請求権を基礎づける要件事実

- **Kg①** 土地賃貸借契約の締結
- **Kg②** ①の賃貸借契約に基づく建物の引渡し
- **Kg③** ①の賃貸借契約の終了原因事実

⇩ 民法上の期間満了の場合

> ア 存続期間を定めたこと
> イ アの存続期間の経過

- **Kg④** ②の引渡し後の建物付属および終了時の建物存在

抗弁 建物収去土地明渡請求権の発生を「障害」する要件事実
- **E❶** 賃貸借契約につき，建物の所有を目的とするXY間の合意

再抗弁 抗弁による障害効果を「障害」する要件事実
- **R①** XがYとの間で，賃貸借契約を短期間にかぎって存続させると

の合意をしたこと

R② 　　一時使用の評価根拠事実

Step 2 《事例問題 7-6》 建物収去土地明渡請求の事案

【Xの言い分】
　平成21年2月1日，私は，Yに対し，賃料月額5万円，賃貸期間は3年間との約束で，自分の所有する秋田県秋田市の甲土地（以下「本件土地」という）を賃貸し，同日，Yに本件土地を引き渡しました。Yは私の高校時代からの友人なのですが，久しぶりの連絡で，自宅が隣家からの類焼によって全焼してしまい困っているという相談を受けたため，自宅を建て替えるまでの間だけ仮設住宅を建てることを目的として，本件土地を貸すことにしたのです。手先が器用なYは，組立てが可能なプレハブ小屋のキットを購入し，自分でプレハブ小屋を組み立て，そこに住み始めました。しかし，本件土地の賃貸期間が過ぎ，本件賃貸借契約がすでに終了しているにもかかわらず，Yは，本件建物に住み本件土地を使用し続けているばかりか，「ここを出たら暮らしていけない」などといって，一向に土地を返そうとしません。
　そこで，私は，Yに対し，ただちに本件建物を取り壊して本件土地を明け渡すこと，ならびに遅延損害金の支払を求めます。

① 　Xの訴訟代理人としてYに訴えを提起する場合の主たる請求の訴訟物を答えなさい（所有権に基づく請求は考慮しない。以下，同じ）。

②　請求の趣旨を答えなさい（附帯請求を含む。）。

③　Xの訴訟代理人としてYに対して主張すべき主たる請求および附帯請求の請求原因事実を答えなさい。

◆解説

1 訴訟物

主たる請求	賃貸借契約終了に基づく目的物返還請求権としての建物収去土地明渡請求権
附帯請求	土地明渡債務の履行遅滞に基づく損害賠償請求権

賃貸借契約の終了に基づく建物収去土地明渡請求訴訟の訴訟物は，「建物収去請求権」および「土地明渡請求権」の2個ではなく，「賃貸借契約の終了に基づく目的物返還請求権としての建物収去土地明渡請求権」1個と構成されます。

賃貸借契約の終了に伴い賃借人が負う目的物返還義務は，目的物を引渡時の原状に回復したうえで返還する義務であって，建物の収去義務は土地の返還義務に含まれると考えられるからです。

なお，所有権に基づく目的物返還請求権としての建物収去土地明渡請求訴訟の場合には，「所有権に基づく返還請求権としての土地明渡請求権」が訴訟物になることとの相違に注意を要します。つまり，この場合，訴訟物は「建物収去土地明渡請求権」とはなりません（314頁参照）。

2 請求の趣旨

主たる請求	被告は，原告に対し，本件建物を収去して本件土地を明け渡せ。
附帯請求	被告は，原告に対し，平成24年2月1日から明渡し済みまで1か月5万円の割合による金員を支払え。

賃借人が借地上に建物を建てている場合には，土地の明渡しとともに，その建物の収去を求める必要があります。なぜなら，単に土地の明渡しを求めるだけでは，たとえ勝訴しても土地明渡しの債務名義しか得られず，別個の不動産である建物を収去することができないからです。

そのため請求の趣旨は，「建物を収去して本件土地を明け渡せ」と記載します。

3 請求原因事実（主たる請求および附帯請求）

要件事実
①土地賃貸借契約締結
②①の賃貸借契約に基づく土地の引渡し
③①の賃貸借契約の終了原因事実
　ア　存続期間を定めたこと
　イ　アの存続期間の経過
④②の引渡し後の建物付属および終了時の建物存在
⑤損害の発生とその数額（附帯請求）

記載例

1　Xは，Yとの間で，平成21年2月1日，本件土地を，賃料1か月5万円の約定で賃貸するとの合意をした。
2　Xは，Yに対し，平成21年2月1日，1の契約に基づいて本件土地を引き渡した。
3　XとYは，1の際，賃貸期間を同日から3年間とする合意をした。
4　平成24年1月31日は経過した。
5　2の後，4の時までに，本件土地上に，本件建物が建築された。4の時，同土地上に，同建物が存在した。
6　平成24年2月1日以降の本件建物の相当賃料額は，1か月5万円である。

本事例では，民法上の期間満了が問題となるため，賃貸借契約の終了原因を基礎づける要件事実として以下の事実を主張立証することを要します。

　ア　存続期間を定めたこと
　イ　アの存続期間の経過

民法上の期間の定めのある賃貸借は，契約に定める期間の満了をもって終了するため，建物を目的とする賃貸借契約の場合と異なり，**事前に更新の拒絶を通知することを要しません**（借地借家26参照）。

なお，民法上の賃貸期間の満了を主張する場合，土地賃貸借契約の民法上の存続期間は，最長20年に制限されているので（民604Ⅰ），**契約上の存続期間が20年を超える場合は「20年の経過」のみが要件事実となります**。

要件事実④の「引渡し後の建物付属および終了時の建物存在」は，賃貸借契約の終了に基づく建物収去土地明渡請求訴訟が，賃貸借契約の終了に伴い，

第7章　賃貸借契約の終了に基づく建物明渡請求

賃借人には賃貸人が当該土地を契約に基づいて引き渡した時の状態に戻して返してほしいという内容の請求が問題となることから必要となる要件事実です。

なお，建物収去義務は，賃貸借契約終了に基づき発生するものであるから，原告は被告が建物の所有者であることを主張立証する必要はありません（最判昭53.2.14）。

《事例問題 7-6-1》 建物所有目的の抗弁, 一時使用の再抗弁

【Yの言い分】
　本件土地賃貸借契約は，建物所有が目的です。だからこそ，私は，本件土地上に本件建物を建てて住んでいるのです。はじめから建物所有目的で土地を借りたにもかかわらず，建築した建物をわずか3年で取り壊さなければならないというのはあまりに理不尽です。私は，本件土地を自宅の敷地として建物所有の目的で借りたのですから，3年の期間が経過したからといって返さなくてもよいはずです。

① Yの訴訟代理人として主張すべき抗弁の要件事実を答えなさい。

② Xの訴訟代理人として主張すべき再抗弁の要件事実を答えなさい。

◆解説

1 抗弁

要件事実	記載例
賃貸借契約につき，建物の所有を目的とするXY間の合意	XとYとは，本件賃貸借契約に際し，建物所有を目的とすることを合意した。

建物の所有を目的とする土地賃貸借契約は，借地借家法の適用を受け（借地借家1），**その存続期間は**，当事者間で30年よりも短い期間とする旨の合意があったとしても，**当然に30年に伸長されます**（借地借家3，同9）。

そのため，請求原因において，民法上の存続期間の満了が主張されているときには，本件賃貸借契約は建物所有を目的とするものであり，借地借家法上の存続期間は満了していないから，本件賃貸借契約は終了していない旨を抗弁として主張することができます。

建物所有目的の主張が認定されれば，賃貸借契約の終了は認められず，建物収去土地明渡請求権の発生は「障害」されます。

2 再抗弁

要件事実
① XがYとの間で、賃貸借契約を短期間にかぎって存続させるとの合意をしたこと
② 一時使用の評価根拠事実

記載例

1　Xは、Yとの間で、本件賃貸借契約において、その期間を3年間にかぎるとの合意をした。
2　一時使用の評価根拠事実
　本件借地権は、自宅を火災で失ったYが、自宅を建て替えるまでの短期の間、応急的に仮設住宅を建てる目的で設定されたものであり、実際に、本件土地上に建てられた本件建物は、自作での組立てが可能な簡易なプレハブ小屋である。

　土地賃貸借契約について、**建物所有目的の合意がある場合でも、当該賃貸借契約が一時使用のために締結されたときには**、前述した存続期間に関する**借地借家法3条は適用されません**（借地借家25）。そのため、建物所有目的の抗弁に対しては、この抗弁による障害効果をさらに「障害」する再抗弁として、当該賃貸借契約が一時使用のために締結されたことを主張立証することができます。

　ここで、一時使用の賃貸借に該当するというためには、賃貸借契約を短期にかぎって存続させるという合意に加えて、その目的とされた土地の利用目的、地上建物の種類、設備、構造、賃貸借期間等諸般の事情を考慮し、賃貸借当事者間に、短期間にかぎり賃貸借を存続させる合意が成立したと認められる客観的合理的理由が存する必要があると解されています（最判昭43.3.28、最判昭45.7.21）。すなわち、一時使用の賃貸借に該当するというためには、一時使用のためと評価するに足りる根拠（＝一時使用の評価根拠事実）を具体的に主張立証することを要するのです。

　この点、**一時使用の評価根拠事実**としては、ⅰ 地上建物に関する事情（最判昭32.7.30：借地権が天変地異・火災等の後に応急的に仮設建物を建てる目的で

設定されたこと，建物の種類・構造を簡易なものとする合意および実際の建物が簡易であったこと等），ⅱ **賃貸土地に関する事情**（最判昭 32.2.7：土地が区画整理・買収の対象となることが確定しており，賃貸期間を区画整理・買収時までとしたこと等），およびⅲ **契約成立に関する事情**（最判昭 37.2.6：地主側に短期間後に土地を利用する具体的計画の実現の見通しがありその計画について借地人も了解していること，もともと不法占拠だった者に一定期間だけ使用を認めたものであること等）などがあげられます。

第8章 明渡請求
所有権に基づく不動産明渡請求

Step 1 【攻防の棋譜 42】 所有権に基づく土地返還請求事案での攻防

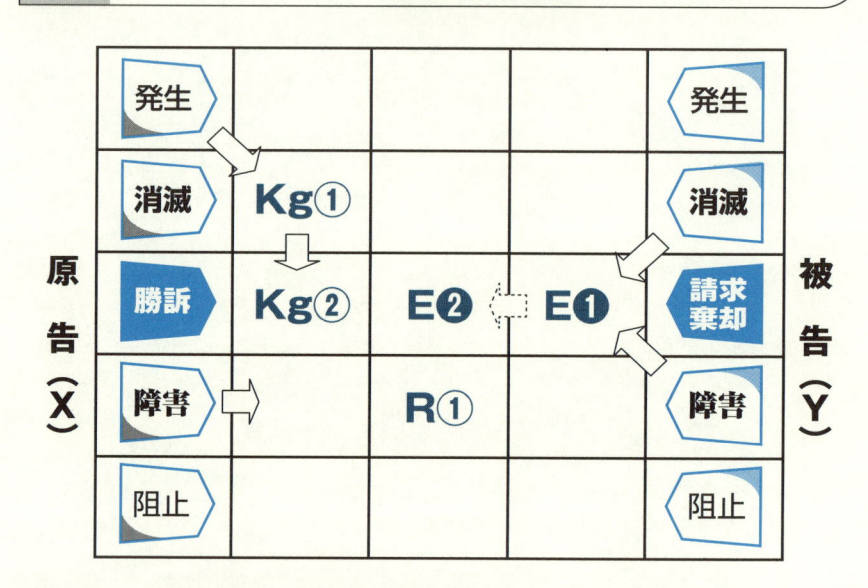

原告(X)						被告(Y)
発生						発生
消滅	Kg①				消滅
勝訴	Kg②	E❷	⇐	E❶	**請求棄却**
障害	→	R①			障害
阻止						阻止

請求原因 所有権に基づく返還請求権を基礎づける要件事実
- **Kg①** Xの不動産の所有
- **Kg②** Yの不動産の占有

抗弁 物権的返還請求権の発生を「障害」または「消滅」する要件事実
- **E❶** 賃貸借契約の締結
- **E❷** ❶の契約に基づく土地引渡し（占有権原の抗弁「障害」）
  or
- **E❶** XZ間の売買契約締結（所有権喪失の抗弁「消滅」）

再抗弁　売買による所有権喪失の抗弁を「障害」または「阻止」する再抗弁
R　　　通謀虚偽表示 or 解除 or 所有権留保特約

Step 2①　《事例問題 8-1》 主たる請求

【Xの言い分】
　私の実家は，千葉県の鴨川市にありますが，30年ほど前に結婚し，現在は東京で暮らしています。両親は共に亡くなっており，今現在実家に住んでいる者は誰も居ません。私の母であるAが他界したのは，平成24年8月1日です。父は20年前に亡くなっていたため，一人息子だった私がすべての財産を相続しました。母は，父が他界した後も，ずっと鴨川で一人暮らしてきたのですが，3年ほど前からは体調を崩し，私と一緒に東京で暮らしていました。ところで，平成25年4月初旬，私は実家の整理をするため，かなり久しぶりに鴨川を訪れたのですが，そこでとんでもないことが判明しました。実家の裏庭である甲土地全体を使用し，Yと名乗る男性が，5年前の春ごろから農作物を育てているというのです。私は，私の土地を勝手に使用するのはやめてほしいと要求したのですが，Yはこれに応じようとしません。Yにはただちに土地を明け渡してもらいたいと考えています。

① Xの訴訟代理人としてYに訴えを提起する場合の主たる請求の訴訟物を答えなさい。

② 主たる請求の請求の趣旨を答えなさい。

③ Xの訴訟代理人としてYに対して主張すべき主たる請求の請求原因事実を答えなさい。

◆解説

1 訴訟物（主たる請求）

所有権に基づく返還請求権としての土地明渡請求権

　物権を有する者は，物権の円満な支配が妨げられたり，妨げられるおそれがあるときに，その侵害の除去または予防を請求することができます。これを**物権的請求権**といい，①物権的返還請求権，②物権的妨害排除請求権，および③物権的妨害予防請求権の3種があります。このうち，①**物権的返還請求権**は，物権の目的物の占有が奪われた場合において，その返還を請求する権利をいい，②**物権的妨害排除請求権**は，占有侵奪以外の方法で物権が違法に侵害されている場合において，妨害物の除去や侵害行為の停止を求める権利をいいます。

　本事例においては，Yによって物権の目的物（甲土地）の占有が奪われた場合ですから，物権的返還請求権が問題となり，訴訟物は，「所有権に基づく返還請求権としての土地明渡請求権」となります。

2 請求の趣旨（主たる請求）

> 被告は，原告に対し，甲土地を明け渡せ。

　本事例においては，甲土地の「引渡し」ではなく「明渡し」を求めています。そのため，本事例の主たる請求の請求の趣旨も，「引渡し」ではなく「明渡し」という表現をし，これを区別します（7-1, 233頁参照）。

3 請求原因事実（主たる請求）

要件事実
① Xの不動産の所有
② Yの不動産の占有

記載例
1　Xは甲土地を所有している。
2　Yは甲土地を占有している。

　民法の学習においては，物権者の占有が権原なく妨害されていることが，物権的返還請求権を発生させる要件になるとされます。
　この点，民法188条（「占有者が占有物について行使する権利は，適法に有するものと推定する」）は法律上の権利推定の規定であると考えられていることから，原告側で被告となる占有者が何らの権原なく占有していることを主張立証すべきとも思えます。
　しかし，そのように解してしまうと，原告はあらゆる占有権原の可能性を否定しなければならなくなり，原告側に悪魔の証明を強いることになってしまいます。
　そこで，**被告が占有権原を有しないことは，物権的返還請求権の発生要件ではなく，被告が占有権原を有することを主張立証することで，物権的返還請求権の発生を障害する抗弁事項**と位置づけられています（最判昭35.3.1）。
　要件事実①については，本来，過去のある時点における原告の所有権取得原因となる具体的事実が原告の所有を基礎づける要件事実となるのですが，原告の現所有（現在〔口頭弁論終結時〕における原告の所有）の主張を相手方が認める場合には権利自白を認め，原告は所有権取得原因となる具体的事実を主張立証することを要しないとされています。
　しかし，被告が原告の現所有の主張を争う場合，原告は過去のある時点に

おける自己の所有を主張します。たとえば，被告が抗弁として，原告はすでに原告以外の第三者（被告でもよい）に所有権を移転していることを主張する場合（所有権喪失の抗弁），原告は，被告が主張する第三者の所有権取得原因事実が発生した時（e.g. 売買日）の自己の所有を主張します。

```
              X      →少なくとも H24.7.1 時点の X 所有
H24.7.1 売買           については争いが起きないため，
              Y      この時点の X もと所有を主張する。
```

　原告の過去のある時点における所有すらも被告が争う場合には，前所有者の過去のある時点における所有とともに，原告の前所有者からの所有権取得原因事実を主張することになります。たとえば，被告が，原告と同様の売主から当該目的物を取得したことを主張する場合（つまり二重譲渡の事案），原告は，前所有者である売主の所有とともに，自己の所有権取得原因事実を主張します。そして，前所有者である売主の所有については，原告の所有権取得原因事実の発生当時か，被告の所有権取得原因事実の発生当時のいずれか早い時点での売主の所有につき争いが起きないため，当該時点における売主の所有を主張します。

```
        X  H24.5.1 取得              X  H24.7.1 取得
A                            A
        Y  H24.6.1 取得              Y  H24.6.1 取得
→少なくとも H24.5.1 時点の     →少なくとも H24.6.1 時点の
 A 所有については争いが起        A 所有については争いが起
 きないため，この時点の A        きないため，この時点の A
 もと所有を主張する。           もと所有を主張する。
```

　原告や前所有者の過去のある時点における所有を「もと所有」とよびます。
　本事例では，被告の争い方が不明であるため，原告は端的に現所有を主張していますが，たとえば被告が次のような主張をした場合，原告は以下のとおり主張することになります。

【Yの言い分】
　私は，Xの母親であるAに，平成19年4月1日，甲土地を代金150万円で売ってもらいこれを使用しています。

要件事実
Xの不動産の所有

記載例
1　Aは平成19年4月1日当時，甲土地を所有していた。
2　Aは24年8月1日に死亡した。
3　原告はAの子である。

　上記ケースでは，YがXの現所有を認めないことが明らかですから，Xの現所有について権利自白は成立しません。そのため，前所有者Aの過去のある時点における所有とともに，Xの所有権取得原因事実を主張することになります。Aのもと所有については，YがAのもと所有を認めるであろうYA間の売買契約の成立日（平成19年4月1日）を主張します。これにより，この時点でのAのもと所有につき権利自白が成立します。
　これに加え，Xは上記のとおり，Xの所有権取得原因となる相続の事実を主張することになります。
　このように，**原告としては，被告の争い方に応じて，被告が認めるであろうもと所有までさかのぼって主張**します。

　要件事実②（Yの不動産の占有）については，「占有」が事実概念でありながら，ⅰ占有要素である所持（民180）が，物に対する物理的支配の有無ではなく社会観念に従って決定されること，ⅱ民法が代理占有を認めていること（民181），などから，きわめて抽象度の高い事実であると考えられます。そのため，「占有」につき争いがある場合には，単に「Yは○○を占有している」と示すだけでは足りず，所持の具体的事実を主張する必要があります。たとえば，「Yは本件土地に農作物を植え，占有している。」といった主張が考えられます。
　なお，被告がすでに占有を喪失している場合，かかる事実は抗弁ではなく，

否認として考慮することになります（加藤・考え方と実務56頁）。

《事例問題 8-1-1》 占有権原の抗弁

【Yの言い分】
　Xの言うとおり，私は平成19年4月1日より甲土地において，紅あずまという品種のさつまいもを育てています。しかし，私は，Xの母親であるAとの間で，平成19年4月1日，甲土地を20年間，1か月5000円で貸していただく契約を結んでいます。ですから，これを引き渡す理由はないのではないでしょうか。

　Yの抗弁の要件事実を答えなさい。

◆解説

1　抗弁

要件事実
❶ 賃貸借契約の締結
❷ ❶の契約に基づく土地引渡し

記載例

1　Aは，Yとの間で，平成19年4月1日，本件土地を，賃料1か月5000円の約定で賃貸するとの合意をした。
2　Aは，Yに対し，同日，1の契約に

> 基づいて甲土地を引き渡した。

　先に説明したとおり，被告が占有権原を有することは，物権的返還請求権の発生を「障害」する抗弁事項と位置づけられています（最判昭35.3.1）。この占有権原としては，賃借権，地上権，使用借権などが挙げられます。そのため，要件事実❶については，賃貸借契約のほか，使用貸借契約や地上権設定契約を主張することも可能です。

　賃貸借契約を主張する場合には，その成立要件としてⅰ当事者の一方がある物の使用および収益を相手方にさせることを約したこと，およびⅱ相手方がその対価として賃料を支払うことを約したことの2つを主張立証することを要します（民601）。なお，賃貸期間の定めは民法601条には規定されておらず，賃貸借契約の成立要件ではないと解されるので，賃貸借契約の締結を示す事実として，賃貸期間を摘示する必要はありません。

　要件事実❷は，Yの占有が❶の契約に基づくもので，適法であることを基礎付けるために要求される要件です。

《事例問題 8-1-2》 所有権喪失の抗弁

【Yの言い分】
　Xの言うとおり，私は平成19年4月1日より甲土地を使用し，紅あずまという品種のさつまいもを育てています。しかし，Xは，平成24年8月8日，甲土地をZへ売買代金200万円で売却していると聞きました。ですから，これをXに引き渡す理由はないのではないでしょうか。

①　Yの抗弁の要件事実を答えなさい。

② Xの訴訟代理人として構成しうる再抗弁を答えなさい（個々の具体的な要件事実の記載は要しない）。

◆解説

1 抗弁

要件事実
XZ間の売買契約締結

記載例
Xは，Zに対し，平成24年8月8日，甲土地を，代金200万円で売った。

XがZに対して甲土地を売却し，所有権を失えば，訴訟物である返還請求権としての明渡請求権は根拠を失い「消滅」します。したがって，Xがすでに第三者との間で対象不動産の売買契約を締結した事実は，被告が主張立証すべき抗弁として位置づけられます。これを，「所有権喪失の抗弁」とよびます。

2 再抗弁

① XとZとの間の売買契約が通謀虚偽表示に基づくこと
② XとZとの間の売買契約が債務不履行により解除されたこと
③ XとZとの間の売買契約に所有権留保特約が付されていること

(1) 再抗弁——通謀虚偽表示

XとZとの売買契約が締結された当時，実はいずれも売買する意思がな

いにもかかわらず，その意思があるように仮装する合意をした場合，売買契約は通謀虚偽表示として無効となります（民94 I）。

そのため，このような事実は，売買契約による所有権喪失の抗弁を「障害」する再抗弁となります。

(2) 再抗弁——債務不履行解除

XとZとの売買契約がZの債務不履行により解除されれば，契約ははじめからなかったのと同様の効果が生じると解されるため（民545 I 本文：直接効果説），売買契約による所有権喪失の抗弁を「障害」する再抗弁となります。

債務不履行解除の詳しい説明は，**1-1-5-1，1-1-5-2**（77頁〜）を参照してください。

(3) 再抗弁——所有権留保特約

被告が売買による所有権喪失の抗弁を主張する場合，通常，被告は売買契約が締結された事実のみを主張します。原則として，売買契約の締結と同時に目的物の所有権は売主から買主へ移転するからです（最判昭33.6.20）。つまり，原則として，代金の支払・登記・引渡しの事実は，所有権の移転に影響しないのです。

しかし，実際の不動産取引においては，いわゆる所有権留保特約（代金完済時に所有権を移転するとの合意）の付いた契約が多くみられます。そのような特約は，売買における所有権移転の効果を代金の完済という事実の成就にかからしめる特約で，一種の停止条件と解するのが通説であり，判例も同様の立場にあると思われるものがあります（最判昭49.7.18）。

そのため，この見解によれば，被告が売買による所有権喪失の抗弁を主張してきたのに対し，原告は，再抗弁として所有権留保特約を主張立証することができます（司研・類型別要件事実55頁）。これにより，所有権喪失の主張を一時「阻止」することができます。

なお，この所有権留保特約の再抗弁に対し，Yは再々抗弁として，条件成就にあたる代金完済の事実を主張立証することができます。これにより，所有権喪失の阻止効果を「消滅」させることができるからです。

Step 2② 《事例問題 8-2》 附帯請求

【Xの言い分】
　Yは，平成19年4月1日から今日に至るまで私の甲土地を使用し，農作物を育てているようです。不動産に詳しい友人に調べてもらったところ，甲土地の相当賃料額は1か月2万円だそうです。Yには，土地を明け渡してもらうのはもちろんのこと，損害金も支払ってもらいたいと考えています。

① Xの訴訟代理人としてYに訴えを提起する場合の附帯請求の訴訟物を答えなさい。

---

② 附帯請求の請求の趣旨を答えなさい。

---

③ Xの訴訟代理人としてYに対して主張すべき附帯請求の請求原因事実を答えなさい。

◆解説

1 訴訟物（附帯請求）

> 不法行為に基づく損害賠償請求権

　所有権に基づき土地の明渡しを請求する場合，通常これとあわせて，所有権侵害の不法行為により不動産の使用収益を妨げられたとして，その不動産の明渡し済みまでの損害金を請求します。そのため，附帯請求の訴訟物は「不法行為に基づく損害賠償請求権」となります。

2 請求の趣旨（附帯請求）

> 　被告は，原告に対し，平成19年4月1日から明渡し済みまで1か月2万円の割合による金員を支払え。

　口頭弁論終結後以降の損害金については，将来給付の訴えとなるため，あらかじめその請求をする必要があることが要件となりますが（民訴135），すでに発生した損害金につき相手がこれを支払おうとしない場合には，通常，将来発生する損害金についてもあらかじめ請求の必要性があると判断されます。

3 請求原因事実（附帯請求）

要件事実	記載例
①Xが一定の権利・保	1　Aは平成19年4月1日当時，甲土

第8章　所有権に基づく不動産明渡請求　305

護法益を有すること ②Ｙの上記①に対する加害（侵害）行為 ③Ｙの故意または過失 ④損害の発生とその数額 ⑤加害行為と損害発生との因果関係	地を所有していた（要件事実①相当）。 2　Ａは平成24年8月1日に死亡した（要件事実①相当）。 3　原告はＡの子である（要件事実①相当）。 4　平成19年4月1日から現在に至るまでＹが甲土地を占有している。 5　平成19年4月1日以降の甲土地の相当賃料額は，1か月2万円である。

　要件事実①については，不法行為期間中のＸおよび被相続人Ａの所有権がこれに該当します。ＸがＡから甲土地を相続するまでは，ＸではなくＡにつき被侵害利益（所有権）が帰属しているため，解答の記載例ではＡ所有の事実から主張しています。これに対して，相続による権利承継が問題とならない場合には，端的に「Ｘは平成19年4月1日当時，甲土地を所有していた。」と指摘すれば足ります。

　要件事実②については，Ｘ（および被相続人Ａ）の使用収益をＹが妨害すること，すなわちＹのこの期間の占有の継続がこれに該当します。解答の記載例では，「平成19年4月1日から現在に至るまでＹが甲土地を占有している。」と記載し，民法186条2項の推定を使わずに表現していますが，実務上は記載例のように主張するのが通例となっています。

　要件事実④については，賃料相当額を主張するのが通例となっています。

　要件事実③と⑤については，実務上当然のこととして省略するか，あえて明示的に主張する必要がないとされています（司研・類型別要件事実52頁，加藤・考え方と実務90頁，マニュアル1巻311頁）。

Step 1 【攻防の棋譜 43】 二重譲渡のケースにおける攻防

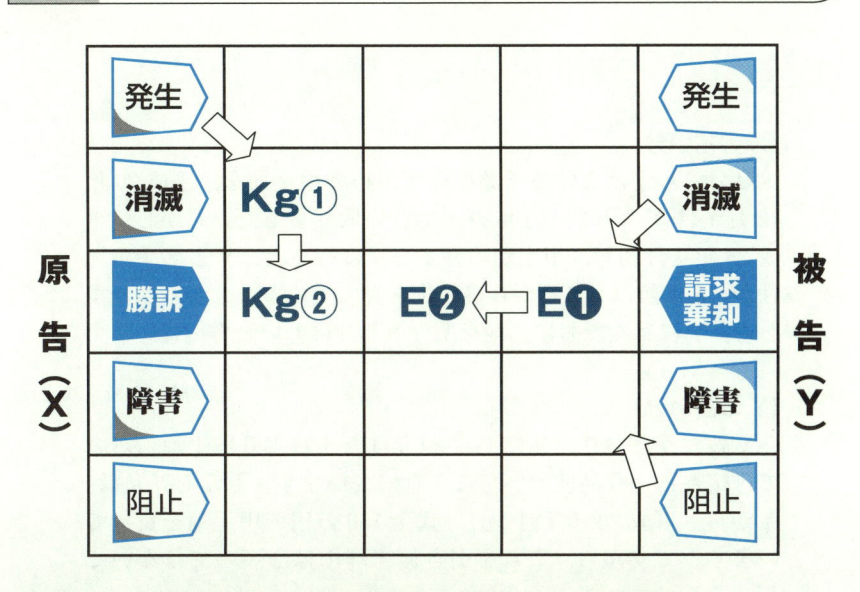

```
                 原告(X)                                    被告(Y)
        発生 →                                      ← 発生
        消滅    Kg①                                    消滅 ↙
        勝訴    Kg②   E②  ←  E❶            請求棄却
        障害                                           障害 ↑
        阻止                                           阻止
```

請求原因 所有権に基づく返還請求権を基礎づける要件事実
  Kg①　Xの不動産の所有
  Kg②　Yの不動産の占有

抗弁 物権的返還請求権を「阻止」する要件事実（対抗要件の抗弁）
  E❶　AY間の売買契約締結
  E❷　権利主張
       or
抗弁 物権的返還請求権の「消滅」を基礎づける要件事実
       （対抗要件具備による所有権喪失の抗弁）
  E❶　AY間の売買契約締結
  E❷　❶の契約に基づき，Y名義の所有権移転登記が経由されたものであること

第8章　所有権に基づく不動産明渡請求

Step 2 《事例問題 8-3》 **対抗要件の抗弁・対抗要件具備による所有権喪失の抗弁**

【Xの言い分】
　私は，Aが所有する千葉県の鴨川市の甲土地を，平成20年12月1日Aより代金100万円で買い取りました。しかし，平成25年4月初旬，甲土地の様子を見に行くと，Yと名乗る男性が，5年前の春ごろから農作物を育てていることがわかりました。Yにはただちに土地を明け渡してほしいと考えています。

【Yの言い分】
　Xの言うとおり，私は平成20年4月1日より甲土地において，桜香という品種のいちごを育てています。しかし，私は，Aから，平成20年4月1日，代金150万円で甲土地を買っています。ですから，これを引き渡す理由はないのではないでしょうか。

① Xの訴訟代理人としてYに対して主張すべき主たる請求の請求原因事実を答えなさい。

----

② Yの抗弁の要件事実を答えなさい。なお，Yが登記を備えている場合と，備えていない場合とに分けて記載すること。

◆解説

1 請求原因事実（主たる請求）

要件事実
① Xの不動産の所有
② Yの不動産の占有

記載例
1　Aは平成20年4月1日当時，甲土地を所有していた。
2　Aは，Xに対し，平成20年12月1日，甲土地を代金100万円で売った。
3　Yは甲土地を占有している。

　要件事実①につき，本事例は二重譲渡の事案であるため，Xとしては，前所有者Aの過去のある時点における所有を主張することになります。そして，Aの所有につき原被告間で争いが起きないのは，原告と被告の各所有権取得原因事実のうち，いずれか早い時点であるため，Xは，平成20年4月1日におけるAのもと所有を主張します。

2　抗弁

　YもAから甲土地を取得している場合，Yの主張しうる抗弁は，登記の有無によって異なります。すなわち，Yが登記を備えていない場合には，「**対抗要件の抗弁**」を，Yが登記をXよりも先に備えている場合には，「**対**

抗要件具備による所有権喪失の抗弁」を主張することができます。

(Yが登記を備えていない場合)

要件事実	記載例
❶ AY間の売買契約締結 ❷ 権利主張	1　Aは，Yに対し，平成20年4月1日，甲土地を代金150万円で売った。 2　Xが所有権移転登記を具備するまで，Xの所有権取得を認めない。

　Yが登記を備えていない場合においても，Yは，Xが登記を備えていないこと（つまり対抗要件欠缺）を争うことができます。

　この点，対抗要件に関する主張立証責任は誰が負い，どのような要件事実を主張すべきかについては，ⅰ第三者抗弁説，ⅱ事実抗弁説，ⅲ権利抗弁説，という3つの見解がありますが，通説は権利抗弁説であるため，ここでは権利抗弁説に基づく要件事実を示します。

　権利抗弁説によれば，Yが主張すべき要件事実は，❶自己がXの登記の欠缺を主張する正当な利益を有する第三者であることを基礎づける，AY間の売買契約の締結，❷Xが登記を備えていないことを問題とし，Xが対抗要件を具備するまではXの所有権取得を認めないとの権利主張，の2つとなります。

　Yは，❶および❷の主張をすることで，Xの優先的効果（＝対効力）を「阻止」し，所有権に基づく物権的返還請求権を封じることができます。

(Yが登記を備えている場合)

要件事実	記載例
❶ AY間の売買契約締結 ❷ ❶の契約に基づき，Y名義の所有権移転登記が経由されたもの	1　Aは，Yに対し，平成20年4月1日，甲土地を，代金150万円で売った。 2　平成20年4月1日，上記1の売買契約に基づいてY名義の所有権移転登

| であること | 記がなされた。 |

 YがXよりも先に登記を備えている場合，Yは，登記を備えることで甲土地の所有権を確定的に取得し，これによりXが不確定的に取得していた所有権が喪失し，所有権に基づく返還請求権としての土地明渡請求権が「消滅」したことを主張できます。

Step 1 【攻防の棋譜44】建物収去土地明渡請求の事案における攻防

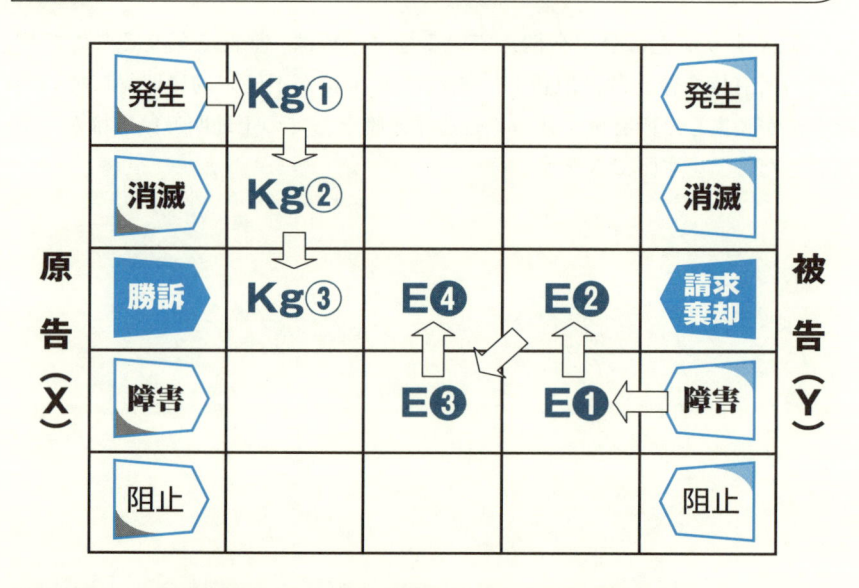

	原告(X)					被告(Y)
	発生	Kg①				発生
	消滅	Kg②				消滅
	勝訴	Kg③	E❹	E❷		請求棄却
	障害		E❸	E❶		障害
	阻止					阻止

請求原因 所有権に基づく返還請求権を基礎づける要件事実
- Kg① Xの土地所有
- Kg② 土地上に建物存在
- Kg③ Yの建物所有

抗弁 物権的返還請求権の発生を「障害」する占有権原の抗弁
- E❶ 賃貸借契約の締結
- E❷ ❶の契約に基づく土地引渡し
    ＋

> - E❸ 賃借権設定登記をする旨の合意
> - E❹ ❸の合意に基づく賃借権設定登記
>   or
> - E❸ ❶の契約における建物所有を目的とする合意
> - E❹ 建物についての被告名義の登記

Step 2 《事例問題 8-4》 建物収去土地明渡請求のケース

【Xの言い分】
　私は，私の母であるAが所有していた千葉県の鴨川市の甲土地を，平成24年8月1日，Aより単独相続しました。私は相続するまで，甲土地の存在を知らなかったのですが，現地へ赴いてみたところ，Yと名乗る男性が，勝手に甲土地上に，乙建物を建てて住みついているということがわかりました。とんでもないことです。Yにはただちに土地を返してほしいと思います。

【Yの言い分】
　私は，Xの母親であるAから昭和59年12月24日，甲土地を賃料1か月3万円で賃借し，これに基づき甲土地上に乙建物を築いています。昭和60年の3月3日には乙建物の保存登記も完了していますし，Aが亡くなるまでは一度も賃料を滞納したことはありません。それをいきなり返せと言われても困ります。

① Xの訴訟代理人としてYに訴えを提起する場合の主たる請求の訴訟物を答えなさい。

---

② 主たる請求の，請求の趣旨を答えなさい。

---

③ Xの訴訟代理人としてYに対して主張すべき主たる請求の請求原因事実を答えなさい。

----

④ Yの訴訟代理人として主張すべき抗弁の要件事実を答えなさい。

◆解説

1 訴訟物

所有権に基づく返還請求権としての土地明渡請求権

「建物収去土地明渡請求権」の訴訟物については，訴訟物の個数およびその法的性質につき，下記の3つの考え方に分かれています。

旧1個説
「所有権に基づく返還請求権としての土地明渡請求権」が訴訟物とする。建物収去に関する部分は訴訟物そのものではなく，執行方法を明示する必要があるために判決主文に加えられるにすぎないと考える。

2個説
訴訟物は「土地所有権に基づく返還請求権としての土地明渡請求

権」のほか，建物収去部分につき土地明渡とは独立した「土地所有権に基づく妨害排除請求権としての建物収去請求権」という訴訟物があると捉える。

新1個説
「土地所有権に基づく建物収去土地明渡請求権」という独自の訴訟物であると捉える。

判例・通説は，所有権に基づく物権的請求権が訴訟物である場合の訴訟物の個数は，侵害されている所有権の個数と所有権侵害の個数によって定まると考えたうえで，**旧1個説**を採用します。

なお，賃貸借契約の終了に基づく建物収去土地明渡請求訴訟の場合には，「賃貸借契約の終了に基づく目的物返還請求権としての"建物収去"土地明渡請求権」が訴訟物になることとの相違に注意を要します。

2 請求の趣旨

> 被告は，原告に対し，乙建物を収去して甲土地を明け渡せ。

無権限者が土地上に建物を建てて土地を占有している場合には，その建物を収去させて，土地の明渡しを求める必要があります。なぜなら，**単に土地の明渡しを求めるだけでは，たとえ勝訴しても土地明渡しの債務名義しか得られず，別個の不動産である建物を収去することができない**結果，土地の完全な支配を回復することができないからです。

そのため請求の趣旨は，「建物を収去して土地を明け渡せ」と記載します。

3 請求原因事実（主たる請求）

要件事実	記載例
① Xの土地所有 ② 土地上に建物存在 ③ Yの建物所有	1　Xは甲土地を所有している。 2　Yは甲土地上に乙建物を所有して，甲土地を占有している。

Yが土地上に建物を所有することで土地を占有しているとして，建物収去

土地明渡しを請求する場合には，建物収去の判決主文を導く必要があります。そのために，たとえ占有についての争いがなくとも，「土地占有」の要件事実として，Yが土地上に建物を所有して土地を占有していることを主張する必要があります。

4 抗 弁

要件事実
❶ 賃貸借契約の締結
❷❶の契約に基づく土地引渡し

記載例

1　Aは，Yとの間で，昭和59年12月24日，本件土地を，賃料1か月3万円の約定で賃貸するとの合意をした。
2　Aは，Yに対し，同日，1の契約に基づいて甲土地を引き渡した。

被告は，占有権原を有することを，物権的返還請求権の発生を「障害」する抗弁として主張立証しえます（最判昭35.3.1）。

Plus α

占有権原の抗弁と対抗要件具備の事実

本事例においては，XはAの相続人として賃貸人たる地位を承継しており，XとYとの間で対抗の問題が生じないため，占有権原の抗弁の要件事実として，対抗要件の具備は特に考慮せずに説明しました。

この点，占有権原の抗弁の要件事実として，対抗要件の具備を要するとする考え方があります。対抗要件の具備まで占有権原の抗弁として主張立証しないと，原告から対抗要件の再抗弁を主張された際に，その効果が覆されるおそれがでてきてしまい，これを占有正権原（＝占有権原）とよぶには不十分といわざるをえない，というのがその理由です（加藤・考え方と実務95頁，大江・要件事実（2）17頁）。

これに従えば，占有権原の抗弁の要件事実は，次のとおりとなります。

E❶　賃貸借契約の締結
E❷　❶の契約に基づく土地引渡し
E❸　賃借権設定登記をする旨の合意
E❹　❸の合意に基づく賃借権設定登記

また，借地人は，借地上に登記された建物を所有するときは，当該賃借権をもって第三者に対抗できるため（借地借家 10），上記❸❹に代えて以下の事実を主張立証することも可能です。

> **E❸** ❶の契約における建物所有を目的とする合意
> **E❹** 建物についての被告名義の登記

第9章 引渡請求
所有権に基づく動産引渡請求

Step 1 【攻防の棋譜45】 動産引渡請求訴訟における攻防

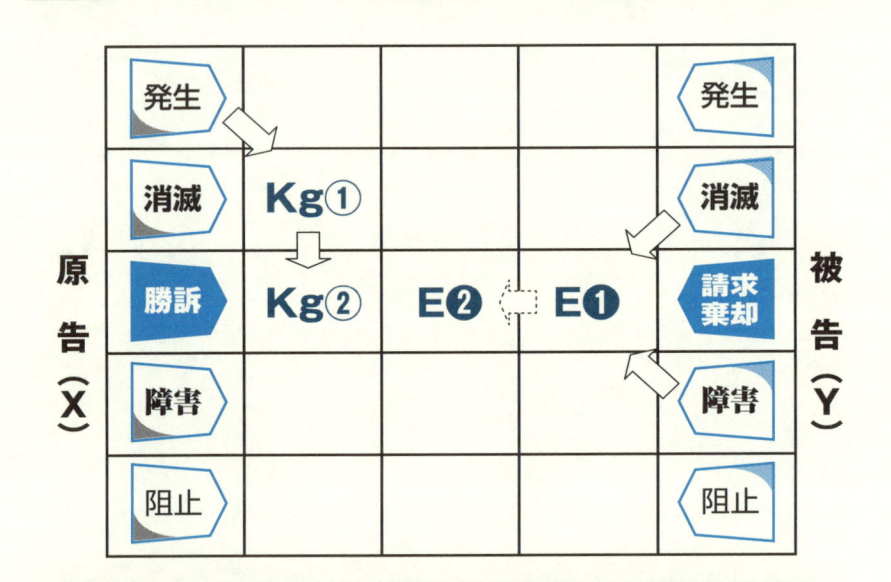

原告(X)					被告(Y)
発生					発生
消滅	Kg①				消滅
勝訴	Kg②	E❷	E❶	請求棄却	
障害					障害
阻止					阻止

前提　XがAから購入した動産を，Yが占有している状態

請求原因　所有権に基づく返還請求権を基礎づける要件事実
- Kg①　Xの動産の所有
- Kg②　Yの動産の占有

抗弁　物権的返還請求権を「消滅」する要件事実
（即時取得による所有権喪失の抗弁）
- E❶　BがYとの間で動産の売買契約を締結したこと

318　第3部　問題と解説

E❷	BがYに対し，❶の契約に基づき当該動産を引き渡したこと

> **再抗弁　即時取得の成立を「障害」する即時取得者の悪意**
> **R①**　Yが前主Bの所有でないことを知っていたこと
> 　　　　or
> **R①**　Yが前主Bが所有者であることを疑っていたこと

抗弁　物権的返還請求権を「消滅」する要件事実（売買による所有権喪失の抗弁）

E❶	XC間の売買契約締結

> **再抗弁　売買による所有権喪失の抗弁を「障害」する再抗弁**
> **R**　通謀虚偽表示 or 解除 or 所有権留保特約

抗弁　物権的返還請求権を「消滅」する要件事実（対抗要件具備による所有権喪失の抗弁）

E❶	AがYとの間で動産の売買契約を締結したこと
E❷	AがYに対し，❶の契約に基づき当該動産を引き渡したこと

> **再抗弁　所有権喪失の抗弁を「障害」する先立つ引渡し**
> **R①**　XがAから，売買契約に基づき当該動産の引渡し（占有改定を含む）を受けたこと
> **R②**　Xへの目的動産引渡しがYへの目的動産引渡しに先立つこと

抗弁　物権的返還請求権を「阻止」する要件事実（対抗要件の抗弁）

E❶	AがYとの間で動産の売買契約を締結したこと
E❷	Xが対抗要件を具備するまではXの所有権取得を認めないとの権利主張

> **再抗弁　対抗要件の抗弁を「消滅」する引渡し**
> **R①**　XがAから，売買契約に基づき当該動産の引渡し（占有改定を含む）を受けたこと

Step 2 《事例問題 9-1》 主たる請求

【Xの言い分】
　私は学生時代からスキーを趣味としており，社会人になってからはSSC（品川スキー倶楽部<ruby>クラブ</ruby>）という倶楽部に所属し，シーズンになると毎週末のように雪山へ出掛けています。ところで，1か月ほど前の話になるのですが，倶楽部のメンバーであるAから，今シーズン買ったばかりのスキー板（以下「本件スキー板」という）がどうにも自分にはなじまないので，8万円で購入してくれないかと打診されました。私にはかなり高価なものに思えたのですが，定価が12万円する品であり，1度しか使っておらず新品同様であることから，悪い話ではないと思い，平成24年12月15日これを承諾しました。ところが，私がAからスキー板の引渡しを受けようとしたところ，本件スキー板はAのところにはなく，倶楽部のメンバーであるYが占有し，使用していることがわかりました。本件スキー板は私がAから購入した物なわけですから，Yにはただちにこれを引き渡してほしいと考えています。

① Xの訴訟代理人としてYに訴えを提起する場合の主たる請求の訴訟物を答えなさい。

----

② 請求の趣旨を答えなさい（附帯請求は除く）。

----

③ Xの訴訟代理人としてYに対して主張すべき主たる請求

の請求原因事実を答えなさい。

◆解説

1 訴訟物

所有権に基づく返還請求権としての動産引渡請求権

物権を有する者は，物権的請求権を有します。
本事例においては，Yによって物権の目的物（本件スキー板）の占有が奪われていますから，**物権的請求権のうち物権的返還請求権が問題**となり，訴訟物は，「所有権に基づく返還請求権としての動産引渡請求権」となります。

2 請求の趣旨

被告は，原告に対し，本件スキー板を引き渡せ。

不動産の場合と異なり，占有が侵害されている目的物を単純に引き渡してもらえれば目的を達するため，「引渡し」を問題として記載します。

3 請求原因事実

要件事実
❶ Xの不動産の所有
❷ Yの不動産の占有

記載例
1　Xは本件スキー板を所有している。
2　Yは本件スキー板を占有している。

要件事実①については，所有権に基づく不動産明渡請求訴訟の場合と同様

です（8章294頁参照）。すなわち，本来的にいえば，過去のある時点における原告の所有権取得原因となる具体的事実が原告の所有を基礎づける要件事実となるのですが，原告の現所有の主張を相手方が認める場合には権利自白が成立するため，原告は所有権取得原因となる具体的事実を主張立証することを要しません。しかし，被告が原告の現所有の主張を争う場合，原告は過去の一時点における自己の所有を主張し，これすらも被告が争う場合には，前所有者の過去の一時点における所有とともに，自己の所有権取得原因事実を主張することになります。

本事例では，被告の争い方が不明であるため，原告は端的に現所有を主張しています。

要件事実②については，「占有」がきわめて抽象度の高い事実であることから，「占有」につき争いがある場合には，単に「Yは〇〇を占有している」と示すだけでは足りず，所持の具体的事実を主張する必要があります。

Plus α

附帯請求

所有権に基づき動産の引渡しを請求する場合，所有権侵害の不法行為により動産の使用収益を妨げられたとして，その動産の引渡し済までの損害金を請求することが可能です。そのような場合の附帯請求の訴訟物は「所有権侵害の不法行為に基づく損害賠償請求権」となります。この時，求める損害金の額は，賃料相当額が主張されるのが通常です（マニュアル1巻311頁）。

また，所有権に基づく動産引渡請求訴訟においては，強制執行が効を奏しない場合（e.g. 被告による履行が不可能となったとき）に備えて，本来の給付に代わる賠償（目的物の時価相当額の金銭の支払）を併せて請求することができます（最判昭30.1.21）。これを「代償請求」といいます。

代償請求の訴訟物は，「所有権侵害の不法行為に基づく損害賠償請求権」となりますが，代償請求が認められるための条件は，強制執行が効を奏しないことという将来にかかる事実であるため，原告は，口頭弁論中に主張しうる，口頭弁論終結時における動産の時価のみを主張立証すれば足ります。

以下が代償請求をする場合の要件事実と記載例です。

要件事実	記載例
①Xが一定の権利・	口頭弁論終結時の本件スキー板の時

	価は，金 12 万円である。
保護法益を有すること	※Xの所有権がこれにあたるが，主たる請求の請求原因により明らかとなっている。
②Yの上記①に対する加害（侵害）行為	※立証不能ゆえ立証不要。
③Yの故意または過失	※立証不能ゆえ立証不要。
④損害の発生とその数額	※数額は，目的物の時価相当額になる。
⑤加害行為と損害発生との因果関係	※立証不能ゆえ立証不要。

Step 2 《事例問題 9-1-1》 所有権喪失の抗弁（即時取得）

【Yの言い分】
　Xには悪い気もしますが，本件スキー板をお渡しするわけにはいきません。なぜなら，本件スキー板は，Aの双子の兄で，スキー倶楽部のメンバーでもあるBから，平成24年12月19日，6万円で売ってもらったものだからです。後から聞けば，BはAが本件スキー板を誰かに譲ろうとしているのを知り，勝手にこれを持ち出し，私のところへ来たようです。Aにも確認をとったところ，Bと同じことを言っていましたから，本件スキー板はAが購入し所有していたものに間違いないのでしょう。どうやらBは，AがXにすでに売却したことをA

から聞かされておらず，このようなことになってしまったようです。しかし，私は当時，本件スキー板はBが購入したものであるというBからの説明を信じきっていましたし，すでにお金も支払ってしまっています。ですから，Xには本件スキー板は諦めてもらいたいと思います。

① Yの訴訟代理人として主張すべき抗弁の要件事実を答えなさい。

② Xの訴訟代理人として構成しうる再抗弁を答えなさい（個々の具体的な要件事実の記載は要しない）。

◆解説

1 抗弁

要件事実
❶ BがYとの間で動産の売買契約を締結した

記載例
1 BはYに対し，平成24年12月19日，本件スキー板を代金6万円で売っ

こと
❷ BがYに対し，❶の契約に基づき当該動産を引き渡したこと

た。
2　BはYに対し，同日，1の契約に基づいて本件スキー板を引き渡した。

　動産には，動産取引の安全を図る趣旨から，**即時取得の制度**が用意されています（民192）。これにより，所有権をもたない動産の占有者を正当な権利者と誤信して取引をした者は，その動産について完全な権利を取得することができます。ここでの**「取得」は原始取得**を意味するものと解されているため，所有権の即時取得が成立すると，真実の所有者は所有権を失うことになります。そのため，動産の即時取得は，所有権に基づく返還請求権としての動産引渡請求権を「消滅」させるものとして，被告が主張立証すべき抗弁と位置づけられます。

　民法上は，即時取得が成立するためには，ⅰ目的物が動産であること，ⅱ前主との間に有効な取引行為があること，ⅲ前主に占有があり，前主が無権利であること，ⅳ平穏・公然・善意・無過失に動産の占有を始めたこと，を要すると説明されます。

　しかし，平穏・公然・善意は民法186条1項により推定され，また，民法188条が「占有者が占有物について行使する権利は，適法に有するものと推定する」結果，占有取得者Yは，前主Bに所有権があると信ずることにつき過失がないものと推定されます（最判昭41.6.9）。そのため，上記要件ⅳは被告が主張立証する必要がなく，むしろ原告が，強暴・隠秘・悪意・被告の過失の評価根拠事実を主張立証することによって，即時取得の成立を障害する再抗弁と位置づけられます。

　以上のことから，即時取得の成立を基礎づける要件事実は，❶BがYとの間で動産の売買契約を締結したこと，❷BがYに対し，当該契約に基づき当該動産を引き渡したこと，で足りることになります。

　ただし，ここでの引渡しが占有改定にすぎない場合，Yは即時取得を主張することができません（最判昭32.12.27）。

2 再抗弁

> ① 占有が強暴によるものであること
> ② 占有が隠秘であること
> ③ 即時取得者が悪意であったこと
> ④ 即時取得者に過失があったこと

先に説明したとおり，原告は，強暴・隠秘・悪意・被告の過失の評価根拠事実を，即時取得の成立を「障害」する再抗弁として主張立証することができます。また，Yにかかる売買契約が，制限能力，錯誤，詐欺，強迫，代理権欠缺などを理由に，取消しや無効が問題となり，効力浮動の状態となったことも再抗弁となりえます。ここでは，悪意と過失につき詳解します。

(1) 再抗弁──即時取得者の悪意

ここでの**悪意**とは，通常の用法とは違い，**Yが前主Bが所有者でないことを知っていたことだけでなく，Yが前主Bが所有者であることを疑っていたこと（半信半疑）を含む**とされます。これは，判例が民法192条の「善意」を，前主が所有者であることをまったく疑っていなかったことをいうとしていることから導かれます（最判昭41.6.9，最判昭26.11.27）。

悪意の基準時は，取得者の占有取得時とされています（注釈民法（7）190頁）。

要件事実
① Yが前主Bが所有者でないことを知っていたこと
　　or
① Yが前主Bが所有者であることを疑っていたこと（半信半疑）

記載例

> 被告は，抗弁2の引渡しの当時，Bが本件スキー板の所有者であると信じていなかった。

(2) 再抗弁——即時取得者の過失

「過失」は「規範的要件」にあたるため，被告としては過失があったと評価してもらえるだけの根拠を具体的に示さなければなりません。たとえば，前主の処分権限につき疑念を生じさせる事実があり，それにもかかわらず即時取得者が適切な調査をしなかったことが，即時取得者の有過失を基礎づける具体的事実となります。

有過失の基準時は，取得者の占有取得時とされています（注釈民法（7）190頁）。

要件事実
　過失の評価根拠事実

記載例

1　本件売買契約当時から，本件スキー板のケースには，A名義の名札が付いていた。
2　AとBは同居しており，BはAの本件スキー板を容易に持ち出すことができた。
3　Yは，本件売買契約を締結するについて，Aに対し，本件スキー板のことを何ら確認しなかった。

《事例問題 9-1-2》 所有権喪失の抗弁（売買）

【Yの言い分】
　Xの言うとおり，私は本件スキー板を使用しています。しかし，Xは，平成24年12月16日，本件スキー板を代金9万円でCに売却しています。ですから，これをXに引き渡す理由はないはずです。

　Yの訴訟代理人として主張すべき抗弁の要件事実を答えなさい。

◆解説

1　抗弁

要件事実
　XC間の売買契約締結

記載例
　Xは，Cに対し，平成24年12月16日，本件スキー板を，代金9万円で売った。

　XがCに対してスキー板を売却し，所有権を失えば，訴訟物である返還請求権としての動産引渡請求権は根拠を失い「消滅」します。したがって，Xが第三者との間で目的動産の売買契約を締結した事実は，被告が主張立証すべき抗弁として位置づけられます。

　この抗弁に対し，Xは再抗弁として，通謀虚偽表示，解除，所有権留保特約等の各事実を主張立証することができます。この点については **8-1-2**（301頁～）を参照してください。

《事例問題9-1-3》 対抗要件具備による所有権喪失の抗弁

【Yの言い分】
　Xには悪い気もしますが，本件スキー板をお渡しするわけにはいきません。なぜなら，本件スキー板は，Aから，平成24年12月19日，10万円で売ってもらったものだからです。後でわかったことなのですが，真実は，Aが金に窮してこのような二重売買をしたようです。しかし，私はすでに本件スキー板を受け取り実際に使用している状況です。ですから，Xには本件スキー板は諦めてもらいたいと思います。

① Yの訴訟代理人として主張すべき抗弁の要件事実を答えなさい。

② Xの訴訟代理人として構成しうる再抗弁を答えなさい（個々の具体的な要件事実の記載は要しない）。

◆解説

1 抗弁

要件事実
❶ AがYとの間で動産の売買契約を締結したこと
❷ AがYに対し，❶の契約に基づき当該動産を引き渡したこと

記載例
1　AはYに対し，平成24年12月19日，本件スキー板を代金10万円で売った。
2　AはYに対し，同日，1の契約に基づいて本件スキー板を引き渡した。

本事例のような二重譲渡の事案においては，Yが対抗要件を具備すると，YはXに対抗関係で優先する結果，目的動産の所有権を確定的に取得し，これによりXは不確定的に取得していた所有権を喪失します。

そのため，Yは対抗要件を具備したことを主張立証することで，所有権に基づく返還請求権としての動産引渡請求権の「消滅」を基礎づけることができます。

動産の譲渡の対抗要件である「引渡し」にはi現実の引渡し（民182Ⅰ），ii簡易の引渡し（同条Ⅱ），iii占有改定（民183），およびiv指図による占有移転（民184）の4つの態様があり，引渡しの有無が争点となる場合には，これらのいずれの態様に該当するのかを具体的に主張しなければなりません。

2 再抗弁

AからXへの目的動産の引渡しがAからYへの引渡しに先立つこと

Xが，Yの対抗要件具備による所有権喪失の抗弁に対し，AからXへの目的動産の引渡し（占有改定を含む）がAからYへの引渡しに先立つこと（つまり，Xが対抗関係においてYに優先すること）を主張立証すれば，Yの抗弁主張によるXの所有権喪失の効果が「障害」されます。そのため，この事実はXが主張立証すべき再抗弁として構成することができます。

Plus α

抗弁——対抗要件の抗弁

　本事例においては，すでにYがスキー板の引渡しを受け，Xよりも先に対抗要件を備えていますが，もしYも（占有改定による引渡しも含め）引渡しを受けていなかった場合には，Yは，Xの対抗要件欠缺を問題として争うことができます。

　すなわち，Yは，❶自己がXの対抗要件欠缺を主張する正当な利益を有する第三者であることを基礎づける，AY間の売買契約の締結，❷XがAから引渡しを受けていないことを問題とし，Xが対抗要件を具備するまではXの所有権取得を認めないとの権利主張，の2つを抗弁として主張することができます（**対抗要件の抗弁**）。これにより，民法176条によって生ずる物権変動の法律効果のうち，Xの優先的効果（＝対抗力）の部分にかぎって，それを「阻止」することができるのです（大江・ゼミナール166頁）。

要件事実
❶ AY間の売買契約締結
❷ Xが対抗要件を具備するまではXの所有権取得を認めないとの権利主張

記載例
1　Aは，Yに対し，平成24年12月19日，本件スキー板を，代金10万円で売った。
2　Xが引渡しを受けるまでは，Xの所有権取得を認めない。

　Yから対抗要件の抗弁が主張された場合，Xは再抗弁として，Xが対抗要件を具備したこと（占有改定を含む引渡しを受けたこと）を主張立証することができます。これにより，Xの優先的効果（＝対抗力）の「阻止」という効果が「障害」されるからです。

第10章 移転登記請求
所有権移転登記手続請求

Step 1 【攻防の棋譜46】 売買契約に基づく所有権移転登記請求事案での攻防

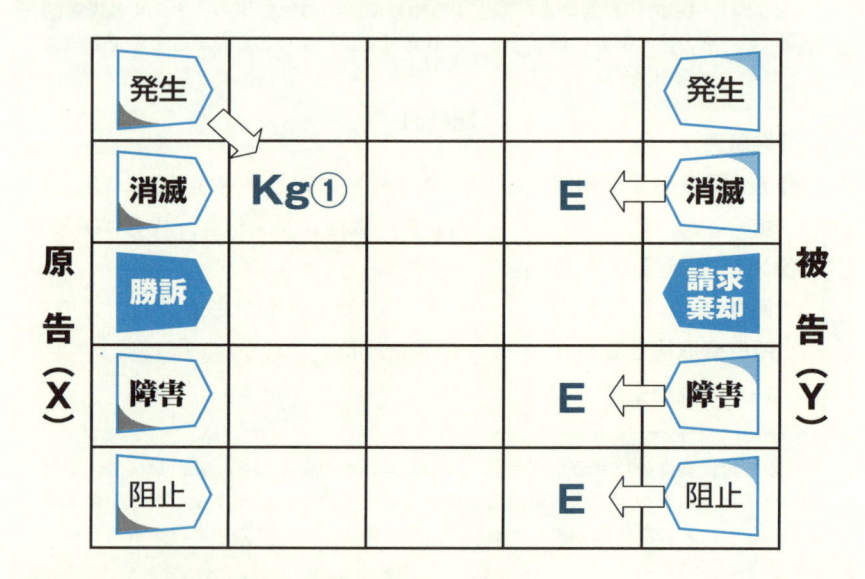

	原告（X）				被告（Y）
発生					発生
消滅	Kg①		E	←	消滅
勝訴					請求棄却
障害			E	←	障害
阻止			E	←	阻止

請求原因 売買契約に基づく債権的登記請求権としての所有権移転登記請求権を基礎づける要件事実
- **Kg①** 売買契約の締結

抗弁 売買契約に基づく債権的登記請求権としての所有権移転登記請求権を「消滅」「障害」または「阻止」する要件事実
- **E** 詐欺取消し（「消滅」あるいは「障害」）
- **E** 錯誤 or 心理留保 or 解除（「障害」）
- **E** 同時履行の抗弁（「阻止」）

Step 2　《事例問題 10-1》　売買・相続

【Xの言い分】
　私は，平成22年5月22日，兄のAから，Aが京都市内に所有していたマンションの一室（以下「本件建物」という）を代金800万円で購入しました。しかし，当時Aは入院しており，大変な状況であったため，すぐに登記の名義書換えはしませんでした。ですが，その後の登記手続を済ませることなく，Aの容体が悪化し，Aは同年7月1日に他界しました。Aの相続人は私の甥っ子にあたるYだけです。私は，Yを気遣い，Yが落ち着くまでは登記のことは放っておいたのですが，その後，タイミングを見計らってYに登記手続の協力を求めました。しかし，Yは，登記には協力したくないと言って，手続に協力してくれません。私としては，きちんと手続を済ませておきたいと考えています。

① Xの訴訟代理人としてYに訴えを提起する場合の主たる請求の訴訟物を答えなさい。

------

② 主たる請求の請求の趣旨を答えなさい。なお，記載にあたっては，物件目録・登記目録については，「別紙物件目録記載の……」などとし，その具体的詳細については記載を要しない（③において同じ）。

------

③ Xの訴訟代理人としてYに対して主張すべき主たる請求の請求原因事実を答えなさい。

◆解説

1 訴訟物

売買契約に基づく債権的登記請求権としての所有権移転登記請求権

　不動産を目的とする売買契約が成立すれば，売主は買主に対抗要件として登記を具備させる義務を負います。その義務を売主が履行しない場合には，買主は実体上の登記請求権（債権的登記請求権・物権的登記請求権・物権変動的登記請求権の3類型がある）に基づき，所有権移転登記手続を求めることができます。
　この点，売買契約により売主が負担する対抗要件を具備させる義務に対応して買主が取得する権利を**債権的登記請求権**といい，これに基づき所有権移転登記手続請求訴訟を提起する場合の訴訟物は，「売買契約に基づく債権的登記請求権としての所有権移転登記請求権」となります。

このほか，買主は物権的登記請求権を根拠に，「所有権に基づく妨害排除請求権としての所有権移転登記請求権」を訴訟物として設定することや，物権変動的登記請求権を根拠に「売買契約に基づく積極的物権変動的登記請求権としての所有権移転登記請求権」を訴訟物として設定することもできます。

しかし，これらを訴訟物とした場合，請求原因として主張立証すべきことが多くなるため（売買の事実のほか，Aが所有していたこと，現在A名義で登記されていること，が要件事実となる），一般的には債権的登記請求権が選択されます。

なお，厳密にいえば，訴訟物は「所有権移転登記"手続"請求権」と示すべきとも考えられますが，「所有権移転登記請求権」と表示するのが通例です。

2 請求の趣旨

> 被告は，原告に対し，別紙物件目録記載の建物について，訴外亡Aから原告への平成22年5月22日売買を原因とする所有権移転登記手続をせよ。

登記の申請においては，申請書に登記の目的および登記の原因とその日付を記載することを要するため（不登18，不登令3⑤⑥），判決主文においてそれらが明らかになるよう，**請求の趣旨において，求める登記の原因とその日付を記載する**ことを要します。

移転登記手続においては，移転登記をすべき相手方が原告以外の第三者であることがあるため（e.g. 買主Zが死亡し，その相続人Xが被相続人xへの移転登記を求める場合），移転登記をすべき相手方が誰であるかを明示します（e.g.「被告は……訴外亡Zへの……」）。

また，本事例のように，売主が死亡しており，その相続人が被告となっている場合には，「訴外亡Aから原告への」として，誰名義からの移転となるのかを明示します（幸良・改訂判決による登記134頁，新井・判決による不動産登記」114頁，198頁）。

登記手続請求訴訟においては，実際に登記を実行するのが登記官であるこ

とから，請求の趣旨の文尾を「登記をせよ。」と表現することは，誤りとなるので注意を要します。

3　請求原因事実

要件事実
① XA間で売買契約が締結されたこと
② 相続が開始したこと
③ 被告が債務者の相続人であること

記載例
1　XはAから，平成22年5月22日，別紙物件目録記載の建物（以下「本件建物」という）を代金800万円で買った。
2　Aは，平成22年7月1日，死亡した。
3　Yは，Aの子である。

　不動産を目的とする売買契約が成立すれば，債権的登記請求権が「発生」します。そのため，債権的登記請求権の発生を基礎づける要件事実としては，売買契約の成立を基礎づける①財産権移転約束，②代金支払約束となります。

　さらに，本事例では，直接の登記義務を負ったAが死亡し，Yが相続していますから，相続の開始があったこと（＝死亡の事実），被告が債務者の相続人として義務を承継していることを主張立証する必要があります。

　要件事実③については，「のみ説」と，「非のみ説」の対立がありますが，実務・通説は「非のみ説」の立場をとるため，要件事実の主張としては単純に相続人であることの主張をすれば足ります。これに関する詳しい説明は，**2-5**（158頁）を参照してください。

《事例問題 10-1-1》 同時履行の抗弁

【Yの言い分】
　Xの言うとおり，私の父はXに本件不動産を売ったようです。しかし，父からは，代金をまだ受け取っていないので，それまでは登記手続をしないよう言われました。
　Yの訴訟代理人として主張すべき抗弁の要件事実を答えなさい。

◆解説

1　抗弁

要件事実
同時履行の権利主張

記載例
　Yは，Xが代金800万円を支払うまで，所有権移転登記手続を拒絶する。

　売買により発生する所有権移転登記手続の協力義務は，不動産を目的とする売買契約の中心的債務であるため，代金支払債務との同時履行の関係が認められます（大判大7.8.14）。そのため，YはXが代金を支払うまでは登記手続を拒むことができます。

《事例問題 10-1-2》 解除

【Yの言い分】
　Xの言うとおり，私の父はXに本件不動産を売ったようです。しかし，父からは，代金をまだ受け取っていないので，それまでは登記手続をしないよう言われていましたので，その後Xに代金の支払を求めました。しかし，Xは，父の預金口座に代金は振り込み済みだといい，代金を支払おうとしませんでした。そこで，Xが振り込んだという預金口座の通帳を確認したのですが，代金が振り込まれた記録はありませんでした。困った私は，本件建物を引き渡せる状態にし，さらに登記に必要な書類を用意したうえで，平成24年5月3日，X宅を訪れ代金の支払を再度求めました。しかし，やはりXが振込み済みだと譲らないため，登記に必要な書類の代わりに，同月14日までに代金の支払がなかった場合には売買契約を解除する旨記載された解除通知書をXに手渡しました。

　Yの訴訟代理人として主張すべき抗弁の要件事実を答えなさい。

◆解説

1 抗弁

要件事実
❶ YがXに対して代金の支払を催告したこと
❷ ❶の催告後，相当期間が経過したこと
❸ ❶の催告の際，催告期間が経過した時に契約を解除するとの意思表示をしたこと
❹ YがXに対して解除の効力発生前に反対給付の提供をしたこと

記載例
1 YはXに対し，平成24年5月3日，同年5月14日までに売買代金を支払うように催告するとともに，同月14日が経過したときは本件売買契約を解除するとの意思表示をした。
2 同月14日は経過した。
3 Yは，平成24年5月3日，Xに本件建物を引き渡せる状態にし，所有権移転登記手続に必要な書類を用意してX宅を訪れた。

解除により，売買契約に基づく債権的登記請求権の発生が「障害」されるため，履行遅滞解除が抗弁となります。

要件事実❶は，履行期限の定めのない場合において履行遅滞を基礎づけるため（民412Ⅲ），更には，民法541条の規定による解除権の発生を基礎づけるために必要です。

要件事実❸は，停止条件付解除の意思表示がなされた場合の要件事実です。この場合，催告期間経過後に改めて解除の意思表示をすることを要しません。

要件事実❹は，せり上がりにより主張立証の必要が生じる事実で，履行遅滞の違法性を基礎づけるために主張します。

Plus α

その他の抗弁
債権的登記請求権に対する抗弁としては，同時履行の抗弁権や履行遅滞解除のほか，通謀虚偽表示，錯誤，詐欺，手付解除などが考えられます。

Step 1 【攻防の棋譜47】 時効取得による攻防

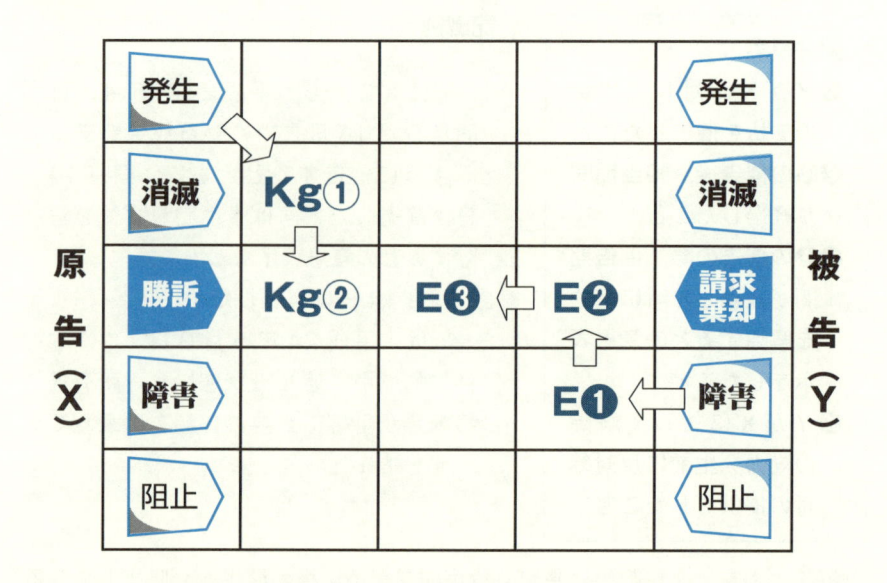

原告(X)						被告(Y)
発生						発生
消滅	Kg①					消滅
勝訴	Kg②	E❸	←	E❷		請求棄却
障害				E❶	←	障害
阻止						阻止

請求原因 時効取得を原因とする所有権移転登記請求権を基礎づける要件事実

Kg① Xが本件土地を所有していること

 ⅰ Xは，本件土地をある時点（占有開始時点）で占有していたこと

 ⅱ Xは，本件土地をⅰの時点から10年または20年後の時点で占有していたこと

 ⅲ XのYに対する，取得時効の援用の意思表示

 （ⅳ 不動産の占有を開始するについて，所有者が自己に属すると信じることについて過失がないことの評価根拠事実※短期取得時効の場合）

Kg② 本件土地には，現在，Y名義の所有権移転登記が存在すること

抗弁 時効取得を原因とする所有権移転登記請求権を「消滅」する要件事実（対抗要件具備による所有権喪失の抗弁）

E❶ 時効完成時にAが甲土地を所有していたこと

E ❷　AがXの時効完成後にYに対し甲土地を売ったこと
E ❸　❷に基づきAがYに対して甲土地の所有権移転登記をしたこと

Step 2　《事例問題 10-2》　取得時効の事案

【Xの言い分】
　私は長野県でぶどう農園を開いています。大学を出た後は，東京でサラリーマンをしていたのですが，父が倒れた 20 年ほど前に実家へ戻り，家業である農家を継ぎました。本格的に畑に出るようになったのは，平成 5 年の 4 月 1 日からです。
　ところで，平成 25 年の春ごろ，私が農作業をしていると，Yと名乗る見知らぬ男性が突然「ここは私の所有する土地です。勝手にぶどうなど育てられては困ります。すぐに明け渡して貰えませんか。」と話しかけてきました。あまりに突然のことで，最初は何を言われているのかわからなかったのですが，どうも，私がぶどうを育てている甲土地がYの所有だというのです。調べてみれば，たしかに登記簿上は，Yの名義になっていることがわかったのですが，私自身 20 年以上ぶどう畑として活用してきた大切な土地です。言われるがままに明け渡すわけにもいきません。そこで私は，平成 25 年 5 月 25 日到達の内容証明郵便で，時効取得を援用する意思表示をするとともに，私へ登記の名義を書き換えるよう要求しました。ところが，Yがこれを拒絶したため，やむをえず裁判を起こすことにしました。

①　Xの訴訟代理人としてYに訴えを提起する場合の訴訟物を答えなさい。

② 請求の趣旨を答えなさい（附帯請求は除く）。なお，記載にあたっては，物件目録・登記目録については，「別紙物件目録記載の……」などとし，その具体的詳細については記載を要しない（③において同じ）。

------

③ Xの訴訟代理人としてYに対して主張すべき請求原因事実を答えなさい。

◆解説

1 訴訟物

> 所有権に基づく妨害排除請求権としての所有権移転登記請求権

Xが甲土地を**時効取得すれば**，Xは甲土地の**所有権を原始取得**します。そのため，甲土地の登記記録にY名義の登記がなされている状態がXの所有権を妨害しているとして，所有権に基づく妨害排除請求をすることができます。

この点，この**妨害排除請求権に基づき，いかなる登記手続を求めるべきか**が問題となりますが，時効取得を原因とする所有権移転登記手続を求めるべきです。なぜなら，時効取得による所有権の取得が原始取得であることを強調し，登記上はY名義の登記の抹消を問題とすべきとすると，抹消登記に続き，時効取得者のための新たな保存登記等が必要となってしまい，登記記録上の権利変動過程が明らかにならなくなってしまう不都合が生じるからです。

以上のことから，訴訟物は「所有権に基づく妨害排除請求権としての所有権移転登記請求権」となります。

2 請求の趣旨

> 被告は，原告に対し，別紙物件目録記載の土地について，平成5年4月1日の時効取得を原因とする所有権移転登記手続をせよ。

登記の申請においては，申請書に登記の原因とその日付を記載することを要するため，判決主文においてこれらが明らかになるよう，請求の趣旨において，登記の原因とその日付を記載しなければなりません。

この点，時効が完成し援用されると，占有者は，時効期間の始め（占有開始時）にさかのぼって所有権を取得するため（民144），**登記の原因日付は占有開始日となること**に注意を要します。

3 請求原因事実

要件事実

① X が本件土地を所有していること
　i　X は，本件土地をある時点（占有開始時点）で占有していたこと
　ii　X は，本件土地を i の時点から 20 年後の時点で占有していたこと
　iii　X の Y に対する，取得時効の援用の意思表示
② 本件土地には，現在，Y 名義の所有権移転登記が存在すること

記載例

1　X は，平成 5 年 4 月 1 日，別紙物件目録記載の土地（以下「本件土地」という）をぶどう畑として占有していた。
2　X は，平成 25 年 4 月 1 日経過時，本件土地をぶどう畑として占有していた。
3　X は，Y に対し，平成 25 年 5 月 25 日，上記時効を援用するとの意思表示をした。
4　本件土地について，別紙登記目録記載の Y 名義の所有権移転登記がある。

　民法の学習においては，時効を基礎づける要件として，上記①中の i 〜 iii のほか，❶所有の意思をもってする占有であること（自主占有），❷平穏かつ公然に占有されていること，❸他人の物であること，を要すると説明されます。

　しかし，要件事実論のもとでは，❶❷の事由は時効取得を主張する者が主張立証すべき請求原因事実とは位置づけられておらず，むしろ相手方がこれを否定することで時効の完成を妨げられる抗弁と位置づけられています。

❶につき……所有の意思がないこと（すなわち他主占有であること）が抗弁となる
❷につき……占有が強暴によるものであること，占有が隠秘であること，が抗弁となる

これは，民法が占有者は所有の意思（自主占有）をもって善意，平穏かつ公然に占有をなすものと推定する旨の規定を設けていることによります（民186Ⅰ）。つまり，「占有」の事実さえ主張立証すれば，裁判所は，自主占有，善意，平穏，公然の占有であること，といった推定事実を考慮してくれるのです。

　❸については，判例が，自己の所有物につき取得時効を認めるため（最判昭44.12.18），取得時効の要件事実とも，抗弁ともなりません。

　以上のことから時効を基礎づける要件事実は，要件事実①中のⅰ〜ⅲで足りることになります。

　要件事実①中のⅰ，ⅱは，前後両時における占有の事実があれば，占有はその間継続したものと法律上推定されることから（民186Ⅱ）主張立証すべき要件事実です。

　要件事実①中のⅲは，**時効の所有権取得**の効果は，時効期間の経過とともに確定的に生ずるものではなく，**当事者により時効が援用された時にはじめて確定的に発生する**と解されていることから主張立証すべき要件事実です（最判昭61.3.17）。

Plus α

> **短期取得時効**
>
> 　短期取得時効を主張する者は，長期取得時効における要件事実に加え（ただし「20年」は「10年」となる），不動産の占有を開始するにつき，無過失であったこと主張立証しなければなりません（民162Ⅱ）。
>
> 　ここでの無過失とは，**自己に所有権があると信じ，かつ，そのように信ずるについて過失がないことをいい**（最判昭43.12.24），これを主張する際には，無過失が規範的要件であることから，無過失であると評価するに足りる具体的事実（評価根拠事実）を要件事実として主張立証することが必要です。
>
> 　ここでの無過失は，民法186条1項で推定されないため，取得時効を主張する者が主張立証しなければなりません（最判昭46.11.11）。
>
> 　なお，無過失の判定時期は占有の開始時であるため，その後悪意に変わったとしても，要件を欠くことにはなりません。

《事例問題 10-2-1》 時効完成後の第三者

【Yの言い分】
　私は，平成25年4月5日，甲土地を所有者であるAから代金1000万円で買い，同日登記を備えました。事情があって，現地の調査もせずに購入してしまったのですが，その後になってXが使用していることがわかり困っています。いずれにしても，Xに名義を移すつもりなど毛頭ありません。

　Yの訴訟代理人として主張すべき抗弁の要件事実を答えなさい。

◆解説

1　抗弁

要件事実	記載例
①時効完成時にAが甲土地を所有していたこと	1　平成25年4月1日当時，Aは，本件土地を所有していた。 2　Aは，Yに対し，平成25年4月5

346　第3部　問題と解説

② AがXの時効完成後にYに対し甲土地を売ったこと
③②に基づきAがYに対して甲土地の所有権移転登記をしたこと

日，本件土地を代金1000万円で売った。
3 Aは，Yに対し，同日，2の売買契約に基づき，本件土地につき所有権移転登記手続をした。

　本事例では，甲土地につき，Xの取得時効は平成25年4月1日経過時点に完成したと解されるところ，Yは，原権利者Aから平成25年4月5日に本件土地を譲り受けています。かかるケースでは，Yはいわゆる**時効完成後の第三者**にあたり，**時効取得者Xと時効完成後の第三者Yとの関係は対抗関係**（民177）に立ち，最終的な所有権の取得は登記具備の先後によって決せられることになります（最判昭33.8.28）。

　そこで，Yとしては，Xよりも先に登記を備えることで甲土地の所有権を確定的に取得し，これによりXの所有権が喪失したことを抗弁として主張できます。いわゆる対抗要件具備による所有権喪失の抗弁のひとつです。これにより，所有権に基づく妨害排除請求権としての所有権移転登記請求権が「消滅」すると考えられます。

Plus α

その他の抗弁
　その他，抗弁として主張しうる事実に，時効中断の抗弁，他主占有であること，強暴，隠秘の事実，などがあります。

第11章 抹消登記請求

抹消登記手続請求

Step 1 【攻防の棋譜48】 所有権移転登記抹消請求事案における攻防

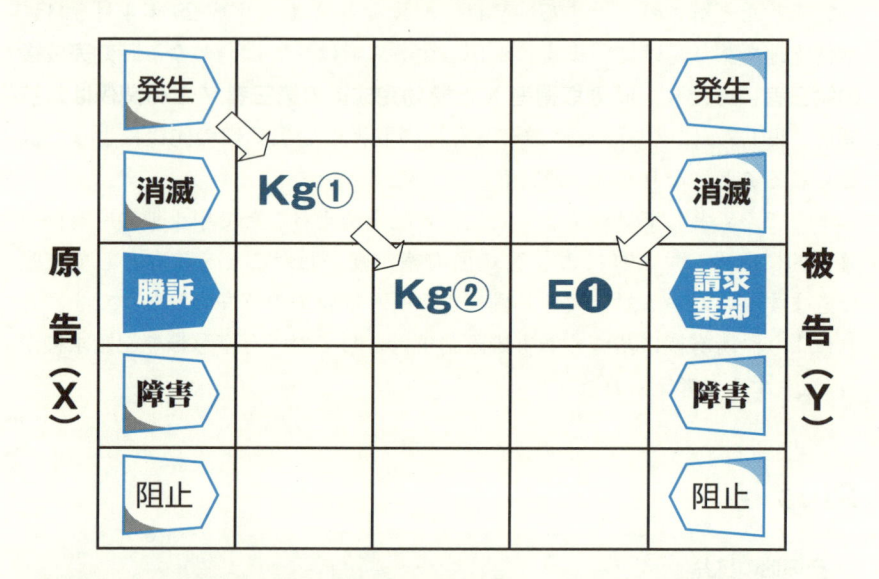

原告(X)					被告(Y)
発生					発生
消滅	Kg①				消滅
勝訴		Kg②	E❶	請求棄却	
障害					障害
阻止					阻止

請求原因 所有権に基づく妨害排除請求権としての所有権移転登記抹消登記請求権を基礎づける要件事実
　Kg① Xが本件建物を所有していること
　Kg② 本件不動産には現在，Y名義の所有権移転登記が存在すること

抗弁 物権的妨害排除請求権を「消滅」する要件事実（所有権喪失の抗弁）
　E❶ Xと第三者間での売買契約締結の事実

《事例問題 11-1》 所有権移転登記の抹消

【Xの言い分】

　私は，平成24年9月1日，私の母から，母が静岡県内に所有していたマンションの一室（以下「本件建物」という）を，母の残した遺言によって相続しました。しかし，母が亡くなった当時，葬儀や納税の処理に追われ，自分自身で本件建物の名義書換えをできずにいました。そんなとき，叔父のYが，不動産には詳しいから自分に任せてくれと言ってくれたので，Yに任せることにし，言われたとおりに遺言書や印鑑証明書といった書類を揃えて，Yに一式渡しました。ところが，一月経ってもYからの連絡がなかったため，こちらから連絡をしてみると，「すでに登記は終わっているが，権利証は大切なものだから，俺の貸し金庫にしまい預かっておいてやる。」と言われました。私は，預かってもらう必要はないから渡してほしいと言ったのですが，Yはこれを聞き入れてくれず，しまいには「信用できないのか。」などと言って怒りだし，権利証を渡してはくれませんでした。困った私は，近所の司法書士事務所に行き相談したところ，意外なことがわかりました。登記の名義は一度私になった後，Yの名義に換えられているというのです。司法書士の先生が言うには，平成24年12月1日付けの売買を原因として名義書換えが行われたようなのですが，もちろん売買の事実などありません。もしかしたらYは，これを更に売却し，お金を得ようと企んでいるのかもしれません。ですから私としては，そうなる前に，一刻も早く私の名義を回復したいと思っています。

① Xの訴訟代理人としてYに訴えを提起する場合の主たる請求の訴訟物を答えなさい。

②　主たる請求の請求の趣旨を答えなさい。なお，記載にあたっては，物件目録・登記目録については，「別紙物件目録記載の……」などとし，その具体的詳細については記載を要しない（③において同じ）。

③　Xの訴訟代理人としてYに対して主張すべき主たる請求の請求原因事実を答えなさい。

④　Yの訴訟代理人として構成しうる抗弁を答えなさい（個々の具体的な要件事実の記載は要しない）。

◆解説

1 訴訟物

> 所有権に基づく妨害排除請求権としての所有権移転登記抹消登記請求権

不実の登記は，当該不動産の占有を奪うものではなく，所有者の使用収益が妨げられるわけではありません。しかし，不実の登記自体が当該不動産に対する妨害となることは否定できないため，所有権に基づく妨害排除請求として，その抹消登記を請求することができます（大江・ゼミナール184頁～）。

2 請求の趣旨

> 被告は，別紙物件目録記載の不動産について，別紙登記目録記載の所有権移転登記の抹消登記手続をせよ。

抹消登記の主文には，抹消を求める登記の特定が必要です。この点，抹消を求める登記の特定は，物件と登記の名称，登記所の名称，受付年月日，受付番号による特定が可能です（e.g. 物件＋平成○年○月○日静岡地方法務局受付第12345号のY名義の所有権移転登記）。しかし，**登記目録を利用した記載が望ましい**とされているため（起案の手引22頁），請求の趣旨は，上記解答例のように「別紙登記目録記載の所有権移転登記」と表現します。

抹消登記手続を命ずる場合には，移転登記手続を求める場合と違って，抹消登記の相手方が明らかであることから，「原告に対し」としないのが実務の通例です（起案の手引15頁）。

登記の申請には，登記の原因を明らかにする必要があるため，通常，登記に関する請求の趣旨や判決主文には，登記原因を明らかにします。しかし，**抹消登記手続を求める請求の趣旨やこれを命ずる判決主文では，登記原因を示さないのが通例**です（起案の手引14頁）。

3 請求原因事実

> **要件事実**
> ① Xが本件建物を所有していること
> ② 本件建物には，現在，別紙登記目録記載のY名義の所有権移転登記が存在すること

> **記載例**
> 1　Xは，平成24年12月1日当時，別紙物件目録記載の建物（以下「本件建物」という）を所有していた。
> 2　本件建物には，現在，別紙登記目録記載のY名義の所有権移転登記がある。

　要件事実①については，同じ物権的請求権の問題である，所有権に基づく返還請求権の発生要件と同様に考えれば足りるため，詳細については**8-1（297頁）**を参照してください。

　本事例では，Yは売買による所有権の取得を主張することが予想されるので，Xのもと所有につき権利自白が成立すると考えられます。そこでXは，売買契約が締結されたとされる時点（平成24年12月1日）におけるXのもと所有を主張します。

　要件事実②と関連する事項として，登記の権利推定力との関係が問題となります。すなわち，登記には権利推定力があるため，Y名義の登記の存在からYが実体上も所有者であるとの推定がはたらき，このことが主張すべき要件事実に影響を与えるかどうかが問題となります。この点判例は，かかる登記の権利推定力は，事実上の推定の効力のみ認められるとします（最判昭34.1.8，最判昭38.10.15）。そのため，事実上の推定の場合は，法律上の推定の場合と違って，主張立証責任の転換は起こらないことから，登記の推定力は主張すべき要件事実に影響を与えません。

4 抗弁

> **所有権喪失の抗弁**

　Xが第三者（Yでもよい）に対して，本件建物を売却し，所有権を失えば，訴訟物である妨害排除請求権としての所有権移転登記抹消登記請求権は根拠

を失い「消滅」します。したがって，Ｘがすでに第三者との間で対象不動産の売買契約を締結した事実は，被告が主張立証すべき抗弁として位置づけられます。

Plus α

登記上の利害関係を有する第三者に対する承諾請求

権利に関する登記の抹消は，登記上の利害関係を有する第三者がある場合には，当該第三者の承諾があるときにかぎり申請することができます（不登68）。そのため，所有権移転登記の抹消登記をする場面において，当該登記を前提に設定された（根）抵当権等の権利がある場合には，当該担保権者は登記上の利害関係人に該当するため，登記の抹消には当該担保権者が作成した承諾証明情報を提供するか，または当該担保権者に対抗することができる裁判があったことを証する情報を提供することを要します。

以上のことから，登記上の利害関係人たる担保権者の任意の承諾が得られない場合，所有権移転登記の抹消登記手続を求めて訴えを提起するのと同時に，担保権者を被告として，所有権移転登記の抹消登記手続に対する承諾を求めて訴え提起することを要します。

このような訴えは，所有権に基づく妨害排除請求権を法的な根拠とするため，訴訟物は「所有権に基づく妨害排除請求権としての承諾請求権」となります。

請求の趣旨は，「被告Ｚは，別紙物件目録記載の不動産について，別紙登記目録記載の所有権移転登記の抹消登記手続に対する承諾をせよ。」となります。

また，担保権者Ｚに対する請求原因は以下のとおりとなります。

① Ｘの甲建物所有
② 甲建物にＹ名義の所有権移転登記が存在すること
③ 甲建物にＺ名義の（根）抵当権設定登記が存在すること
④ ③の登記申請受付当時，Ｙが甲建物の登記名義人であったこと

抹消に代えてする所有権移転登記手続（真正な登記名義の回復）

ＸがＹ名義の所有権移転登記の抹消登記を望む場面において，当該登記を前提に設定された（根）抵当権等の権利があるが，このような利害関係人の承諾が得られない場合，Ｘは抹消登記に代えて直接Ｙに対し真正な登記名義の回復を原因とする所有権移転登記手続を求めることができるとするのが判例および登記実務です。

このような訴えは，所有権に基づく妨害排除請求権を法的な根拠とするため，訴

訟物は「所有権に基づく妨害排除請求権としての所有権移転登記請求権」となります。

請求の趣旨は，「被告は，原告に対し，別紙物件目録記載の建物について，真正な登記名義の回復を原因とする所有権移転登記手続をせよ。」となります。ここでは登記原因日付が不要である点に注意を要します（昭 36.10.27 民事甲 2722 号法務省民事局回答）。

請求原因，および抗弁以下の攻撃防御の構造は，所有権に基づく妨害排除請求権としての所有権移転登記抹消登記請求権の場合と同様です。

Step	
1	**【攻防の棋譜 49】 抵当権設定登記抹消請求事案における攻防**

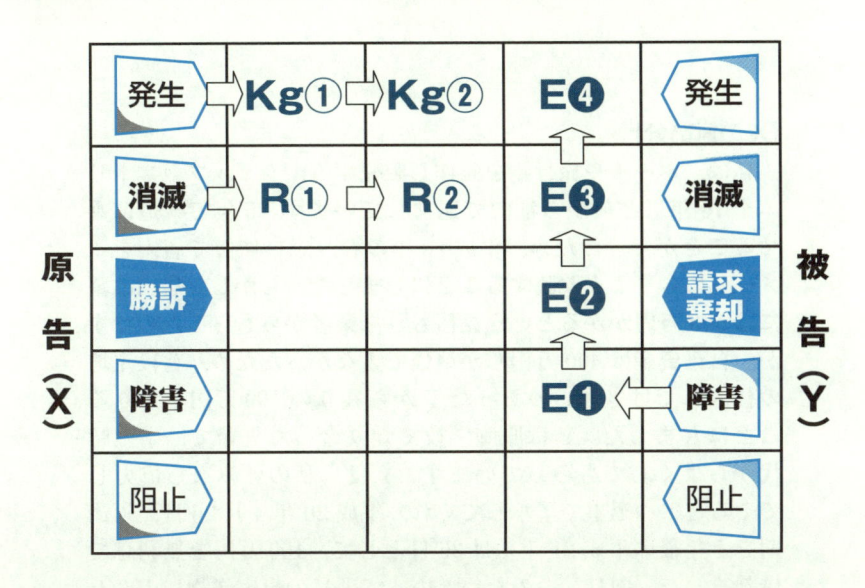

	発生	⇒	Kg①	⇒ Kg②	E❹		発生
	消滅	⇒	R①	⇒ R②	E❸		消滅
原告（X）	勝訴				⇑ E❷		請求棄却	被告（Y）
	障害				E❶ ⇐		障害
	阻止						阻止

請求原因 所有権に基づく妨害排除請求権としての抵当権設定登記抹消登記請求権を基礎づける要件事実
- **Kg①** Xが本件建物を所有していること
- **Kg②** 本件不動産には現在，別紙登記目録記載のY名義の抵当権設定登記が存在すること

抗弁 物権的妨害排除請求権を「障害」する登記保持権原の抗弁
- **E❶** XY間の被担保債権の発生原因事実
- **E❷** XがYとの間で❶の債権を担保するために本件建物につき抵当権設定契約を締結したこと
- **E❸** Xが❷の当時，本件建物を所有していたこと
- **E❹** 抵当権設定登記が❷の抵当権設定契約に基づくこと

再抗弁 登記保持権原の抗弁を「消滅」する要件事実
- **R①** XがYに対し，債務の本旨に従った給付をしたこと
- **R②** ①の給付がその債権についてなされたこと

第11章 抹消登記手続請求

《事例問題 11-2》 抵当権設定登記の抹消

【Xの言い分】
　私は，ポーチや旅行鞄を製作し販売する，ショップ兼アトリエを10年ほど前から都内で運営しています。5年で軌道に乗せることができたため，平成20年の春，思い切って店内をイメージに合うよう改装することにしました。しかし，店内改装には500万円かかるという見積もりを業者からもらったのですが，自己資金は400万円しか準備できなかったため，普段生地の仕入れで付き合いのあったYから残りの100万円を借りることにしました。Yは服飾学校で知り合った先輩で，学生時代からよくしてもらっています。Yは，私の頼みなら協力してやると二つ返事で了承してくれ，平成20年4月26日，返済期を1年後の平成21年4月26日として，100万円を無利息で借りました。同日，念のためといって，私の自宅建物に100万円の抵当権を設定し，その登記を備えています。店内改装後，ショップの売上げも好調で，手元資金に余裕もできたことから，平成21年1月11日，新年の挨拶も兼ねてYの事務所へ赴き，100万円を返済しました。しかしその後，随分経ってから，抵当権の登記が消えていないことに気がつきました。Yには，本件建物についている抵当権の登記を早く消してほしいと思います。

【Yの言い分】
　Xが平成20年4月26日当時本件建物を所有していたことは認めますが，私は同日Xに100万円を弁済期平成20年7月1日の約束で貸し付け，その担保のために本件建物に抵当権を付けることを合意し，その合意に基づき本件建物に抵当権設定登記をしました。

① Xの訴訟代理人としてYに訴えを提起する場合の主たる請求の訴訟物を答えなさい。

② 請求の趣旨を答えなさい（附帯請求は除く）。なお，記載にあたっては，物件目録・登記目録については，「別紙物件目録記載の……」などとし，その具体的詳細については記載を要しない（③，④において同じ）。

③ Xの訴訟代理人としてYに対して主張すべき主たる請求の請求原因事実を答えなさい。

④ Yの訴訟代理人として主張すべき抗弁の要件事実を答えなさい。

⑤ Xの訴訟代理人として主張すべき再抗弁の要件事実を答えなさい。

◆解説

1 訴訟物

所有権に基づく妨害排除請求権としての抵当権設定登記抹消登記請求権

本事例では、被担保債権であるYのXに対する貸金返還請求権はXの弁済により消滅し、その結果、抵当権の付従性により、抵当権も消滅したにもかかわらず、Y名義の抵当権設定登記がそのまま残っていることから、当該抵当権設定登記という占有以外の方法によってXの建物所有権が侵害されているといえます。そこで、Xの訴訟代理人としては、Yによる抵当権設定登記の存在がXの本件建物の所有権を妨害しているとして、妨害排除請求権としての物権的登記請求権を行使することが考えられます。これに基づく登記手続請求訴訟の訴訟物は、「所有権に基づく妨害排除請求権としての抵当権設定登記抹消登記請求権」となります。

2 請求の趣旨

> 被告は，別紙登記目録記載の建物について，別紙登記目録記載の抵当権設定登記の抹消登記手続をせよ。

　抹消登記の主文には，抹消を求める登記の特定が必要となりますが，この点，**登記目録を利用した記載が望ましい**とされています（起案の手引22頁）。問題文にもそのように記載する指示があるため，請求の趣旨は，上記解答例のように「別紙登記目録記載の抵当権設定登記」と表現します。

　抹消登記手続を命ずる場合には，移転登記手続を求める場合と違って，抹消登記の相手方が明らかであることから，「原告に対し」としないのが実務の通例です（起案の手引15頁）。

　登記の申請には，登記の原因を明らかにする必要があるため，通常，登記に関する請求の趣旨や判決主文には，登記原因を明らかにします。しかし，**抹消登記手続を求める請求の趣旨やこれを命ずる判決主文では，登記原因を示さないのが通例**です（起案の手引14頁）。ただし，本事例のように，被担保債権の弁済により抵当権が消滅したような場合には，「被告は，別紙物件目録記載の建物について，別紙登記目録記載の抵当権設定登記につき平成21年1月11日の弁済を原因とする抹消登記手続をせよ。」というように，登記原因を記載することもできます。

3 請求原因事実

要件事実
① Xが本件建物を所有していること
② 本件建物には，現在，別紙登記目録記載のY名義の抵当権設定登記が存在すること

記載例
1　Xは，平成20年4月26日当時，別紙物件目録記載の建物を所有していた。
2　本件建物には，現在，別紙登記目録記載のY名義の抵当権設定登記がある。

　要件事実①については，同じ物権的請求権の問題である，所有権に基づく

返還請求権の発生要件と同様に考えれば足りるため，基本的な考え方については **8-1**（**297頁**）を参照してください。

ここでは本事例特有の問題を取り上げます。すなわち，請求原因を摘示するにあたり，いつの時点におけるＸの所有について権利自白が成立したとみるべきかについてです。これについては，次に述べるような２つの考え方があります。

１つ目は，所有権に基づく妨害排除請求権の発生要件にあたるＸの現所有について権利自白が成立するとして，請求原因として「Ｘは，別紙物件目録記載の建物を所有している。」と摘示する考え方です。

２つ目は，ＸおよびＹの言い分を通して，Ｙが後述する登記保持権原の抗弁を主張することが明らかであることを前提に，抵当権設定契約締結当時のＸの所有についてＹの権利自白が成立するとして，請求原因を摘示する考え方です。Ｙが当該抗弁を主張するにあたって，Ｙは，抵当権設定契約締結当時にＸが本件建物を所有していたことを前提とする必要があることから，抵当権設定契約締結当時のＸの所有についてＹの権利自白が成立すると考えます。このように考えたときには，請求原因として「Ｘは，平成20年４月26日当時，別紙物件目録記載の建物を所有していた。」と摘示することになります。

前述した解答例は，後者の考え方に従ったものです。

要件事実②につき，Ｙ名義の抵当権設定登記が，Ｙの正当な権原に基づく登記であるか否かは請求原因としては問題となりません。民法の学習においては，妨害排除請求権の発生を基礎づける要件として「Ｙ名義の登記に理由がないこと」を要すると説明されますが，公平の観点から，当該事実は請求原因事実とはならず，むしろ相手方が正当な権原（登記保持権原）を主張立証することで，妨害排除請求権の発生を「障害」しうる抗弁と位置づけられています。この抗弁を「登記保持権原の抗弁」といいます。

また，抵当権設定登記の存在を主張立証するにあたっては，単に「Ｙ名義の抵当権設定登記が存在する。」とするだけでは足りず，妨害状態を明らかにするという意味において，登記の具体的な記載内容（登記原因，債務者，債権額等）を示すことを要します。そこで，「本件建物にＹ名義の別紙登記目録記載（省略）の抵当権設定登記が存在する。」というように，登記目録

等を利用して，登記の具体的表示内容を主張します。

4　抗弁

要件事実

❶ XY間の被担保債権の発生原因事実
❷ XがYとの間で❶の債権を担保するために本件建物につき抵当権設定契約を締結したこと
❸ Xが❷の当時，本件建物を所有していたこと
❹ 抵当権設定登記が❷の抵当権設定契約に基づくこと

記載例

> 1　Yは，Xに対し，平成20年4月26日，100万円を貸し付けた。
> 2　XとYは，平成20年4月26日，Xの1の債務を担保するため，別紙物件目録記載の建物に抵当権を設定するとの合意をした。
> 3　請求原因事実2の登記は，上記2の抵当権設定契約に基づく。

　Xからの抵当権設定登記抹消登記手続請求に対して，Yの訴訟代理人としては，前述したように，請求原因事実2のY名義の抵当権設定登記が正当な権原に基づくものであるとの主張をすることが考えられます（登記保持権原の抗弁）。

　要件事実❶～❸は，Y名義の抵当権設定登記が正当な権原に基づく有効なものであるためには，当該抵当権設定登記に符合する実体関係が存在することを要するため要求される要件事実です。

　要件事実❶については，抵当権設定登記に表示された実体関係（一般には，債権額，利息・損害金の定め等）と合致する実体関係を主張する必要があります。具体的には，被担保債権である貸金債権の発生原因事実として，①返還約束と②金銭交付の各事実を「100万円を貸し付けた」の要領で主張立証することになります。また，対象となる契約を特定する趣旨で，契約年月日も

記載します。

要件事実❷は，抵当権設定契約の締結を主張するに際しては，当該契約と被担保債権との結びつきを示すことが不可欠であるため要求される要件事実です。

要件事実❸の抵当権設定契約締結当時のX所有は，抵当権設定契約は物権契約であることから要求される要件事実です。ただし，請求原因事実のなかで抵当権設定契約締結当時のX所有が明らかにされている場合には，被告が再度主張する必要はありません（主張共通の原則）。

さらに，手続的有効要件として要件事実❹の事実が要求されます。この手続的有効要件は，通常，実体関係とは別の争点を構成しないため，事実の摘示としては単に「❷の抵当権設定契約に基づく」とすれば足りると考えられています。

5　再抗弁

要件事実
❶XがYに対し，債務の本旨に従った給付をしたこと
❷❶の給付がその債権についてなされたこと

記載例
1　Xは，Yに対し，平成21年1月11日，100万円を弁済した。
2　上記1の弁済は，抗弁の要件事実1のXの貸金債務についてなされた。

登記保持権原の抗弁に対しては，再抗弁として，被担保債権である貸金債務についての弁済を主張することが考えられます。被担保債権が消滅すれば，抵当権もその付従性に基づき当然に消滅することになるからです。

第12章 確認訴訟
債務不存在確認訴訟

Step 1 【攻防の棋譜 50】 貸金返還債務不存在確認のケースでの攻防

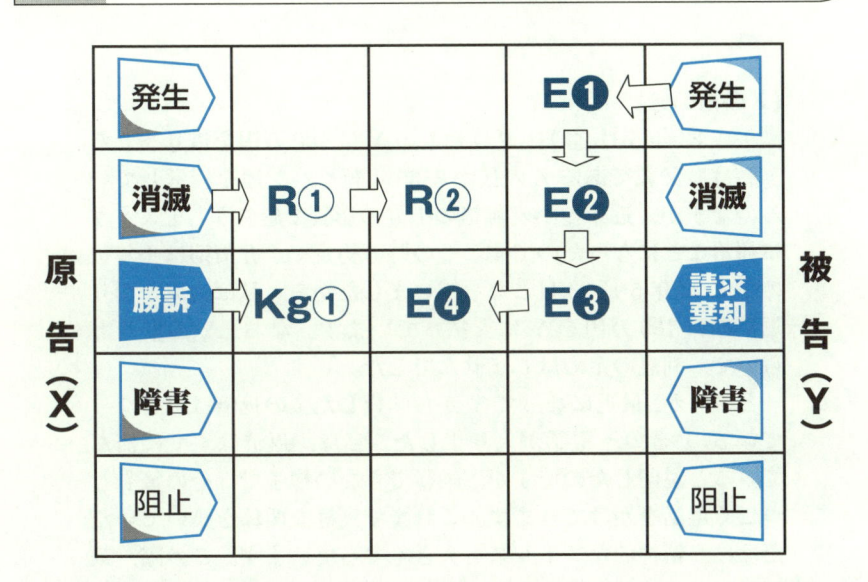

	発生				E❶ ← 発生	
	消滅 ⇒	R① ⇒	R② ⇒	E❷	消滅	
原告(X)	勝訴 ⇒	Kg①	E❹ ←	E❸ ←	請求棄却	被告(Y)
	障害				障害	
	阻止				阻止	

請求原因 確認の利益の基礎となるべき事実
　Kg① 権利・法律関係について当事者間に争いがあること

抗弁 訴訟物である権利の発生を基礎づける要件事実
　　　　訴訟物が貸金返還請求権の場合
　E❶ YX間の金銭の返還合意
　E❷ YXの金銭の授受
　E❸ 弁済期の合意　　or　債務の履行の催告
　E❹ 弁済期の到来　　　　催告後相当期間の経過

再抗弁　抗弁を打ち消す要件事実
　　　　　弁済の場合
　R①　　債務の本旨に従った給付
　R②　　給付と債権との結びつき

Step 2 《事例問題 12-1》 貸金返還債務不存在確認事例

【Xの言い分】
　平成 22 年 5 月 23 日，私は知人の Y に 100 万円を借りました。私は，父親である Z の代から 30 年続くパン屋を経営しているのですが，近年の小麦価格の上昇の影響で経営が苦しく，Y に頼ることになったのです。その時の約定で，弁済期は 1 年後の平成 23 年 5 月 23 日となっていましたから，私は約束どおり返済期に 100 万円を Y に支払っています。なお，Y の取り計らいで，利息の定めはしませんでした。
　ところが，最近になって Y から「貸した金の返済はどうなっている。」という電話が入りました。私は，返済はすでに済んでいると説明したのですが，納得できない様子で，その後もしつこく電話をかけてきます。これまで良好な関係を築いていただけに，精神的なストレスも大きく参っています。この際，裁判所で私の債務が存在しないことを確認してもらいたいと思っています。

【Yの言い分】
　X は弁済済みだというのですが，証拠を見せろと言っても X からは何も出てきませんでした。私は弁済を受けていないのです。したがって，私は，X に対し，100 万円の返済を求めます。

①　X の訴訟代理人として Y に訴えを提起する場合の主たる

請求の訴訟物を答えなさい。

② 主たる請求の請求の趣旨を答えなさい。

③ Xの訴訟代理人としてYに対して主張すべき主たる請求の請求原因事実を答えなさい。

④ Yの訴訟代理人として主張すべき抗弁の要件事実を答えなさい。

⑤ Xの訴訟代理人として主張すべき再抗弁の要件事実を答えなさい。

◆解説

1 訴訟物

> 消費貸借契約に基づく貸金返還請求権

　債務不存在確認訴訟は，給付訴訟のいわば「裏返し」（表裏の関係）といえるものであることから，その**訴訟物**は，YがXに対して貸金返還請求訴訟（給付訴訟）を提起する場合と同じになります。つまり，訴訟における原被告の立場が入れ代わっても，審判対象となる権利関係は，消費貸借契約に基づく貸金返還請求権で変わらないということです。

　たとえば，本事例から離れて，売買代金の支払をめぐって争いになっているケースで考えてみると，原告が代金支払請求訴訟（給付訴訟）を提起する場合の訴訟物と，被告が代金債務の不存在確認訴訟（確認訴訟）を提起する場合の訴訟物は，いずれも「売買契約に基づく代金支払請求権」となるのです。

2 請求の趣旨

> 原被告間の平成22年5月23日の消費貸借契約に基づく原告の被告に対する（元金）100万円の（返還）債務の存在しないことを確認する。

　確認訴訟は，被告の確認ではなく裁判所の確認を求めるものなので，「被告は……確認せよ」とか「被告は……確認しなければならない」などと記載するのではなく，「確認する」と記載することに注意を要します。

　また，どの債務の不存在の確認を求めるのかを特定する必要があるため，

債務の発生原因（合意の日時，内容）として「原被告間の平成22年5月23日の消費貸借契約」を明示します。

さらに，原則として，債務額（「(元金) 100万円」）も摘示します。ただし，交通事故訴訟等において，被告が損害賠償請求の額を明らかにしない場合，原告としては債務金額を特定することが困難であることから，訴え提起の段階では，例外的に金額を特定しないことも許されます。

Plus α

債務の一部の不存在確認

たとえば，100万円の債務のうち，60万円分を自認し，残部40万円分の不存在の確認を求める場合には，「原被告間の平成24年4月22日の消費貸借契約に基づく原告の被告に対する100万円の債務は60万円を超えて存在しないことを確認する。」が請求の趣旨となります。また，この場合の訴訟物は，100万円の債務のうちの残部40万円部分のみとなります（最判昭40. 9. 17）。60万円の部分は債務が残っていることを自認しており，審判の対象とならないからです。

3　請求原因事実

要件事実
権利・法律関係について当事者間に争いがあること

記載例
Yは，Xに対し，XY間の平成22年5月23日締結の消費貸借契約に基づく100万円の貸金債権を有すると主張している。

債務不存在確認請求訴訟では，訴訟物である権利の発生原因事実という意味での請求原因は存在しません（30講571頁）。むしろ，訴訟物である権利の発生原因事実については，被告がその主張立証責任を負います（大江・ゼミナール62頁）。

ただし，確認の訴えは確認の利益（訴えの利益）があることが必要なので，一般に，**確認の利益の基礎となるべき事実**（権利・法律関係について当事者間に争いがあること）が請求原因に位置づけられています。

4 抗弁

要件事実
❶ X返還約束
❷ 目的物の授受
❸ 弁済期の合意
❹ 弁済期の到来

記載例

1　Yは，Xに対し，平成22年5月23日，100万円を貸し付けた。
2　XとYは，1に際し，弁済期を平成23年5月23日と定めた。
3　平成23年5月23日は到来した。

　債務不存在確認訴訟においては，給付訴訟（YのXに対する貸金返還請求訴訟）であれば請求原因で主張されるべき上記事実が抗弁で主張されます。
　なお，債務不存在確認訴訟において，**被告から給付訴訟が反訴として提起された場合，通常，債務不存在確認訴訟は確認の利益を失い却下の対象となるため**（藤田・講義32頁），実務上は取り下げられるのが一般的です。給付訴訟を反訴として提起する理由は，債務不存在確認訴訟において原告が敗訴しても（つまり，債務は存在するものと判断されても），確認判決では被告となった債権者が強制執行で権利を実現できない点にあります。

5 再抗弁

要件事実
① 債務の本旨に従った給付
② 給付と債権との結びつき

記載例

　XはYに対し，平成23年5月23日，本件債務の履行として，100万円を支払った。

　債務不存在確認訴訟においては，給付訴訟であれば請求原因で主張される事実が抗弁で主張され，抗弁で主張される事実が再抗弁で主張される点に特徴があります。
　ただし，実務上は，早期に争点を明らかにする目的から，原告が債務の不存在を主張する理由（e.g. 弁済）を訴状に記載することが多いとされます。その場合，金銭を借りた事実を認めつつ，弁済による消滅を主張すれば，抗

弁事実の先行自白と再抗弁の先行主張として位置づけられます。また，金銭を借りた事実を否定して争うのであれば，抗弁事実の先行否認となります（加藤・考え方と実務 323 頁）。

Sakamoto's Eye

　通常，原告は「発生」の駒を前に進めるべく，法律効果の発生を基礎づけるに足りる請求原因事実を主張します。
　しかし，債務不存在確認請求訴訟では，訴訟物である権利の発生原因事実という意味での請求原因が存在しません。
　そのため，債務府存在確認事例では，「勝訴」の駒自体を前に進め，被告の「請求棄却」を取りにいくよう表現しています。

事項索引

あ
明渡し ……………………………… 233
争う ……………………………… 15, 49

い
一元説 ……………………………… 232

う
訴え ……………………………… 11
訴え却下の申立て ……………………………… 13

え
営業的商行為 ……………………………… 94, 95
「a＋b」の理論 ……………………………… 74

か
外形標準説 ……………………………… 219
隠れた瑕疵 ……………………………… 89
過払金 ……………………………… 226
間接事実 ……………………………… 26

き
規範的要件 ……………………………… 45
狭義の訴訟上の請求 ……………………………… 11

け
経過 ……………………………… 44
権利抗弁 ……………………………… 19, 28
　　──の存在効果 ……………………………… 28
権利根拠規定 ……………………………… 2
権利障害規定 ……………………………… 3
権利消滅規定 ……………………………… 3
権利阻止規定 ……………………………… 3

こ
広義の訴訟上の請求 ……………………………… 11
攻撃防御方法としての請求原因 ……………………………… 13
抗弁 ……………………………… 17
　　所有権喪失の── ……………………………… 302
　　登記保持権原の── ……………………………… 360
　　同時履行の── ……………………………… 56

さ
再抗弁 ……………………………… 6, 19
再々抗弁 ……………………………… 19
債務者対抗要件 ……………………………… 170

し
事実抗弁 ……………………………… 19
事実的要件（事実要件） ……………………………… 47
事実認定 ……………………………… 20
事情 ……………………………… 27
時的因子 ……………………………… 32, 44, 45
時的要素 ……………………………… 32, 80
自白 ……………………………… 14, 49
自由心証主義 ……………………………… 20
主張共通の原則 ……………………………… 27, 48, 63, 79, 132, 242
主要事実 ……………………………… 3
障害 ……………………………… 5
証拠共通の原則 ……………………………… 20
勝訴 ……………………………… 4
証明責任 ……………………………… 21
消滅 ……………………………… 5
所有権喪失の抗弁 ……………………………… 302

せ
請求棄却 ……………………………… 5
　　──の申立て ……………………………… 13
請求原因事実 ……………………………… 4, 13
請求の原因 ……………………………… 12
請求の趣旨 ……………………………… 12
正当の事由 ……………………………… 281
積極否認 ……………………………… 49
絶対的商行為 ……………………………… 94, 95
せり上がり ……………………………… 28
占有 ……………………………… 47

そ
争点 ……………………………… 15
阻止 ……………………………… 5
訴訟物 ……………………………… 11, 34

た
第三者対抗要件……………………………175
代償請求……………………………………322

ち
沈黙………………………………………14, 49

て
適時提出主義…………………………………41

と
登記保持権原の抗弁………………………360
同時履行の抗弁………………………………56
答弁……………………………………………13
到来……………………………………………44
特定請求原因…………………………………13

に
二段の推定…………………………………156
認否……………………………………………14

の
のみ説………………………………………161

は
背信性………………………………………237
発生……………………………………………5
反証………………………………………24, 25

ひ
引渡し………………………………………233

否
否認……………………………………14, 49
非のみ説……………………………………161

ふ
不真正連帯債務……………………………218
附属的商行為…………………………94, 95
附帯請求………………………………………34
不知……………………………………14, 49
物権的請求権………………………………296

ほ
法的効果………………………………………2
法的三段論法…………………………………7
法的判断………………………………………2
法律要件分類説………………………………21
補助事実………………………………………27
本証…………………………………………24, 25

も
黙示の承諾……………………………………47
もと所有……………………………………298

よ
要件事実………………………………………3
よって書き……………………………………44

り
立証責任（証明責任）………………………21
理由付否認……………………………………49
理由付け請求原因……………………………13

判例索引

明治
大判明 38・2・28 民録 11-278 …………………… 167
大判明 43・10・20 民録 16-719 …………………… 209

大正
大判大 3・12・15 民録 20-1101 …………… 10, 69
大判大 4・7・13 民録 21-1387 …………………… 152
大判大 4・9・29 民録 21-1520 …………………… 48
大判大 6・6・27 民録 23-1153 …………………… 79
大判大 6・10・2 民録 23-26-1510 ……………… 171
大判大 7・8・14 民録 24-1650 …………………… 337
大判大 8・3・28 民録 25-441 …………………… 184
大判大 8・10・1 民録 25-1726 …………………… 201
大判大 9・3・10 民録 26-280 …………………… 212

昭和元〜20年
大判昭 2・12・26 法律新聞 2806-15 …………… 225
大判昭 3・8・1 民集 7-648 …………………… 214
大判昭 5・1・29 民集 9-97 …………………… 119
大判昭 5・4・16 民集 9-376 …………………… 89
大判昭 5・10・10 民集 9-11-948 ……………… 171
大判昭 6・6・9 民集 10-470 …………………… 132
大判昭 12・6・30 民集 16-1285 ………………… 218
大判昭 12・11・16 民集 16-1615 ……………… 242

昭和21〜30年
最判昭 26・11・27 民集 5-13-775 ……………… 326
最判昭 27・4・25 民集 6-4-451 ………………… 269
最判昭 28・1・30 民集 7-1-116 ………………… 259
最判昭 28・9・25 民集 7-9-979 ………………… 262
最判昭 29・11・26 民集 8-11-2087 …………… 68
最判昭 29・12・21 民集 8-12-2211 ……… 79, 250
最判昭 30・1・21 民集 9-1-22 ………………… 322
最判昭 30・7・15 民集 9-9-1058 ……………… 59

昭和31〜40年
最判昭 31・10・5 民集 10-10-1239 …………… 261
最判昭 31・12・6 民集 10-12-1527 ……… 79, 250
最判昭 32・2・7 民集 11-2-240 ………………… 293
最判昭 32・6・7 民集 11-6-948 ………………… 150
最判昭 32・7・30 民集 11-7-1386 …………… 292

最判昭 32・12・27 民集 11-14-2485 ………… 325
最判昭 33・6・6 民集 12-9-1373 ……………… 137
最判昭 33・6・20 民集 12-10-1585 …………… 303
最判昭 33・8・28 民集 12-12-1936 …………… 347
最判昭 34・1・8 民集 13-1-1 ………………… 352
最判昭 34・5・14 民集 13-5-609 ……………… 56
最判昭 34・9・17 民集 13-11-1372 …………… 48
最判昭 34・9・17 民集 13-11-1412 …………… 85
最判昭 34・11・26 民集 13-12-1562 ………… 214
最判昭 35・3・1 民集 14-3-327 …… 297, 301, 316
最判昭 35・10・18 民集 14-12-2764 ………… 109
最判昭 36・6・9 民集 15-6-1546 ……………… 219
最判昭 37・2・6 民集 16-2-233 ……………… 293
最判昭 37・9・4 民集 16-9-1834 ……………… 209
最判昭 38・9・27 民集 17-8-1069 ……… 269, 270
最判昭 38・10・15 民集 17-11-1497 ………… 352
最判昭 39・5・12 民集 18-4-597 ……………… 156
最大判昭 39・11・18 民集 18-9-1868 ………… 226
最判昭 39・11・26 民集 18-9-1984 …………… 64
最判昭 40・4・30 民集 19-3-768 ……………… 64
最判昭 40・9・17 民集 19-6-1533 …………… 367
最判昭 40・11・30 民集 19-8-2049 …………… 219

昭和41〜50年
最判昭 41・4・20 民集 20-4-702 ……………… 97
最判昭 41・4・21 民集 20-4-720 ……………… 272
最判昭 41・6・9 民集 20-5-1011 ………… 325, 326
最判昭 43・3・28 民集 22-3-692 ……………… 292
最大判昭 43・11・13 民集 22-12-2526 ……… 226
最判昭 43・11・21 民集 22-12-2741 ………… 237
最判昭 43・12・24 民集 22-13-3366 ………… 345
最判昭 44・11・25 民集 23-11-2137 ………… 226
最判昭 44・12・18 民集 23-12-2467 ………… 345
最判昭 45・7・21 民集 24-7-1091 …………… 292
最判昭 46・11・11 判時 654-52 ……………… 345
最判昭 47・11・16 民集 26-9-1603 …………… 269
最判昭 48・7・19 民集 27-7-823 ……………… 167
最判昭 48・7・19 民集 27-7-845 ……………… 79
最判昭 49・3・7 民集 28-2-174 ……………… 188
最判昭 49・7・18 民集 28-5-743 ……………… 303

昭和 51〜60 年
最判昭 52・3・17 民集 31-2-308 …………… 167
最判昭 52・3・31 判時 851-176 ……………… 85
最判昭 53・2・14 金商 544-7 ……………… 290
最判昭 53・9・21 判時 907-54……………… 204
最判昭 55・1・11 民集 34-1-42 …………… 188
最判昭 57・10・19 民集 36-10-2163 ………… 94

昭和 61〜63 年
最判昭 61・3・17 民集 40-2-420 …………… 345

平成元年〜
最判平 5・3・30 民集 47-4-3334 …………… 188
最判平 9・2・14 民集 51-2-337 …………… 203

◆**坂本　龍治**（さかもと　りゅうじ）

　2009年司法書士試験合格。2010年第9回簡裁訴訟代理等能力認定考査合格。伊藤塾選任講師。東京司法書士会会員。日本大学司法書士桜門会理事。

　尊敬してやまぬ蛭町浩講師と，司法書士である父の背中を追い，受験指導と司法書士実務にすべてを注ぐ。

　現在，司法書士入門講座と認定考査対策講座に携わり，司法書士試験受験のための入り口から最終ゴールまでを一貫してサポートしている。

伊藤塾（いとうじゅく）

　司法書士，司法試験，行政書士など法律科目のある資格試験や公務員試験の合格者を多数輩出している受験指導校。合格を見据えた受験指導を行い，特に司法試験の合格実績には定評がある。1995年5月3日憲法記念日に，法人名を「株式会社法学館」として，憲法の理念を広めることを目的とし設立。憲法の心と真髄をあまねく伝えること，また，一人一票を実現し，日本を真の民主主義国家にするための活動を行っている。

伊藤塾
〒150-0031　東京都渋谷区桜丘町17-5　03(3780)1717
http://www.itoujuku.co.jp

要件事実ドリル

2014（平成26）年2月15日　初版1刷発行

監修者　伊藤塾
著　者　坂本龍治
発行者　鯉渕友南
発行所　株式会社 弘文堂　　101-0062　東京都千代田区神田駿河台1の7
　　　　　　　　　　　　　　TEL 03(3294)4801　　振替 00120-6-53909
　　　　　　　　　　　　　　http://www.koubundou.co.jp

装　丁　笠井亞子
印　刷　三美印刷
製　本　井上製本所

© 2014 Ryuji Sakamoto. Printed in Japan
[JCOPY]〈(社)出版者著作権管理機構　委託出版物〉
本書の無断複写は著作権法上での例外を除き禁じられています。複写される場合は，そのつど事前に，(社)出版者著作権管理機構（電話 03-3513-6969，FAX 03-3513-6979，e-mail: info@jcopy.or.jp）の許諾を得てください。
また本書を代行業者等の第三者に依頼してスキャンやデジタル化することは，たとえ個人や家庭内での利用であっても一切認められておりません。

ISBN978-4-335-35591-2

―好評発売中―

認定司法書士への道〔第3版〕
要件事実最速攻略法

伊藤塾講師 **蛭町 浩**=著

要件事実における蛭町式メソッドを初公開。バリエーション豊かな多数の事例（設例）と記載例（主張例）で、司法書士有資格者に限らず、実体法と手続法を関連づけて学べる。日常の業務にも活用できる簡裁代理権取得のための必修テキスト、最新版。　　Ａ５判　472頁　4000円

- ●要件事実や事実認定の基本を自習できるように、できるだけわかりやすく、その内容を解説してあります。
- ●要件事実については、訴訟物、請求の趣旨、請求原因の説明をより丁寧にしてあります。
- ●認定司法書士が行える業務範囲、業務規制についても、「認定考査」対応レベルで、わかりやすい説明がしてあります。
- ●確認問題や「認定考査」の過去問を、項目ごとに配置し、本書の内容を確実に修得しているかがチェックできるだけでなく、「認定考査」の出題形式や解答形式にも慣れることができます。

　　はじめに―認定考査に対する試験戦略―
　　第１部　民事訴訟手続と要件事実の基礎
　　　第１章　裁判規範としての民法の特色
　　　第２章　民事訴訟手続の基本構造と基本原理
　　　第３章　民事訴訟手続の流れ
　　　第４章　訴え
　　　第５章　審理
　　　第６章　その他の論点
　　第２部　各種の訴訟における要件事実
　　　第１章　売買契約に基づく代金支払請求訴訟
　　　第２章　代理の場合の請求
　　　第３章　売買契約に基づく目的物引渡請求訴訟
　　　第４章　貸金返還請求訴訟
　　　第５章　保証契約に基づく保証債務履行請求訴訟
　　　第６章　賃貸借契約の終了に基づく建物明渡請求訴訟
　　　第７章　所有権に基づく建物明渡請求訴訟
　　　第８章　所有権に基づく動産引渡請求訴訟
　　　第９章　不動産登記手続請求訴訟
　　　第10章　譲受債権請求訴訟
　　　第11章　請負契約に基づく報酬請求訴訟
　　　第12章　債務不存在確認訴訟
　　　第13章　不法行為関係訴訟
　　　第14章　その他の訴訟
　　第３部　簡裁訴訟代理等関係業務の業務範囲と業務規制
　　　第１章　簡裁訴訟代理等関係業務の業務範囲
　　　第２章　簡裁訴訟代理等関係業務と業務規制

弘文堂

＊定価（税抜）は 2014 年 1 月現在

---- 好評の関連書 ----

要件事実論30講〔第3版〕

村田　渉・山野目章夫=編著
後藤巻則・高橋文清・村上正敏・大塚直・三角比呂=著

実務家裁判官（司法研修所教官経験者）と民法研究者（法科大学院教授）が討議を重ねて作り上げた要件事実の基礎教育と自己学修に最適のスタンダード・テキスト。設例の丁寧な解説とともに、事実摘示例やブロック・ダイアグラムを具体的に示し、暗記にたよらない要件事実の学修をめざす良きガイド。
「民法の学習と要件事実論」「主張自体失当とはなにか」など学修をより深めるコラムや補講「債権法改正の動向と訴訟の攻撃防御」および巻末に索引機能も兼ねた「記載例関係一覧表」を加え、さらに内容充実の最新版。　Ａ５判　並製　624頁　3800円

司法書士の専門家責任

東京高裁部総括判事 加藤新太郎=著

司法書士は、その執務において、法律専門職として求められる注意義務を過不足なく尽くすとともに、倫理にかなうパフォーマンスを示すことが求められています。裁判例を素材にして、司法書士の執務のあり方について、規範的視点からわかりやすく解説したテキスト。司法書士が果たすべき役割やあるべき姿を執務に沿って具体的に示した指南書。　Ａ５判　並製　408頁　3200円

＊定価（税抜）は、2014年1月現在のものです。

━━━ 演習ノートシリーズ ━━━

法律の修得のためには、事例演習は不可欠です。本シリーズでは、学習者が楽しく自学自習できるよう、様々な工夫を凝らしました。身近にある事例を長文の［設問］にし、この［設問］について解答を作成してから［解説］を読むと、基礎知識が着実に定着し、事例にあてはめ運用する力が備わります。［設問］に対応した［解答例］、進んだ学習のための［関連問題］も付いた、充実の演習書！

租税法演習ノート
……租税法を楽しむ 21 問 ［第 3 版］

佐藤英明=編著／岡村忠生・渋谷雅弘・髙橋祐介・谷口勢津夫・増井良啓・渡辺徹也=著　　　　　　　　　　2800円

知的財産法演習ノート
……知的財産法を楽しむ 23 問 ［第 3 版］

小泉直樹・駒田泰土=編著／鈴木將文・井関涼子・奥邨弘司・上野達弘・宮脇正晴=著　　　　　　　　　　3000円

倒産法演習ノート
……倒産法を楽しむ 22 問 ［第 2 版］

山本和彦=編著／岡正晶・小林信明・中西正・笠井正俊・沖野眞已・水元宏典=著　　　　　　　　　　　　3200円

労働法演習ノート
……労働法を楽しむ 25 問

大内伸哉=編著／石田信平・魚住泰宏・梶川敦子・竹内（奥野）寿・本庄淳志・山川和義=著　　　　　　　　3200円

刑法演習ノート
……刑法を楽しむ 21 問

只木誠=編著／奥村丈二・北川佳世子・十河太朗・髙橋直哉・安田拓人・安廣文夫・和田俊憲=著　　　　　　3000円

民法演習ノートⅢ
……**家族法** 21 問

窪田充見・佐久間毅・沖野眞已=編著／磯谷文明・浦野由紀子・小池泰・西希代子=著　　　　　　　　　　3200円

弘文堂

＊定価(税抜)は、2014年1月現在のものです。

伊藤塾試験対策問題集

●論文［全7巻］

新司法試験対策に最適のあてはめ練習ができる初めての問題集！
どんな試験においても、合格に要求される能力に変わりはありません。問題を把握し、条文を出発点として、趣旨から規範を導き、具体的事実に基づいてあてはめをし、問題の解決を図ること。
司法試験をはじめ法科大学院入試、司法書士試験、公務員試験、公認会計士試験、そして、学年末試験などすべての論述形式の答案作成に完全対応。
「伊藤真試験対策講座」の実践篇として、より効率よく自習で力がつく論文問題集です。

1	刑事訴訟法	3200円
2	刑法	3000円
3	民法	3200円
4	憲法	3200円
5	民事訴訟法	3200円
6	商法	3200円
7	行政法	3200円

●短答［全5〜7巻］

短答式試験合格に必須の基本的知識がこの1冊で体系的に修得できる！
伊藤塾オリジナル問題から厳選した正答率の高い良問を繰り返し解き、完璧にマスターすれば、知識の穴がなくせるシケタイの実践篇問題集。
司法試験をはじめ法科大学院入試、公務員試験、司法書士試験、公認会計士試験、そして、学年末試験などすべての短答式試験に対応。
本試験の問題形式に慣れ、あわせて解答のリズムを作る訓練にも最適、全範囲の正確で確実な知識が身につく短答問題集です。

1	憲法	2800円
2	民法	3000円
3	刑法	2900円
4	商法	3000円
5	民事訴訟法	3300円
6	刑事訴訟法	
7	行政法	

―――― 弘文堂 ――――

＊価格（税別）は2014年1月現在

伊藤真試験対策講座

論点ブロックカード・フローチャートなど司法試験受験界を一新する勉強法を次々と考案し、導入した伊藤真が、全国の受験生・法学部生・法科大学院生に贈る、初めての本格的な書き下ろしテキスト。伊藤メソッドによる「現代版基本書」！

- ●論点ブロックカードで、答案の書き方が学べる。
- ●フローチャートで、論理の流れがつかめる。
- ●図表・2色刷りによるビジュアル化。
- ●試験に必要な重要論点をすべて網羅。
- ●短期集中学習のための効率的な勉強法を満載。
- ●司法試験をはじめ公務員試験、公認会計士試験、司法書士試験に、そして、大学の期末試験対策にも最適。

憲法[第3版]	4200円
行政法[第3版]	3100円
刑法総論[第3版]	3800円
刑法各論[第4版]	3900円
民法総則[第3版]	2600円
物権法[第4版]	2800円
債権総論[第3版]	2500円
債権各論[第3版]	2700円
親族・相続[第3版]	2800円
商法〔総則・商行為〕・手形法小切手法[第2版]	3800円
会社法[第2版]	3800円
刑事訴訟法[第4版]	4200円
民事訴訟法[第3版]	3900円
労働法[第3版]	3200円
倒産法	2900円

弘文堂

＊価格（税別）は2014年1月現在